植民地インドの近代と
ロークマーニャ・ティラク

1855 年のインド国民会議派第 1 回大会の参加者。 1 枚の写真に収まる程度の人数だった。

アジア・アフリカ諸国の歴史を語るとき、一般的に行なわれるヨーロッパ的な時期区分をそのままあてはめることが不適当であることは、多くの人が経験するところであろう。

特に厄介なのは「近代」の問題である。それぞれの国の状況によって、それをいつに設定すべきかは異なってこよう。しかし、どの国においても歴史的な変化という意味で決定的な転機となるのは、先進ヨーロッパ諸国との出会い（たとえば日本の場合）、あるいはそれら先進国による植民地・半植民地化（インドや中国の場合）という現実であったと考えてよいのではなかろうか。

インドを例にとると、一六〇〇年にイギリスがインドを対象に東インド会社を設立し（フランスとオランダがこれに続く）、一八五七年の「インド大反乱」を鎮圧し翌年、同国を完全に植民地化して「イギリス＝インド帝国」を創始した。これがインドにとって不可逆的な時代の大変換をもたらしたことは疑いない。その後、インド人は従順な「帝国臣民」となるが、その過程で様々な勢力が合法的、あるいは非合法的な抵抗を繰り返した。

各地のインド人を糾合した政治組織として一八八五年一二月にインド国民会議派（The Indian National Congress、略してコングレス＝会議派）が創設されるが、本格的な政治活動——反英的なものも含めて——が開始されるのは、大衆の政治意識が高まる第一次世界大戦後のことと考えてよかろう。

そうした運動は、帝国の首都カルカッタ市（現在コルカタ市）を中心とするベンガル地方から、南のマドラス地方（現在、タミル・ナードゥ）、ボンベイ市（現在ムンバイー市）が位置する西部のマハーラーシュトラ（当時、ボンベイ州）へと広がっていった。

本書の主人公は、最後に挙げたマハーラーシュトラを拠点に反英運動を開始し、次第に全インド的な規模へと発展させた指導者として知られる、バール・ガンガーダル・ティラク（Bal Gangadhar Tilak, 一八五六〜一九二〇年）という人物である。

第一次世界大戦後、特に一九二〇〜三〇年代のインド民族運動の指導者といえば、誰もがガンディーを思い起こす。日本においてもガンディーがよく知られ、多くの伝記や研究書・論文がこれまで出版されてきたのも当然のことと頷ける。

ティラクの活動はそれに先立つ時期で、いわば「ガンディー時代」の準備期となったという意味でも注目される。すでに日本でも、いくつかの研究論文[1]が出されて識者の目にはふれているが、一般の人々にはほとんど未知の人物といっても過言ではない。そうした歴史的人物の全体像を、できるだけ総体的に描き出してみたいというのが執筆の動機であった。

執筆の直接の動機をもう一つつけ加えておくと、以前に読んだある記事の内容がずっと気にかかっていたことである。それは現在のインド政治に大きな影響力をもつ右翼的ヒンドゥー民族・国家主義——その中枢にある民族奉仕団＝ＲＳＳは、すでに一九二五年に設立されていた——の動向が少しずつ目立ち始めてきた一九八七年のある雑誌に掲載された「怒れるヒンドゥー」と題する記事であった。

その文章自体は、当時のインド政治に暗い影を落としつつあったヒンドゥー優先主義的な動きを客観的に伝えようとしている点で意味あるものであったが、その中に挿入された囲み記事が、ヴィヴェーカーナンド（一八六三～一九〇二年）とオーロビンド・ゴーシュ（一八七二～一九五〇年）という二人の宗教思想家と並べて、ティラクを「ヒンドゥー復古主義者」と位置づけていたのに疑問を感じた。[2]確かにそれまでもそのように表現されることがなかったわけではないが、それはティラクの役割を極端に矮小化しているように思われた。本書はそうした議論に対する反論をも意図している。

なお、ティラクが舞台に登場するまでのインド史を概観した「インド社会の変容」と題する付録を末尾に付しておいたので、必要と思われる方は先にそちらに目を通していただきたい。

本文中で書簡や演説などの引用にあたっては、敬語などの表現の煩わしさを避けるために「です」や「ます」は用いず、便宜的にすべて「である」で統一した。

〈目 次〉

第2章　二〇世紀初頭のインド民族運動とティラク　……69

第1章　一九世紀マハーラーシュトラ社会とティラク

1. イギリス支配の確立とマハーラーシュトラ社会

マラーター王国の崩壊とイギリス支配の成立

一六世紀に興り、一時はほぼ北インド全体を支配下に置いたムガル帝国も第六代目皇帝アウラングゼーブ（在位一六五八～一七〇七年）の代になると、その失政もあり衰退に向かった。

各地で大きな反乱が起き、デカン地方ではマラーターの将、シヴァージー・ボーンスレー（一六二七～八〇年）が一六七四年に王国を築いて反旗を翻した。アウラングゼーブはマラーター勢力を制圧するため遠征し、デカンの地（現在のアウランガーバード）で没した。一方、一六〇〇年に商取引を目的として設立されたイギリス東インド会社が次第にインドにおけるその勢力を拡大し、南インドのマドラス（現在チェンナイ）、次いで東部のカルカッタを拠点に領土を獲得していった。一七世紀半ばにフランスとの間で三度におよぶカーナティック戦争を戦い、ロバート・クライブの指揮下でこれに勝利している。一七五七年にはベンガルの太守軍をプラーッシーの戦いで撃破、続いて一七六四年にはバクサルの戦いでベンガル＝アワド＝ムガル連合軍を破り、翌年ベンガル、ビハール、オリッサのディーワーニー（徴税権）を獲得した。

一七世紀初めに成立した南インドのマイソール王国は、一八世紀の後半にはムスリムのハイダル・アリー、ティープー・スルターン父子が強力な支配権を振るったが、四度のマイソール戦争の末、一七九九年にティープーが戦死したあとは完全にイギリスの勢力下に入った。一八〇一年四月にはインド北西部のパンジャーブ地方で、ランジット・シングによってシク教徒の王国が建国されている。

デカンでは一八世紀初頭から、首都プネー（プーナ）のペーシュワー（宰相）を中核とするマラーター諸侯によるマラーター同盟が支配していたが、一七六一年にアフガン軍とのパーニーパットの戦いに敗北してからはペーシュワーの実権は弱まり、後継者争いや諸侯間の対立も激しくなった。この虚を突いたイギリスによって仕掛けられたのが三度にわたるマラーター戦争であり、最終的に一八一七年一一月五日、プネー郊外カドキーでの戦いでマラーター軍はイギリス東インド会社軍に敗れた。最後のペーシュワーとなるバージーラーオ二世はプネーを脱出して、翌年六月にはイギリス側に降伏し、ここにかつてインド半島の広範な地域を版図としたマラーター王国は名実ともに崩壊した。

マラーター王国創始者・シヴァージー

先に見たように、ベンガルを中心とする東インド、さらに南インドはすでにイギリス東インド会社の掌握するところであり、マラーター勢力の敗退によって半島の三角形部分はほぼイギリスの植民地となったといえる。ただ一つ、北西部に残って抵抗するシク王国の崩壊（一八四八年）ももはや時間の問題となっていた。

新しく支配下に加えられたデカン＝マハーラーシュトラ地方の行政に関して、イギリスは極めて慎重な姿勢を示した。初代のデカン長官（Commissioner of Deccan）に任命されたエルフィンストン（Mountstuart Elphinstone, 一七九九〜一八五九年。一八一九年からボンベイ管区知事）はプネー陥落直後の一八一八年六月一一日付書簡で次のように述べている。

……私の体制の基礎は、我々が現在の体制を完全に理解し、それがいかに機能しているかを知るまでは、いかなることであれ、重大且つ明確な必要がなければ何事も変更されないということである。この地域は、それがいかに統治されるべきであるかを我々が経験によって決定するまでは、正規の政府に移管されるべきではない(1)。

当然ながらエルフィンストンは、すでにイギリスの政治支配が確立していたベンガルやマドラス地方の行政に関する諸状況や法規などの関する詳細な調査を行なっていた。しかし、彼はデカンというこの新領地においては、旧ペーシュワーのバージーラーオ二世を北インドのカーンプルに年金受給者として追放した以外は、王国の創始者シヴァージーの直系子孫に西マハーラーシュトラの一部を与えてサーターラー藩王国を成立させ（一八四八年には没収される）、マラーターの旧諸侯（Jagirdar）たちには、保護国という形ではあるがその旧領地を安堵するなど、様々な手段で旧支配層を懐柔する政策を採った。また、王国内で勢力を有していたバラモン層には年金の付与、彼らの宗教的権威の保証を行ない、ペーシュワーの旧家臣団には軍人、あるいは文官としての職を与えて、新しい体制への不満の醸成を回避するよう試みた。土地行政に関しても、地税の取り立て請負制の廃止を除いては、「土着の制度を維持」し、新たな課税は行なわず地税を軽くするという方針を打ち出した。(2)

しかし、武力によって制圧され、外国の支配を受けるようになった社会がいつまでも旧態を維持することなどあり得ず、エルフィンストンの慎重な施策のもとでも、その支配が次第に安定度を増すにつれて、マハーラーシュトラ社会も徐々に変化の過程を辿ることになる。

主たる財源であった地税に関しては、一八二七年と一八三五〜三六年の二度にわたる大規模な土地行政の改革を経て、ライーヤットワーリー制（個別農民直接課税制）と称される枠組が形成されていった。これについてはすでに一七九二年以来試験を重ねてマドラス州で行なわれており、形式的には農民の私的土地所有を維持、且つ促進することを狙いとしていたが、その真の目的は地税の最大限への拡大とその徴収を容易にし、それによって農民搾取をより安定したものとすることにあった。

換言すれば、この制度は農民による私的土地所有ということを掲げながら、その上に最高の地主としてのイギリスの地位を固定化するものであり、実際、この制度のもとでマハーラーシュトラ農民社会における階層分化を進行させ、且つ従来の古い秩序関係を突き崩して、村落社会全体に変容をもたらすことになる。(3) またこの時期には、封建的土地所有にも次第に制限が加えられ、旧諸侯の土地の一部が没収された。(4) 加うるに、イギリス支配の初期に続けられていた主要なヒンドゥー寺院(devasthan)や寺院付き僧侶たちへの贈与金（dharmodaya）も、一八四〇年代に入ると厳しく減額ないし廃止された。(5)

英語教育の導入とその影響

このように、イギリスの支配下で新しい「秩序」が住民の意思と関わりなく作り上げられていく過程で導入されたヨーロッパ式教育ないし英語教育は、これ以後のインド社会の動きに多大な影響を与えずにはおかなかった。

教育の分野ではすでに一八世紀からキリスト教宣教師たちの活動があり、またインドの伝統的学問を奨励しようという一部のイギリス人の動きもあったが、(6)「ヨーロッパの文化・科学をインド人の間に」という目標を普及させようとする方向は、一八三五年二月にインド総督行政参事会の委員であったマコーレー（Thomas Babington Macaulay, 一八〇〇～五九年）によって出された「教育に関する覚書」以降、明確な形を取るようになる。その目的とするところは、「学問の独占でなく普及を推し進めること、すべての住民を特定の党派に従属・屈従する状態に止めおくのでなく、彼らの精神を高揚させ、その性格を向上せしめること」（C・E・トレヴェリアン）という理念のもとに、次第に規模が拡大しつつあるインド内の行政部門（特に税務関係）、あるいは司法部門の実務を能率よく誠実に遂行する上で、知的且つ道徳的に適したインド人官吏を養成することにあったといってよかろう。(7)

こうしたイギリス側のインド統治上の必要から生じたヨーロッパ的教育の導入という措置は、これ以後、イギリス支配を「神の摂理（Providence）」と信ずる人々をも含みつつ、多くの可能性を内蔵した、旧来のインド社会には見られなかった新しい階層を生みだす過程を促進することになった。

マハーラーシュトラの場合、すでに一八二四年、ボンベイ市に最初の英語学校となるエルフィンストン学校（のちにカレッジ）が、またプネー市の旧ペーシュワー離宮内に高等英語学校が設立され、優れた若い知性を送り出していたが、いずれも一八三五年以降の新教育行政のもとでさらなる展開を示す。これらの新しい学校での教科科目には、思想、哲学はもとより物理学、天文学、化学、地理学、生理学など近代ヨーロッパ文明の発達と密接に結びついた諸科学（実学）が含まれていた。

ヨーロッパ的教育、英語教育の導入によって生み出されたこの実学への憧憬を都市在住の青年層に植えつける上で、新聞や定期刊行物が果たした役割を無視することはできない。ベンガルではすでに一八一〇年代に『ニュースの鏡（*Samachar Darpan*）』（一八一八年）をはじめ、ベンガル語や英語による月刊紙が発刊されたが、西部インドでもいち早くいくつかの新聞が発行されている。

その最初の例は一八二二年の『ボンベイ情報（*Mumbai Samachar*）』というグジャラーティー語の新聞であり、一八三二年には最初のマラーティー語紙として『ボンベイの鏡（*Mumbai Darpan*）』が当時のマハーラーシュトラきっての知識人であるザーンベーカル（Bal Gangadharshastri Jambekar, 一八一二〜四六年）らによって発刊された。

このあと『指針（*Digdarshan*）』（一八三七年）、再びザーンベーカルによる同名（*Digdarshan*）の月刊紙（一八四〇年）、『太陽（*Prabhakar*）』（一八四一年）、『知識の向上（*Dnyanodaya*）』（月刊、一八四二年）、『知識の伝播者（*Dnyanaprasarak*）』（月刊、一八五〇年）、さらにマラーティー語最初の日刊紙『知識の光（*Dnyanaprakash*）』（一八四九年）、『知識の訪れ（*Dnyanadarshan*）』（季刊、一八五四年）などが相次いで発刊されている。(8)

これらの定期刊行物はいずれの名称も示しているように、新しく且つ有用なヨーロッパの知識への激しい憧憬を反映しており、「知識こそ力（dnyana hich shakti）」という考えに導かれた当時の都市住民の間で、実に大きな啓蒙的役割を果たした[9]。ついでながら、滞印イギリス人の社会であるアングロ・インディアン系の英字紙『ザ・タイムズ・オブ・インディア（*The Times of India*）』（今日まで続く）がボンベイで発刊されたのは、マラーティー語諸紙から少し遅れて一八五六年である。

近代マハーラーシュトラ思想家の系譜

ボンベイやプネーなどの都市にみなぎる知的雰囲気の中から、多くの独創的な思想家が輩出するのは決して偶然のことではない。早くからジャーナリズムの世界に入り、啓蒙家として知られていた前述のザーンベーカルは「西部インドにおけるルネサンスの先駆者にして近代マハーラーシュトラの父[10]」と称され、この地方で最初の宗教・社会改革運動を指導した。彼はまだカースト制全体を否定するまでには至っていないが、ベンガルの社会改革指導者ローイ（Ram Mohan Roy, 一七七二〜一八三三年）の影響を受け、宗教を倫理的且つ実践的視点から捉えることを主張した。彼によれば、そうした倫理としてのヒンドゥー教の核とは、行動と思考とを問わず生物および事物に対する殺生、暴力（himsa）の否定であるという[11]。

パーンドゥラング（Dadoba Pandurang Tarkhadkar, 一八一四〜八二年）もまた、宗教の倫理的側面に重点を置きつつ改革を試みようとした。キリスト教の影響を受けた彼は、ラーム・モーハン・ローイ同様宗教においても理性が重要であることを指摘した。さらに、一つの神が全宇宙を統御し、人類の宗教は一つであって、全人類はただ一つのカーストに属するとの考えを表明した。彼は同僚たちとともに一八五〇年にパラマハンス協会（Paramahans Mandali）を設立し、一神教、世界同胞観を柱とする精神修養運動を開始している。彼らは同協会を秘密結社としており、そのことは「改革者」であるとされることがまだ大衆の間ではある種の否定的な意味をもっていた当時のマハーラーシュトラ社会の現実を反映していたといえよう。(12)

先述したプネー高等英語学校の初期の卒業生たちは、教師、翻訳者、ジャーナリスト、法律家としてイギリスの統治機構と何らかの形で関わりつつ、他方で旧来の伝統的バラモン支配体制への抵抗を前面に打ち出し、一般に「若きプーナ（プネー）」グループと称されていた。その中心人物は、「ロークヒタワーディー（Lokhitawadi、〝民衆の利害の追求者〟の意）」の名で呼ばれたゴーパール・デーシュムク（Gopal Hari Deshmukh, 一八二三～九二年）である。

彼は主として都市の中間層や商人層を対象として新しい物質文明の利点を説き、古い宗教的権威のもとで醸成されてきた社会的悪弊の改善、すなわち社会改革の課題について精力的に執筆した。就中、彼は『財に関する知識（*Lakshmi Dnyana*）』（一八四九年）と題する小著の中で、資本主義の機構を説明しているが、特にインドで一般に論じられる「富は罪」という固陋《ころう》な観念を批判し、社会に利益をもたらすものとしての富と、それを生みだす労働、知識、倫理の重要性を説き、人間の幸福とは多大な富の生産とその平等な分配にあると指摘した。(13)こうしたロークヒタワーディーの多分野にわたる発言は、当時形成されつつあった新しい教育と職業を得た中間層の思想的支柱を準備していくことになったと見てよかろう。(14)

当然ながら、ロークヒタワーディーの経済学的知識は、ヨーロッパ特にイギリスにおける研究の諸成果に依存しているが、ほぼ同じころ、アダム・スミスやジョン・スチュアート・ミルらの著作を参考にしたいくつもの解説書が出版されていることも注目に値しよう。

まず、ヴィシュワナート（Ramkrushna Vishvanath, 生没年不明）による『インドの過去および現在、その将来の結果に関する考察（*Hindusthanchi Prachin va Sampratchi Sthiti va Pudhe Kai Tyacha Parinam Honar, Yavishayachin Vichar*）』（一八四三年）は、スミスの『国富論』に触発されたもので、同書はインド人がそれまで行なわれてこなかった「経済学（Political Economy）」の原理を解説することを目指しており、「労働こそが大なる富の手段」という理論の重要さを指摘している。[15] 著者はこの小冊子の中で早くも、インドの貧困の原因がイギリスによる統治のあり方自体に由来するとし、のちにダーダーバーイー・ナオロージー（Dadabhai Naoroji, 一八二五〜一九一七年）によって理論化される「富の流出（drain）」の問題に目を向けている点[16]は興味深い。このほかの著作を挙げれば、ケーシャオジー（Hari Keshaoji, 一八〇四〜五八年）の『国情論（*Deshayyavahara-vyavastha*）』（一八五四年）とクルシュナシャーストリー・チプルーンカル（Krushanashastri Chiplunkar, 一八二四〜七八年）の『経済学解説（*Arthashastraparibhasha*）』（一八五五年）は、いずれもJ・S・ミルの『経済学原論（*The Principle of Political Economy*）』（一八四八年）を対話風に解説し、さらに抄訳を加えたものである。原著の出版から六、七年にして早くもインドでこうした紹介がなされていることは注目に値しよう。それらは原著の内容の紹介を中心にしているとはいえ、各所でインドの過去、現在の状況の考察や比較を試みていることからも知られるように、将来の発展の方向を見極める上で重要な役割を果たすであろう「経済学」という新しい学問に対する、当時の知識人たちの旺盛な探求心をそこに読み取ることができる。

その他の展開

この間、イギリスはインド統治の基礎を次第に固めていった。一八四三年にはシンド地方、一八四八年には第二次シク戦争を経て広大なパンジャーブ、さらにサーターラー藩王国、一八五三年にはナーグプール、ジャーンシー両藩王国、また一八五六年には王国内の統治の乱れを口実にしてアウド藩王国（現在のウッタル・プラデーシュ州の一部）を東インド会社領に併合している。

他方、イギリスへ積みだす原料品の運搬および治安維持のための軍隊派遣を主たる目的とする鉄道（のちの大半島鉄道、いわゆるＧＩＰ）の敷設計画に着手し、一八五三年にはボンベイ・ターネー間の三二キロを結ぶインド最初の鉄道が開通した。

カルカッタ・アーグラー間の電話線およびカルカッタ・デリー間の幹線道路の開通も同年のことである。とはいえ、すべてがイギリスの思惑通りに進んだわけではなく、たとえば一八五五年七月から翌年二月にかけてカルカッタ西北部ラージマハル丘陵部のサンタール部族が反乱し、イギリス側を大いに手こずらせた。また、かの有名な「大反乱」が一八五七年に勃発しており、これが結果的にイギリスのインド支配の新たな一ページとなるのであるが、マハーラーシュトラへの反乱の波及は総体的に微少な結果に終わった。

2. ティラクの思想形成

ティラク家の歴史

ボンベイ市の南からゴアに向かって長く延びる海岸線は、古くからコーンカン（Konkan）と呼ばれてきた。サフィヤードリ山脈（通称西ガーツ山脈）によっていわゆるデーシャ（Desha、西マハーラーシュトラ）地方と区切られる部分で、今日の行政区分でいえば北からターネー、クラーバー、ラトナーギリーなど三つの県（Jilha）からゴア（一九六一年から連邦直轄地、一九八七年に単独州）へとつながる。従来、極めて交通の便が悪いことでも知られたが、一九九八年一月に約七四〇キロにおよぶコーンカン鉄道が開通し、これによってボンベイとカルナータカ州のマンガロール（現在マンガルルー）が直接つながるようになった。

コーンカンは雨期には雨が降るが、山脈の急な斜面が降雨を十分に保持し得ず、土質も赤茶けたラテライトが多く、農業に適した土地とはいえない。ボンベイ市が近代産業の一大中心地となって以後は、この地域からの出稼ぎ労働者が急速に増大し、人口の減少は現在も変わっていない。コーンカンの経済はしばしば「為替経済（money-order economy）」と呼ばれる。すなわち、出稼ぎに出た男子家族からの仕送りに依存することからきた言葉であるが、確かにこの地方の特徴の一端を語っているといえよう。しかし、長い海岸線という特性を生かして古くから良港が多く、アラビア海を通る西アジアやアフリカとの交易の古い歴史をもっている。また港に限らず、マラーター時代の軍事的要衝が各地に築かれており、その意味でもマハーラーシュトラの歴史の上で一種独特な役割を果たしてきた

ティラク家家系図

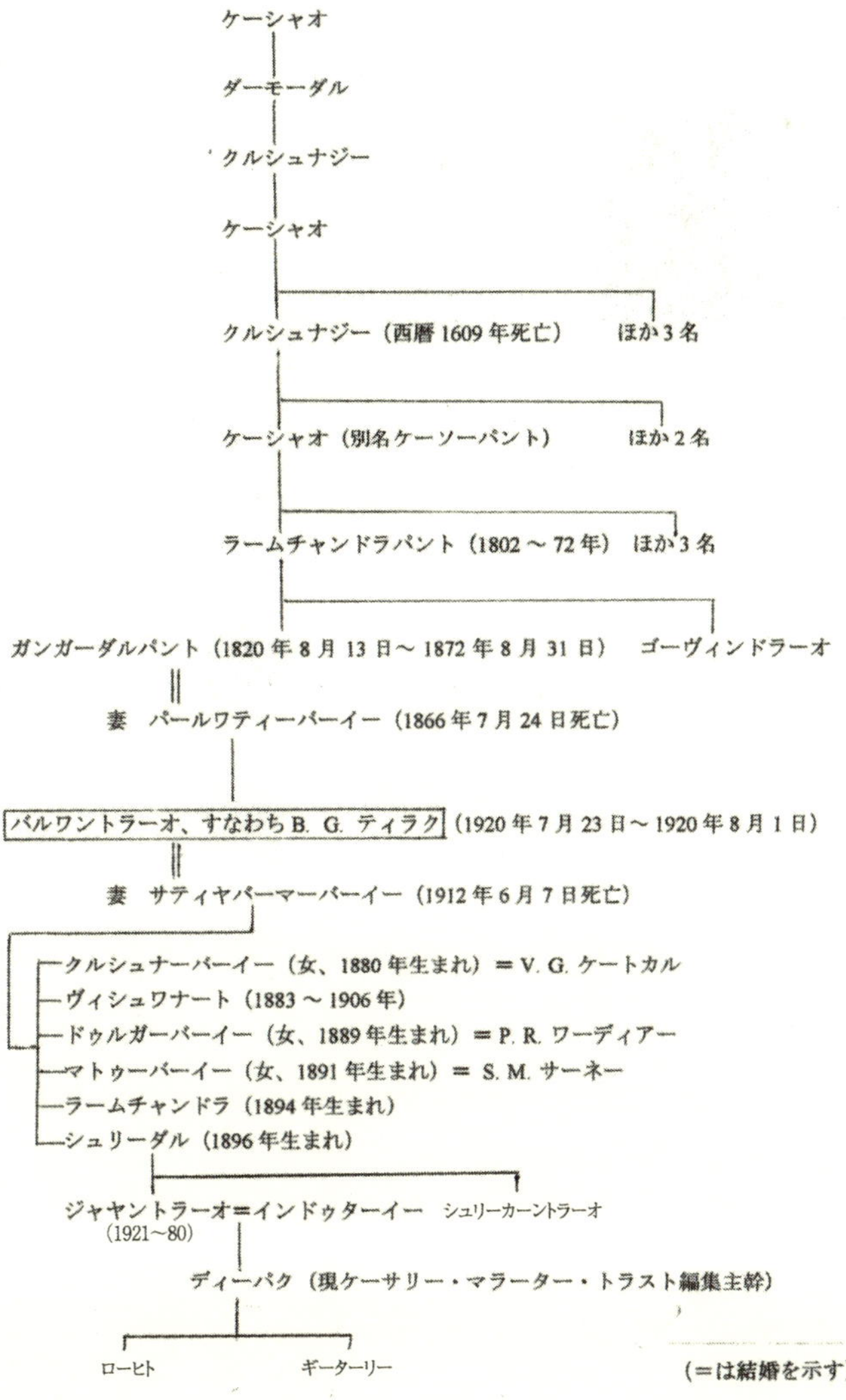
ケーシャオ
ダーモーダル
クルシュナジー
ケーシャオ
クルシュナジー（西暦1609年死亡）
ほか3名
ケーシャオ（別名ケーソーパント）
ほか2名
ラームチャンドラパント（1802～72年）
ほか3名
ガンガーダルパント（1820年8月13日～1872年8月31日）
ゴーヴィンドラーオ
妻　パールワティーバーイー（1866年7月24日死亡）
バルワントラーオ、すなわちB. G. ティラク（1920年7月23日～1920年8月1日）
妻　サティヤバーマーバーイー（1912年6月7日死亡）
クルシュナーバーイー（女、1880年生まれ）＝V. G. ケートカル
ヴィシュワナート（1883～1906年）
ドゥルガーバーイー（女、1889年生まれ）＝P. R. ワーディアー
マトゥーバーイー（女、1891年生まれ）＝S. M. サーネー
ラームチャンドラ（1894年生まれ）
シュリーダル（1896年生まれ）
ジャヤントラーオ＝インドゥターイー
（1921～80）
シュリーカーントラーオ
ディーパク（現ケーサリー・マラーター・トラスト編集主幹）
ローヒト
ギーターリー
（＝は結婚を示す）

地域である。

本書で取り上げるバール・ガンガーダル・ティラクは、コーンカン地域の海岸線の約半分を占めるラトナーギリー県、その県庁所在地であるラトナーギリーの町で一八五六年七月二三日に産声をあげた。

上に姉が三人おり、彼は最初のそして唯一の男児であった。ただ、ラトナーギリーはティラク家代々の土地ではなく、その発祥の地は同じ県ではあるが、海岸から少し内陸部に入ったダーポーリー郡のチカルガーオ(17)という村であった。この村におけるティラク家の歴史で我々が遡り得るのは、せいぜい彼の曾々祖父ケーシャヤオ(Keshav あるいは Kesopant、一七七八年生まれという)までであり、それ以前については父系の代々の名前が知られるのみである。(18)

ティラク家は(正確にはわからないがほぼ一七五〇年ころから)このチカルガーオ村をコーティ(Khoti、一種の贈与村(19))として与えられたコート(贈与村所有者、実質的な地主)であった。このコーティ制度は、一八一八年のペーシュワー政権崩壊後も維持されてきた。

しかし、大ティラク家の財政を支えるには不毛のコーンカンの土地だけでは十分でなく、ティラクの祖父ラームチャンドラ(Ramchandra Tilak, 一八〇二～七二年)は、一八二〇年ごろから創設間もないボンベイ管区内のイギリス測量局に職を見つけることになる。しかし、家族としての統一は時間の流れとともに崩れ、一八六二年にはラームチャンドラの家族の分として、年間一七・五ルピーの地租に相当する約四八エーカーだけが残され、しかもそのうちのある部分はそれ以後長く裁判で係争されるという状況であったという。(20)

ティラクの家族（左から２番目がティラク）

父のガンガーダルパント（Gangadharpant Tilak, 一八二〇～七二年）の所有地は、祖父の時代の半分に減少しており、この肥沃でない土地からの小作代だけでは家族を養いきることは到底不可能で、ガンガーダルパントは当初志した英語教育を中途で断念し、コーンカンの各地で初等学校の教師を務めて家計を支えざるを得なかった。(21)

ティラクの教育

ティラクは、父のガンガーダルパントが転勤して移り住むようになったラトナーギリーの借家で生を享けた。(22) ティラク家は社会的地位としてのカーストでいえば、最高位のブラーフマン（バラモン）に属していた。ティラクは家代々に多い祖父と同じケーシャヤオ（Keshav）

の名前をつけられたが、一般にはバルワント（Balvant、「力強い」の意）の名で呼ばれ、また家庭内ではバールが通称で、結局これに父の名を冠して「バール・ガンガーダル（Bal Gangadhar）」が彼の正式名として用いられるようになる(23)。

父ガンガーダルパントは正規の英語教育を受けられなかったため、副教育監督補佐官（Assistant Deputy Educational Inspector）を最高の職位としてマハーラーシュトラ、特にコーンカン地方内の各地を転勤して回った。その間、小規模な金貸し業を行なったり、材木商に手を出して損を出したりしているが、自ら数種の学校用教科書を執筆して収入の足しにしていた。残された家計簿によれば、一家がプネーに移った一八六六年の父の年間収入は三九〇〇ルピー、支出はほぼ同額で、一六ルピーが預金に回されている(24)。

すでにラトナーギリーで初等学校の課程を終えていたバール（ティラク）は、この年、父のたっての希望もあり、プネー高等学校に入学して英語の学習を開始した。こうしてプネーに移り住んだ段階のティラクの家庭は、小規模ながらラトナーギリー県内に土地をもつ「不在地主」として、毎月七五～一五〇ルピーの地代収入および教師である父の収入で生計を立てるという、当時では一応中間的階層の位置にあったといえよう。

バール自身は一八七二年（一六歳）に結婚しているが、その直前に、巡礼の旅に出ていた祖父のラームチャンドラがカーシー（ワーラーナシー、一般にベナレスとして知られる）で急死し、続いて結婚式の直後に父ガンガーダルも死去した。すでに母は一八六六年に亡くなっている。バール夫妻は一六歳で父方の叔父ゴーヴィンド（Govind Tilak）に引き取られ、彼は学業を続けることになった。

同じ年に大学入学許可試験（matriculation examination）に合格したバールは、翌一八七三年にプネー市内の名門校デカン・カレッジに入学した。[25] 同校での級友の中には、ヴィダルバ（ナーグプル周辺）出身で、のちに彼の政治活動の強力なパートナーとなるカーパルデー（Ganesh Shrikrushna Khaparde, 一八五四〜一九三八年）や、卒業後の教育活動において最も親しく協力し合い、のちに「社会改革」問題をめぐって次第に対立関係になるアーガルカル（Gopal Ganesh Agarkar, 一八五六〜九五年）らがいた。

カレッジ時代、バールの最大の関心は数学とサンスクリットであった。[26] 彼はまたこのころ、より高いレベルの数学を求めて、当時ボンベイ州内で最も権威ある公立の教育機関といわれたエルフィンストン・カレッジに一時籍を置くが、イギリス人教師のレベルの低さの絶望して、再びプネーに戻り、一八七六年に第一級で文学士となった。このあと、数学専攻の修士課程に進むことを断念したバールは、改めてデカン・カレッジで法律学士（LL.B）の課程に再入学し、一八七九年に学士号を取得した。

当時の青年たちにとって学問・文化の標識とも考えられていた修士の課程を棄てて、なぜ法律の道に進むのかと問われて、彼は「私はわが同胞を起ち上がらせる仕事に生涯を捧げることを志しているから、法律に関する知識の方が文学や科学の学位よりも有用であると考える。私はイギリス官憲との衝突のない人生は思い描いていない」と返答したという。[27]

ここでの彼の関心は主としてヒンドゥー法であり、『マヌの法典』やミタークシャラの解釈など古くからのインド法文典やその諸解釈について徹底的に研究した。同時に数学に関する多くの文献をあさり、またヘーゲル、カント、スペンサー、ベンタム、J・S・ミル、ヴォルテール、ルソーら西洋近代の哲学・政治関係の諸著作や、ラームダース（Samartha Ramdas, 一六〇六～八一）、トゥカーラーム（Tukaram, 一六〇八～五〇年）、モーロパント（Moropant, 一七二七～九四年）らマハーラーシュトラの古い宗教思想家・聖賢詩人の教説に熱心に取り組んだのもこの時期である。[28]

この間、インド内、マハーラーシュトラ内でいくつかの大きな事件が起きている。たとえば、マールワーリーやグジャラーティの商人・高利貸しに対する集団的農民蜂起としての「デカン農民反乱（Deccan Riots）」（一八七五年）、一八七六～七七年の全インド的飢饉、そうした中で大々的に執り行なわれたイギリスのヴィクトリア女王の「インド女帝」即位式典（Darbar）、一八七八年にイギリスを驚愕させた「パドケーの反乱」などである。

これらの事件について、学生の間で大いに議論が戦わされたことは容易に想像がつくが、ティラク自身はこれらに関する評価や見解を示すものを何ら残していない。[29] ただこの中で「パドケーの反乱」については少しくふれておいた方がよいだろう。

パドケー（Vasudev Balvant Phadke, 一八四五～八三年）はプネーに居住する州政府の下級官吏（軍財務局勤務）で、一八七九年にイギリス支配打倒を掲げて武装蜂起したが、失敗し捕らわれて流刑地アデンで死んだマハーラーシュトラの愛国者の一人である。この反乱に参加した層は、かつてマラーター軍団の一翼を担ったこともあるラーモーシー（イギリス当局によって盗賊カーストと規定された）、マーング（縄作りカースト）、ツァーンバール（皮革工カースト）、ダンガル（牧畜カースト）、あるいはコーリー、ビッルなどの少数部族民（アーディワーシー）のほか、クンビー（農耕カースト）を含む数百人の集団であり、そのほとんどはヒンドゥー社会の最底辺ないしその周辺に位置づけられていた人々であった。

パドケーは当初プネー市を中心にデカン各地を回って多くのインテリ層や一般農民にも呼びかけたが、彼らを結集することはできず、前記のような層がその中核となった。そのことは、この段階での抵抗闘争の未熟さを語る以外の何ものでもないかもしれない。しかし、短期間しか継続しなかった少数者によるこの武装蜂起の意味は決して小さくなかったろう。ことに、デカン一帯を襲った一八七六〜七七年の大飢饉による悲惨、塩税をはじめとする間接税の重い負担、燃料となる木材の採集を禁ずる森林法の強化、あるいは小商人や職人層に打撃を与えた認可法（Licence Act）や高率な土地価税の重圧などに対する広範な人々の不満が、マハーラシュトラ社会を覆っていたことと無関係とは考えられないからである。(30)

パドケー自身が一八七九年五月に出した宣言には、イギリスによるインドの経済的搾取政策への批判と農民への経済的救済の緊急性が謳われている。(31)蜂起の翌年の一八八〇年にインド各地を旅行し、マハーラーシュトラにも足を踏み入れた著名なロシアのインド学者ミナーエフ（Ivan Pavlovich Minayeff, 一八四〇〜九〇年）は、自ら収集した多くの証言に基づいて、「彼〔パドケー——引用者〕の失敗を予言することは困難なことではなかった」とその旅行日記に書き込んでいるが、同時にパドケーの高尚な意図には賞賛の言葉を惜しまない。(32)

短い火花と散ったこの反乱は、インド民族運動史の上でいくつかの重要な貢献をなした。一八五七〜五九年の「大反乱」以後は、この種の武装蜂起はインドでは起こらないと信じ込んでいたイギリス当局にとって、「シヴァージー二世」と自ら名乗って「スワラージャ（Swaraja、異国人支配の排除、自国の独立)」を掲げ、しかもボンベイ州知事リチャード・テンプルの首に五〇〇ルピーの賞金をかける——パドケー自身州政府によってその首に四〇〇〇ルピーの賞金をかけられていた——という破天荒な抵抗は強烈な衝撃であった。

イギリス本国の『ザ・タイムズ』紙がこの反乱についてアイルランドの反英運動と関連させつつ報道し、しばらくの間ロンドン市民の話題にパドケーの名がのぼったという。[33] 著名な元インド文官(Indian Civil Servant)のヒューム(Allan Octavian Hume, 一八二九〜一九一二年)は、連合州イターワー地区長官として「大反乱」をつぶさに体験している。そのヒュームやその同僚ウェダバーン(William Wedderburn, 一八三八〜一九一八年、一九一〇年の会議派アラーハーバード大会の議長を務める)をして、いち早く「最も恐るべき革命」、「民族的反乱」の危険を感じとらせ、それを回避するため、世論を表明させる機関としてインド国民会議派(the Indian National Congress)の創設(一八八五年)に乗り出させた直接要因の一つは、まさにこのパドケーの反乱であった。[34]

インド内でも、武装蜂起という手段に対する疑問が出されつつも、パドケーを突き動かした純粋で強烈な愛国心には多くの青年たちの熱い目が注がれた。後年、高揚する独立運動の中で叫ばれた母国解放を求めるスローガン「バンデー・マータラム(Bande Mataram、〝母への讃仰〟の意)」を初めて小説『喜びの僧院(*Anand Math*)』(一八八〇年)の中に登場させたのは「ベンガル文学の父」バンキム(Bankimchandra Chattopadyaya, 一八三八〜九五年)であるが、飢饉の中で農民が圧制者に対して蜂起するという内容の同小説の執筆にあたってバンキムがモデルにしたのは、パドケーであったことが資料的研究によって明らかにされている。[35]

パドケーの伝記作者によれば、彼が蜂起前に開いていた学校兼体育訓練所に若きティラクが肉体鍛錬のために通っていたことがあるという。またティラクの親戚の一人にパドケーと極めて親しく交際していた人物がいて、彼からパドケーの考え方などをしばしば耳にする機会があったともいう[36]。しかし、ティラク自身はパドケーの民族的情熱を評価しつつも、それが成功し得ない理由として、外国支配に対する社会内の強い不満という客観的条件を背景にもちながら、真に幅広い層を糾合しうる運動の組織化ができていなかったことを挙げていた[37]。

新しい私学の創設と新聞の発刊

この時期のティラクは同窓の友、アーガルカルとともにすでに、大学卒業後の自分たちの従事すべき第一の仕事は教育、すなわち「わが国の教育をわれらの手で進めること」にある点を確認し合っていたが[38]、彼らのこの決意に決定的な影響を及ぼしたのはチプルーンカル（Vishnushastri Chiplunkar, 一八五〇～八二年）であった。

彼は前出の教育者クルシュナシャーストリーを父とし、若年にしてマラーティー語読者層の前に新たな世界を切り開きつつある貴重な存在であった。すでに一八七二年に教育雑誌『学報（*Shalapatrak*）』に教育の現状を概観する「教師の務め」という文章を掲載しているが、その中で次のように述べている。

人々は学問が非常に広がり、学問への愛もまた今徐々に強まっていると信じている。

しかし、率直にいってそれは迷妄である。われらが人民は政府の官職に就くために学問を身につけてきた。しかしそれは学問への愛などというには程遠いもので、彼らはそれに対する普通の好みすらもっていなかった。大学のガウンとともに彼らはあらゆる愛国心、あらゆる学問への愛、卑屈さへの嫌悪を棄ててしまった。教師自身が自らの仕事をそんな風に低く見ているのに、ほかの人々がどうしてそれをより高度のものと見るだろう。生徒も教師も、教育とはほかの何事も有効でない故に従事さるべき職業であるとさえ考え始めている。以前教育者が生徒たちの間でもっていたような尊敬の念など、今や著しく欠如している。利己主義というひとつの暗い鎖が教師と生徒の両方を縛っている。ひと吹きの宗教倫理教育すら学校教育の空気に入り込むことを許されていない。しかし教師が生徒たちの心に学問への真の愛を鼓吹し、それによって彼らの中にそれを獲得しようという健全な情熱を生み出し育めば、生徒たちはきっと立派な不撓不屈の愛国者となるであろう。そうすれば彼らは、現在わが母国を取り巻いている諸々の困難を打ち破ることができるし、それによって教師も生徒も国に対してその名を不滅たらしめることになるだろう。(39)

チプルーンカル自身、一八七三年にボンベイ州政府文教局に職を得るが、その活動の重点は専ら翌年に自ら発刊した月刊誌『ニバンダ・マーラー［随想集］(*Nibandha-mala*)』を通じて、マラーティー語の若い読者層の間に愛国心、独立の精神高揚させることに置かれた。

ティラクやアーガルカルらもチプルーンカルのこの動きに強く惹かれていった。この雑誌はチプルーンカルの名をマハーラーシュトラ知識人の間に広く浸透させ、一般に彼は「マーラーカール（「ニバンダ・マーラー発行者」の意)」と称された。前述したように、ティラクとアーガルカルが共通の責務として教育の世界に乗り出そうとデカン・カレッジを離れた一八七九年に、チプルーンカルは政府の職を辞してプネーに戻り、自らの理想とする教育の実践の場を創出する努力に着手した。

ティラクらデカン・カレッジの卒業生を中心とするグループは、積極的にこれに参画することを申し出、こうして一八八〇年一月一日に創立されたのが私立の「新英語学校(New English School)」である。

チプルーカルを校長として運営を開始したこの学校は、その名称にとらわれることなく文科・理科のほとんどの科目を教授した。ティラクの担当は数学であった。生徒数は開校当初の三五名から始まり、三三六、五〇一、五九三、一〇〇九名と順調な伸びを記録した。[40] 生徒数だけでなく、新英語学校の発展は、一八八一年の二週刊紙の発刊と一八八四年のデカン教育協会(Deccan Education Society)の設立、および一八八五年のファーガスン・カレッジ(Fergusson College)の創立などによって、マハーラーシュトラ社会にいっそう華々しい存在感を示した。

元々新英語学校の創立に加わったメンバーはチプルーンカルやアーガルカルをはじめ、(ティラクを唯一の例外として)ほとんどがすでに文筆家やジャーナリストとしてマハーラーシュトラの言論界に一定の地位を築いている人々であった。従ってそこから、教育とともに自分たちの理想を新聞によってより広範に社会に訴えかけようとする動きが出てくるのはいわば当然の勢いだったといえよう。

その結果として、一八八一年一月二日に、それまで発行されていた『デカン・スター(*Deccan Star*)』を買収して拡大する形で英語紙『マラーター(*Mahratta*)』が、続いて一月四日にはマラーティー語紙『ケーサリー（*Kesari*「獅子」の意）』の両週刊紙がプネーに事務局を置いて発刊されることとなった。『ケーサリー』は当初、「周囲に起こっている出来事について全般的に深くは知らされておらず、従って文学、社会、政治、経済、道徳上の問題に関する議論を通じて、日常生活に関わる知識を与えられねばならない一般大衆」の必要に応えるという教育的、啓蒙的な役割を担うことが目的とされた。

一方の『マラーター』は「現代の重要な話題に関する知的考察のための材料の提供を求める、社会のより進んだ階層」を対象とし、同時に英語を通じて政府並びに他州のインテリ層への訴えかけをも目指していた。たとえば、『マラーター』創刊号（一八八一年一月二日付）は、ライーヤットワーリー制のあり方、土着の行政・司法諸機関の壊滅的状況、政府機関の膨大な出費、土着産業の破壊などイギリス支配下での行政の諸悪を指摘し、また武器法や総督リットンによる新聞箝口令に対する厳しい批判を展開している。多少意外と思えるのことは、この段階で諸藩王国内での行政改革の必要性を提起しつつ、基本的にはイギリスによる無制限の介入が及ばない自由な藩王国の存在を主張している点である。[41]

発行部数は『ケーサリー』の場合、当初一八〇〇部、一八八二年に三五〇〇部、一八八四年には四五〇〇部となっているが、これは当時のインドの民族語紙としてはかなり大きな購読者数を示すものであった。しかし『マラーター』の方が多くの購読部数を望めなかったこともあり、営業的には必ずしも上々とはいえず、新聞発行の収支のマイナスは新英語学校の財政によって補われたという。[42]

両紙は当初、チプルーンカルとナームゾーシー（M. B. Namjoshi）が主幹を務めたが、しばらくして『マラーター』はティラクが、『ケーサリー』はアーガルカルの責任のもとに置かれた。このあ

केसरी.

स्थिर्ति नो रे दध्याः क्षणमपि मदांधेक्षणसखे गजश्रेणीनाथ त्वमिह जटिलायां वनभुवि ।
असौ कुंभिभ्रांत्या खरनखरविद्रावितमहा–गुरुग्रावग्रामः स्वपिति गिरिगर्भे हरिपतिः ॥

वर्ष १. पुणें:—मंगळवार तारीख ४ जानेवारी १८८१. अंक १.

केसरीच्या पहिल्या वर्षाच्या पहिल्या अंकाच्या मुखपृष्ठाचें चित्र.

『ケーサリー』創刊号

と一八八七年にはティラクが『ケーサリー』の主幹をも兼ね、一八九〇年以降、両紙は彼の指導のもとで西部インドにおける代表的な民族紙として、反英運動展開の上で強力且つ個性ある役割を果たしていくことになる。

デカン教育協会

新英語学校の指導者たちがより高いレベルの文科カレッジの創設を企画し、正式にそのプランを検討し始めたのは一八八二年である。この動きは、「リベラルなインド総督」として一般に知られたリポン侯爵によるインド教育委員会（Indian Education Commission）の任命と、同委員会が行なった全インド的な教育事情調査から刺激を受けたものであるが、それはまた、民族教育の充実を目的とするティラクらの熱意と努力が必然的に目指すところであった。

このプランは先述のウェダバーンや、ワーズワース（William Wordworth）、マンドリーク（Rao Saheb V. N. Mandlik）、ラーナデー（Mahadev Govind Ranade, 一八四八〜一九〇一年）、テーラング（Kashinath Tryambak Telang, 一八五〇〜九三年）といった、ボンベイ市とプネー市の有力な官僚、教育者、法律家の支持をも得て、一八八四年一〇月に「デカン教育協会（Deccan Education Society）」が誕生した。その二年前に教育委員会に提出された新英語学校からの覚書には、次のような項目が含まれている。

（一）教育機会の拡大

（二）教育費の安価化
（三）政府主導で進められてきた教育の見直し
（四）私立学校に対する可能な限りの独立性の保証
（五）私立学校の運営は政府の援助を受けつつも、学校自身に任せること
（六）英語のほか、できるだけ多くの講義を民族語で行なうこと
（七）教育のモデルをイギリスに求めず、自前で築き上げること
（八）教育の教材は現地で制作し活用すること
（九）高等教育をインド人の手に委ねること(43)

などである。これらが彼らのいう民族教育の具体的方針であるが、二〇世紀初頭から政治運動の高揚とともに、全国的に広まる民族教育運動の核心を先取りしていたといってもよかろう。協会の設立にあたって、新英語学校を代表して校長のアープテー（Vaman Shivram Apte）は次のように抱負を述べている。

……我々は、人類文明の諸媒体の中で教育こそが零落した国々の物質的、宗教的再生をもたらし、国を緩やかで平和的な変化によって、最も進んだ国家の水準へと到達せしめる唯一の手段であるとの堅固な確信と信念をもって、民衆教育というこの業務に着手した。(44)

協会設立のための基金としては、プネーの市民たちによる寄付金のほか、特に目立つのは諸藩王国からの援助であり、バローダーをはじめコールハープール、サーングリー、ミラジなどデカンのマラーター諸藩王に加えて、バーウナガルやジュナーガドなどカーティヤーワール半島（現在グジャラート州内）の藩王たちの名が援助者リストの中に見られる(45)。

協会が一八八五年一月に実現した最初の且つ最重要な成果が、ファーガスン・カレッジという独立した私立文科カレッジの創立であった。これ以後、同カレッジは多分野で活動する様々な人材をマハーラーシュトラから輩出することになる。ただ、カレッジの名称に当時のボンベイ州知事（James Fergusson）の名を冠していることや、先に見た諸藩王国との関連からも知られるように、協会の創設期においては、民族教育を掲げつつも旧封建勢力やイギリス当局との融和的姿勢があったことも否定できない。

ティラクは七人からなる協会の主要創立者の一人であり、ここでも従来と同じ数学およびサンスクリットを担当した。彼が用いた教材には、カーリダーサ（Kalidasa, 四～五世紀）の『雲の使者（*Meghadhuta*）』や、バルトリハリの倫理書『ニーティシャータカ（*Nitishataka*）』などが含まれていた(46)。

「社会改革が先か、政治改革が先か」論争

こうして三〇～四〇歳代の気鋭のインテリ集団による民族紙の発行、教育活動の推進という動きは、マハーラーシュトラ社会に新しい風を吹き込むことになった。しかし、それぞれに際立った能力と個性を備えたメンバーたちの間には、共通の目的に向かっての協力的姿勢とともに、いくつかの重要な問題に関わる見解の相違も次第に表面化するようになった。たとえば、協会を運営するメンバー内の規律の問題、あるいはマハーラーシュトラ社会、ひいてはインド社会の変革の道をめぐる問題として噴出し、最終的にはインドが直面する政治闘争と社会改革をめぐる論議へと発展していく。

社会改革をめぐる最初の対立はすでに一八八一年、ヒンドゥー社会における「幼児婚（child marriage）」を法令によって禁止しようとするイギリス＝インド政庁の立場に『マラーター』紙が反対し、『ケーサリー』紙（当時の主筆はアーガルカル）が支持する側に立ったことで表面化していた。ラーナデーは政庁による法制化賛成の立場を表明し、これに対してティラクやテーラングのほか著名なサンスクリット学者で社会改革にも理解を示したバーンダールカル（G. R. Bhandarkar, 一八三七～一九二五年）、法律家ツァーンダーヴァルカル（N. G. Chandavarkar）らが反対に回った。ティラクの反対の主な理由は、教育およびそれが引き金となってもたらされる社会的弊害に関する認識こそが社会改革の最も強力な手段であるのに、世論の方向を見極めることなく国家権力――しかもイギリスという外国の勢力を背負った国家権力――が社会改革に介入することは、一般大衆による内発的進歩と発展を通じての社会的再生の道を妨げるものであるとする点にあった。(47) しかもそうした状況を実現するためには、まず国内の政治を住民自らの手で獲得する政治改革が先行しなければならないことを彼は強調した。一八八五年ごろには、アーガルカルのもとで社会改革先行の論陣を張った『ケーサリー』紙のスタッフの中にも、人々の状況は政治自体が改善されない限り向上し得ず、そのため政治改革を排除して社会改革に傾注する方向を目指すのは自殺行為であるとする見解をもつ人

たちが増えていった。(48)

ここで、ティラクと社会改革をめぐる一つのエピソードとして、彼と対立した女性改革者ラマーバーイー（Pandita Ramabai, 一八五八〜一九二二年）にふれておこう。

彼女はティラクと同じチットパーワン・ブラーフマンの出身であるが、プネーとボンベイを中心として女性の教育向上のために活動した。一八八九年には「サラスワティ女神の家（Sarasvati Sadan）」と名づけた女子専門学校を創設した。パンディター・ラマーバーイーとティラクが最初に衝突したのは、彼女が一八八三年にキリスト教に改宗したときである。

彼女としては、キリスト教こそが「インドを救う」思想であり、運動であると真剣に考えた上での行動だったが、ティラクからすれば女性の解放や女性のための学校には反対ではなかったものの、伝統色の強く残るプネーの、しかもチットパーワン・ブラーフマンの女性がキリスト教に改宗するというのは文字通り驚天動地の事件であった。しかも、彼女の学校がインド人女性をキリスト教に改宗させる巧妙な手段ではないかとの疑惑を彼は抱いたといわれる。

『ケーサリー』紙には激しいラマーバーイー批判が繰り返された。(49)その怒りは二〇世紀に入っても収まらなかったようで、一九〇四年一月一二日号で「パンディター女史（Panditabai）の学殖（Panditya）」という皮肉なタイトルの社説を載せて、彼女がキリスト教の優位性を強調するために、いかにヒンドゥー教を曲解して宣伝してきたかを激しい調子で読者に訴えている。(50)ティラクがしばしば頑なヒンドゥー復古主義者といわれる原因の一つがこの辺りにもあるのかもしれない。

アーガルカルはティラクらとの「政治改革か社会改革か論争」のあとも、一八八六年に新たにデカン教育協会に参加したゴーカレー（Gopal Krushna Gokhale, 一八六八～一九一五年）の支援を受けつつ持論を展開するが、結局一八八七年に『ケーサリー』紙を離れ、翌年にゴーカレーとともに『スダーラク（Sudharak、「改革者」の意）』という新聞の発刊に踏み切った。一方『ケーサリー』紙はこの時点から、次第にティラクの影響力の強い政治宣伝紙としての性格を強めていった。

ここでさらに注目されるのは、ティラクが『ケーサリー』の紙面を飾るマラーティー語に関して、これを「古典マラーティー語」に対する「新しい言語」と称していることである。自らの新聞発行という行動の意味を、現代マラーティー語発展の歴史の上に位置づけようとするティラクの意欲がそこに示されているものといえよう。(51)

アーガルカル

ところで、アーガルカルらとの社会改革論争、また一八九〇年代に再燃する結婚年齢引き上げ法案をめぐる論争などにおけるティラクの姿勢を指して、「政治的進歩性の反面で、社会的反動」という枠組で語られることがある。しかし、ティラク自身も社会改革に関する彼なりの提言をもっていたのも事実である。たとえば前述した論争の課程でのことであるが、彼はバーンダールカル、ラーナデー、アーガルカルらも参加した会合の席上で同僚たちに対して、政府が主導する法制化への反対を表明するとともに、自らが考える改革案として以下のような諸点を提起している。

（一）女子は一六歳前に結婚してはならない。
（二）男子は二〇歳前に結婚してはならない。
（三）四〇歳を超えた男子は結婚してはならない。
（四）再婚を望む男子は寡婦をその相手とすべきである。
（五）飲酒はすべきでない。
（六）持参金（hunda）を遣り取りする習慣は廃止すべきである。
（七）寡婦の尊厳は守られるべきである。
（八）これらの改革案を受け入れる者は、社会改革と公共事業の目的を推進するための基金として、収入の一〇分の一を供出すべきである。[52]

こうした提言は、何らかの公的な論議や採択を経たものではないが、その内容を最も忠実に守ったのは実はティラク自身であったかもしれない。「政治改革」が先か「社会改革」が先かという問いかけは決してある特定の時点で二分法的に提起され、解決され得るものではなく、これ以後も民族独立運動の流れの中でくりかえし取り上げられることになる。ティラク自身は社会改革の重要性を十分に認識しつつも、この時点では次のような発言に見られる姿勢を貫徹したといえよう。

社会改革に注意を向けるなというのでは決してない。誰かがその方向に注目すべきであり、それは婦人教育、寡婦再婚、幼児婚禁止、カースト差別廃止などのためになされている努力、またそれらに関して少しずつ現れ始めている結果からも窺えることである。しかし、すべての人がこの道を進む必要はない。今日のわが国の状況においては、教育を受けた人々の知性のうち多くの部分は政治改革方向に向けられる一方、一部は社会改革の分野に向けられるべきであるというのが私の率直な理解である（*Kesari*, March 9, 1886）。

同じ時期にティラクが経験しなければならなかったもう一つの出来事は、彼自身がその創設に大いに関わったデカン教育協会との訣別である。改革問題をめぐるアーガルカルとの対立の深刻化もこれと無関係ではないが、それが主要な原因ではない。というのも、協会の進むべき方向という問題については、ティラクの立場を推す者が役員の中にもむしろ多かったからである。彼とほかの同僚たちとの間に決定的な見解の相違を生み出し、結果として彼をして協会を離反せしめた原因は、この機関の設立を促し、設立後もこれを日常的に運営していく上での基本的姿勢、言い換えれば協会の原則そのものをめぐるものであった。

この場合、彼が最も強く議論を集中させたのは、彼をも含む終身会員たちの協会外での活動とそれによる収入の問題であり、彼はこの点に関して、貧困をものともしない宣教師的禁欲主義を協会設立の本来の根本的精神として求めた。会員たちの多くは協会の諸活動（ファーガスン・カレッジや新英語学校の運営、または新聞の発行）以外の活動に多くの時間とエネルギーを費やすようになり、本来の仕事が副次的になりつつあるのではないかというのがティラクの問いかけであった。

会員は協会から支給される給料および家族手当のみで満足し、それを補足するための外部での仕事には携わるべきではない。もし協会外の仕事で収入があるなら、それは協会の会計に組み入れるべきであるというかなり厳しい要求も突きつけている[53]。新しい会員の中には、協会の終身会員であるという事実が、プネーあるいはマハーラーシュトラにおいて、一旗揚げるための好都合な出発点、または踏み台であると考える傾向すら現れてきた現実への危機感が彼の中にあったことも、彼自身が協会に提出した辞職願（一八九〇年一二月一五日付[54]）から窺える。その中で彼は次のように述べている。

……私は常に自己犠牲と自利益の否定こそが我々のような組織の成功にとって絶対的であると考えてきた。それこそが、我々が直面し、我々の起居の基準でもあるべき試練であって、必然的に私はそうした規範に少しでも悖《もと》ると思えるいかなる提案にも遺憾の意を表明してきた[55]。

しかし、理想を共有しつつも、あまりに厳格な規律の遵守を求める彼のこうした姿勢は、ほかの多くの同僚たちには受け入れられず、彼の声は終始少数意見であった。結局、彼らとの間に基本的な立場での妥協は成立せず、「私はここに私の生涯の理想を断念しようとしている。しかし、私自身をそれから切り離すことによってこそ最もよくそれに寄与するであろうとの思いのみが私にとっての慰めである」[56]という悲痛な言葉を残して、一〇年もの間力を注いだ教育の場と、労苦をともにした同僚たちに訣別していった。

この時、ティラクは協会が主宰する二つの新聞のうち『ケーサリー』紙の主幹であったが、辞任した翌年の一八九一年に、九〇〇〇ルピーの負債とともに『ケーサリー』と『マラーター』の経営を引き継ぐことになった。負債の返済と新聞の継続発行のために、しばらくの間は繰綿工場の経営と法律学校の開設にも手を染めねばならなかった。

同時に、協会在籍当時は休暇を利用して出席していただけの国民会議派の活動に積極的に取り組み始めた[57]。皮肉なことに、生涯の道と決めていた教育者としての仕事から身を退くことで、これ以後の政治指導者として新たな人生が切り開かれていくという展開をティラクは経験することとなった。ティラクはその生涯中、特に政治戦術上、戦線統一確保のために、ときに応じて立場を異にする個人やグループとの妥協や提携を行なっているが、デカン教育協会の運営に関わって示された厳しい自己犠牲と自らの利益の否定という原則は終始維持された。

3. ティラクと初期インド国民会議派

会議派結成への道

ティラクがデカン教育協会との関連を断つとともに、会議派の活動に積極的に参加するようになると前節で述べたが、インド民族主義の旗印を掲げて諸々の運動を指導するこの組織は、いかなる過程を経て形成されたのであろうか。

A・O・ヒュームは、会議派の成立に重要な役割を果たした。創立後、最初の二〇年間（一八八五～一九〇六年）継続して書記局長（General Secretary）を務めたことから「国民会議派の父」とも称された。[58] 彼が最初にインド人有識者層を結集する必要性を感じたのは、総督リットンの任期の最終段階（一八七八～七九年）のころで、インド各地にイギリスの支配を批判し、これに対抗しようという動きが見え始めた時期であったとされる。[59]

リットンの後継者、リポン総督（在職一八八〇～八四年）の総体的にリベラルといわれる行政のもとで一定の「平穏さ」が回復されるが、この間、退職したヒュームは有識インド人の組織化にいっそうの情熱を傾けた。

一八八三年三月一日付の「カルカッタ大学卒業生に宛てた回状」の中で彼は、「最も高度の教育を受けたインド人の大グループを構成することによって、諸君は事の自然の順序として、インドのあらゆる精神的、道徳的、社会政治的発展の最も重要な源泉をも構成しなければならない」と呼びかけた。[60]

ヒュームのこの訴えは、当時の多くのインド人知識人の心を動かしたが、彼の発言の動機はその根底において、イギリスによる帝国支配・植民地経営の安定化への願望にあったことは否定し得ず、その点でインド人を人種的に劣等視して、自らの利害のみを追求する頑迷な在印イギリス人社会(Anglo-Indian Party)の存在を、長期的に見て帝国の利益を傷つけるものと考えたリポンの姿勢と相通じていた。[61] しかし、この「自由主義的」総督も、強力なイギリス人集団の結束した反動の力には勝てなかった。インド人判事によるイギリス人刑事犯の審理権を認めることを内容とする「イルバート法案」は、彼らの反対で原形を全く留めないまでに変形させられ、リポン自身一八八四年、任期切れを前に本国に召還されてしまった。

しかし、この「イルバート法案」問題(一八八三〜八四年)が展開される過程を、インド人知識人層は極めて深刻な衝撃として受けとめていた。そして多くのインド人は、「このような(インド人に一定の好意を示す)副王＝総督にしてなおかつ事態がこういうものなら、将来自分たちにはいかなる希望があるのか」という問いに直面し、そこから一つの結論を引き出さざるを得なくなる。すなわち、もし彼らが自らの目的と願望の実現を望むなら、総督にではなく自分たち自身の力に依存し、独立した政治活動をとる以外にないという方向であった。[62] そこから、各地域(州)の要求を汲み上げつつ、政庁に対して政治的要求を提起し得る全国的組織を結成しようとの声が高まってきた。

こうした全国的政治組織は、すんなりと実現したわけではなかった。その動きは、すでに一八四〇年代から英印協会やボンベイ協会といった現地やイギリス人の名士たちによる親睦的、翼賛的組織が存在していたカルカッタ、ボンベイ、マドラスなど大都市で必ずしも相互に緊密な連絡が確立しない

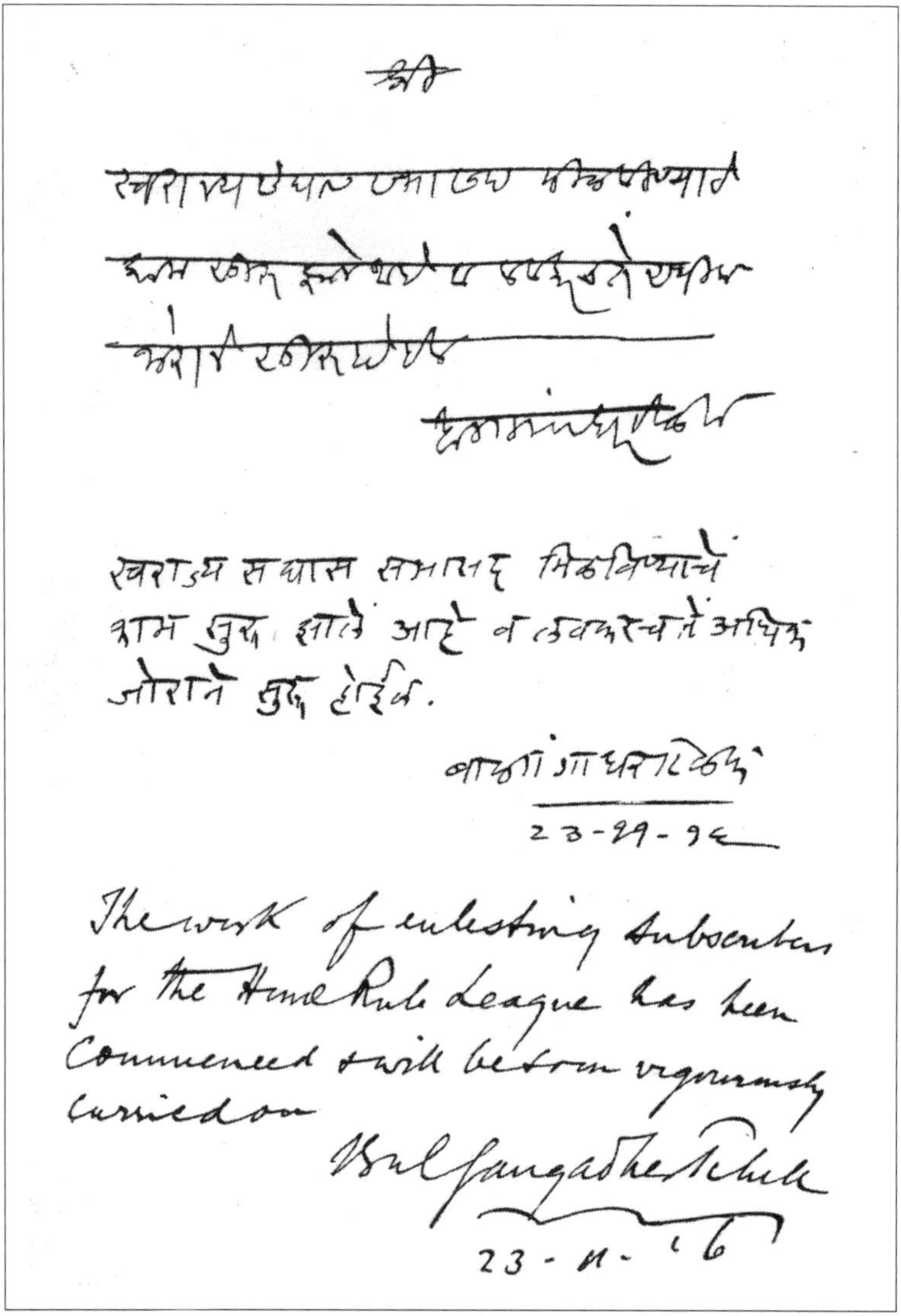
स्वराज्य सभासद मिळविण्याचे काम सुरू झाले आहे व लवकरच ते अधिक जोराने सुरू होईल.

बाळ गंगाधर टिळक

२३-११-१६

The work of enlisting subscribers for the Home Rule League has been commenced & will be more vigorously carried on

Bal Gangadhar Tilak

23-11-'16

ティラクの筆跡。上からモーディー文字、マラーティー（デーヴァナーガリー）、英語組織化の動きを通じて行なわれた。

「イルバート法案」論争中の一八八三年一二月に、ベンガルのバナジー（Surendranath Banerji, 一八四五〜一九二五年）やボース（Anand Mohan Bose, 一八四七〜一九〇六年）らが中心となってインド国民協議会（the Indian National Conference）の創設大会がカルカッタで開かれた。大会参加者はインド各地から招かれたが、ベンガル、ビハール、北西州（ほぼ現在のウッタル・プラデーシュ州）からの出席者が圧倒的に多かった。この会議で論議された議題には、代議制の参事会、自治、全般的教育並びに技術関係教育の推進、刑法審理における司法の行政からの独立性、政府官職へのインド人登用の増大といった要請が含まれていたが、それはいかなる階層の人々がこの動きに加わっていたのかを明瞭に物語っていよう。(63) マドラスでは従来存在したマドラス住民連盟（Madras Native Association）に代わるものとして、一八八四年五月にマドラス市民協会（Madras Mahajan Sabha）が設立された。それは旧来の諸組織と異なり、非官吏（民間人）のみから構成される点を強調し、またほかの州（Presidencies）の同種の組織と連携をもつべきことを謳っていた。

当時のマドラス市の注目される特徴は、すでに一八八二年から近郊のアディヤールに本拠を移している神智協会（Theosophical Society, 一八七五年ニューヨークで設立）の組織力、影響力が極めて顕著である点であり、同協会は一八八四年六月までにインド全国に数千の会員や共鳴者を集める八〇以上の支部をもっていたといわれる。アイルランド出身のイギリス人ベザント夫人（Annie Besant, 一八四七〜一九三三年）の指導のもと、各支部を通じての協会の政治的活動はこれ以降二〇世紀に入ってからも活発なものとなっていく。(64) 同じころ、スラトに拠点を置いてグジャラートを中心に活動する民衆奉仕協会（Prajahitavardhak Sabha, 一八八二年設立）や、カラーチーのシンド協会（Sind Sabha 一八八三年設立）が次第に存在感を明らかにし始める。

ところで、ティラクの活動の中心となるマハーラーシュトラやボンベイ市の当時の状況がいかなるものであっただろうか。プネーではすでに一八七〇年に設立されたプネー民衆協会（Pune Sarvajanik Sabha）が抜きんでた組織として活動を展開していた。同協会はプネー市を中心とする西マハーラーシュトラ地方を活動の場とし、「尊敬さるべき地位にある人々、イナームダール（特権地主）あるいは土地所有者、金貸し業者、商人、年金受給退職官吏、弁護士、大学教授、南マラーター地域の諸藩王」などによって構成されていた(65)。

協会は先述した著名な判事であり、すぐれた経済学者でもあったM・G・ラーナデー、同じく法律家で、「民衆のおじさん（Sarvajanuk Kaka）」の名で知られるジョーシー（Ganesh Vasudeo Joshi）らの指導のもとで、社会改革問題に取り組み、最初のスワデーシー（Swadeshi, 自国産品奨励）運動あるいは政府官職へのインド人登用増加を求める運動などを通じて、一八八〇年代にはボンベイやカルカッタにおける同種の政治活動とも提携していくようになっていた(66)。

ヒュームはリポンがインドを去ったあと、インド各地を遊説して回り、その際にプネーも訪れているが、プネー民衆協会について「インドにおける主導的活動組織」と評したという(67)。この同じ遊説の途中で彼は、カルカッタが多くのインド人組織を有しながら、それらの間に相互の利害対立すら見られるため、カルカッタを中心に州全体、ましてや全インド的規模で問題を取り上げ、統合した運動を展開しうる可能性は極めて少ないとの判断に立ったようである(68)。他方、彼は西部インドにおいて、前述のプネー民衆協会の組織・活動に接し、またボンベイ市ではマンドリーク（Vishvanath Narayan Mandlik）、メヘター（Phirozshah M. Mehta, 一八四五〜一九一五年）、テーラング（K. T. Telang, 一八五〇〜九三年）、タイアブジー（Baduddin Tyabji, 一八四四〜一九〇六年）、ヤーグニク（J. U. Yagnik, 一八三六〜九七年）ら当地の代表的な法曹界の指導者や企業家たちとの接触を経て、この地域を全インド的政治活動の中枢とすべきであるとの結論を得た。

ヒュームの意向では、インド各地の代表者からなる年次大会の開催、全国にわたって政治活動を指令する中央指導部の設置、イギリス国会へ提出すべきインド人の要求をまとめた憲章の作成、在印イギリス人の有害な宣伝（特にロンドン『ザ・タイムズ』紙の特派員）に対抗して、インド内の世論をイギリスの新聞に反映させるための電信機構の確立、および国会内における「インド党」の結成などが急務とされた[69]。

こうして一八八五年一月、ヒュームも出席する中で開催された会合で、すでに結成されているマドラス市民協会よりもっと「ナショナルな」機能をもつべき組織として「国民インド連盟（the National Indian Association）」を設立することが決定された。同時に、メヘター、テーラング、タイアブジーの「法曹トリオ」に加えて、企業を経営しつつロンドンですでに政治的活動を開始していたダーダーバーイー・ナオロージーの四人からなる委員会が任命された[70]。その第一回大会は同年二月にボンベイで開催され[71]、三月には「インド国民連合（the Indian National Union = INU）」を設立するというプランが立てられた。

このように見てくると、現象的にはインド各地の主要都市で、そこに拠点を置く多くの政治組織が収拾のつかない状態で乱立していたという感じを与えるかもしれない。すでに述べたように、それらの多くはイギリス支配下のインド社会に成立した新しい階層を担い手としており、加えてその要求事項にもほとんど本質的な違いは見られないのが事実であり、従ってそれらが次第に大きな組織体へと結集していくのはいわば時間の問題であったというべきであろう。マドラス市に本社を置く有力な英字紙『ザ・ヒンドゥー』(*The Hindu*, 一八七八年創刊)はこの時期、イギリス政府およびイギリス国民に対して、地域を越えて一致したインド人の世論を作りだす必要性を精力的に呼びかけている。一八八四年一二月二六日付の同紙は現下になされるべき活動を次のように要約している。

……全国にわたって散在する多数の政治組織を、いわば各地域を代表する人々から成る共通の母体機関へと結集すること……。この機関は世論を明確化、組織化し、また多くの人々が署名する嘆願書の中にこれを具体化してイギリス人のもとへ送付する。イギリスにいるわが友人たちはこのように送付された嘆願の中に、いかなる官僚的威嚇も否定し得ない事実と数字を見出し、その論駁の余地ない根拠に拠りつつ、彼らはインド担当省の難解且つ紛らわしい隠語と対決することが比較的容易であるのを見出すであろう(72)

と。また『ザ・ヒンドゥー』紙は同じ時期に、「求む、国民的政党」と題する一文を載せ、その中で「これらの諸勢力(分散したインドの愛国者たち——引用者)を広範で強力な中枢組織へと結集し、従来十分な共通の理解を得た綱領なしで、また共同の検討を通じて採択される方法・手段なしで作業することによって、その資源を浪費してきた国民的政党を前面に押しだすこと、それこそわが政治家たちの義務」であると訴えた。[73] こうした訴えの背後にはまだ、イギリスの良心的部分に対する過度の信頼（幻想というべきか）が窺えることは否定し得ないが、インド人の政治活動の中枢となるべき全国的機関を待望する声が各地で高まっていたのも事実であった。

このような状況を受けて、一八八五年五月にヒュームは一通の回状を発表し、自らも加わりプネー民衆協会やボンベイの政治指導者たちが中心となって結成された先述のインド国民連合（ＩＮＵ）の第一回大会をプネーで開催すると通告した。[74] しかし、開催予定地のプネーはこの直後に深刻なコレラの流行に見舞われたため急遽予定は変更され、大会は一二月二八日から三一日までボンベイで行なわれることとなった。これがインド国民会議派の明確な出発点であり、一八八五年一二月二六日付の『ザ・ヒンドゥー』紙の報道によれば、すでにその名称はインド国民連合ではなく「インド国民会議派（the Indian National Congress）」第一回大会として紹介されている。[75]

出席者総数七二名は、ボンベイ、プネー、スラト、アフマダーバード、カラーチー、マドラス、ガンジャム、マスリパタム、チングルプット（チャンガレパットゥ）、クンバコーナム、マドゥライ（マディユラー）、ティンネヴェッリ、コインバトール（コーヤムプットゥール）、カダパー、アナンタプル、ベラリー、カルカッタ、アーグラー、アラーハーバード、ラクナウー、ラーホールなどの都市から参加した。[76]

注意を惹くのは、すでに二年前に創立大会をカルカッタで開いているインド国民協会のバナジーをはじめとする指導者たちが、前もってプネー（その後ボンベイに変更）での会議派創立大会の開催について知っていなかったという事実である。バナジー自身の回想によれば、一八八五年一二月二五〜二七日の三日間、「カルカッタで我々の国民協議会（第二回——引用者）大会を開催しているとき、同じ線上で構想され、同じような綱領をもつインド国民会議派がボンベイで最初の会合をもちつつあった。二つの運動は同時的ではあったが、準備は独立して行なわれ、会議派、協議会双方とも互いの大会の前夜まで、相手が何を行ないつつあるのかを知らなかった[77]」という。しかし、両組織が設立直後はそれぞれ別個の活動を行っていたとはいえ、バナジーらとボンベイのテーラングやヒュームとの間にはしばしば接触があり、相互の活動についての一定の理解はなされていたようである。それが証拠に、バナジー自身が書いているように、いったん会議派が創立されるや、「我々とともに活動してきた人々は会議派に加わり、心からこれに協力し[78]」、協議会自体は発展解消する形で会議派に合流して、翌一八八六年の会議派第二回大会はカルカッタで開催されることとなった。

ヒュームは「インド各地からの代表による会議の計画」について、一八八五年五月にすでに総督のダファリン（在職一八八四〜八八年）に告げ、さらに予想される会議派創立大会の議長をボンベイ州知事レイに依頼しているが、このことは設立時の会議派の性格を一面で示しているといえよう。しかし他方、ダファリンはレイに対して議長就任依頼を断るように指令する書簡（一八八五年五月一七日付）において、「かかる会議派の機能は、必然的に政府の行為や政策の批判、またおそらく政府が容認できないであろう諸要求の提起で構成されよう[79]」と書いているが、これはイギリス植民地当局の最高責任者として、インド人による最初の全国的政治組織の将来をほぼ正確に予言したものと考えてよかろう。

こうして発足した国民会議派は、その初期において毎年一二月末の数日間開催される年次大会を除いては、未だ確固たる全国的中央組織の性格をもつには至っていなかった。一八八六年の大会決議では、すべての重要な都市に「会議派常任委員会（Standing Congress Committee）」を設置すべきことが定められたが、当分は各地域の従来の主要政治団体、たとえばプネー民衆協会、ボンベイ州連盟、マドラス市民協会、カルカッタのインド連盟などが事実上の常任委員会の役を担った。下部組織についていえば、いずれの地域であれ一定の支持者・活動家の核が形成されれば、それが会議派の組織として認知され、同時に年次大会に代表を派遣できるという「柔軟さ」を残していた。

これらの点は恒常的中央統制機関の欠如、組織全体の脆弱さを示すものであるのは疑いないが、いかに弱々しくまた不安定であれ、ひとたび全国的連携をもつインド人の政治活動の「支柱」が出現したことで、州および県・郡・都市・農村など下部機構が全インド的機関に組み込まれる道が準備されたといえよう。活動の度合いは、地域によってそれぞれの状況に応じた相違・格差が見られ、またそこでは各地域の独自の問題が提起されることにもなったが、次第に単なる地域諸団体の会合の場から脱却して、年次大会がインド各地を回ることを通じて、この時点でのインドの歴史的課題である民族的闘争の担い手としての位置を確立していくことになるであろう(80)。

初期の国民会議派とティラク

先に見たように、国民会議派の成立時、また成立後の活動において、ボンベイやプネーの政治組織が重要な役割を果たしている。しかし同時に注意すべきは、会議派への関わりがこれらの大都市のみに限定されたわけではなく、かなり早い時期から農村部においても何らかの積極的な反応が見られたということである。たとえば西マハーラーシュトラ、サーターラー県の場合、すでに一八八八年から会議派（マラーティー語ではRashtriya Sabha）の活動を恒常化するために郡（タールカー）単位の組織を設置する作業が県（ジラー）の指導部を中心に開始されている。翌一八八九年には、郡内の各村で一戸につき一パイサーの基金を募る運動が着手され、同年、各郡に会議派の政策や原則を根づかせる活動の基盤として「小会議派（Chhoti Congress）」という名称の機関が設置され始めた。

それらは、「額に汗して穀類などの生活の糧を生みだす階級を代弁して、彼らの言葉をいかにして会議派の中枢に届けるべきか、また会議派（年次大会――引用者）で決定された全インド的政策をいかにして農民（shetkari）まで伝えるべきか」を模索することを目的とし、一八九二年にはこうした小会議派を統合する機関として「県会議派（Zilha Sabha）」を設立しようという作業も開始された。[81] 初期の国民会議派自体、構成するメンバーの階級・階層が極めて限られていたのと同様に、これら地方の下部組織も農村の上層部によって主導された。

しかし、政治的要求を掲げて活動する組織的機関が従来ほとんど皆無といってもよかった農村部で、少なくとも農民全体の利害を前面に出して、都市での会議派の活動に呼応する動きがいち早く生まれつつあったことは注目されるべきであろう。毎年各郡で開催されるこの小会議派の大会には、はるばるボンベイやプネーからラーナデー、ティラク、ゴーカレーといった全国的に著名な指導者たちが必ず列席していた。そこでは農民各層に関わる様々な問題、たとえば地税、飢饉の状況、政府の森林法への対応策などのほか、国民会議派の将来に関してまでが論議された。[82]

先に述べたように、ティラク自身はデカン教育協会を離れるのとほぼ同じころ、一八八九年から会議派組織との具体的な関わりをもち始めており、この年の会議派大会を、創立大会の開催を予定されながら変更を余儀なくされたプネーにもってこようという運動に加わっている。この要求は実現しなかったが、同年彼は第二回ボンベイ州会議（Bombay Provincial Conference）の共同書記の一人に選出され、次いで翌年には正式の会議派大会代議員に任命されている。[83] ただ一八九〇年代前半までは、会議派における彼の政治活動はそれほど顕著なものではなかった。むしろこの時期は、マハーラーシュトラ社会で大きな論議をよんでいた社会改革問題をめぐってより活発な活動が目立ったといってよかろう。この問題はすでに一八八〇年代から指導的な運動家の間に激しい対立関係をもたらしており、これに関するティラクの姿勢については先に少しくふれたが、終始彼が守ろうとした基本的原則は以下のようなものであった。

（一）外国の統治下では、政治改革（政治的独立）が社会改革に対して先行されるべきである。
（二）社会の誰よりも、教育を受けた人々はまず政治活動に従事すべきである。
（三）便宜上、二つの別個の活動グループが二種類の活動（政治改革と社会改革——引用者）に貢献すべきである。
（四）社会改革の指導者たちは欠陥なき性格の人物でなければならず、且つ自らが示す例と実践によってその仕事を行うべきである。
（五）最も抵抗少なく、しかも漸進的ではあるが確実な結果をもたらす路線は、一般の人々の間に教

育を普及させることであり、また鎖の力を知る方法はその最も弱い部分を測ることである。(84)

社会改革の問題で当時最も議論が沸騰したのは、結婚年齢引き上げ法案（Age of Consent Bill）をめぐってであった。この問題も一八八〇年代から続いているが、一八九〇年代に入って、パールシーのジャーナリスト、マールバリー（Bahiramji Malbari）という人物の発言をもとに、次のような内容の法案がカルカッタの帝国立法参事会に提出されたのが新たな発端となった。

（一）一二歳以下の夫婦の同居は処罰されるべきである。
（二）幼児期に婚姻させられた妻は、成年に達したとき、自ら望むなら婚姻を破棄する権利を有する。
（三）幼児妻と結婚した夫は、婚姻権の復活を請願することができない。
（四）再婚した妻は、前夫から受け継いだ財産を保持し続けることができる。(85)

社会改革の必要を謳ってきた指導者の多くがこれを支持した。一方、それを認めれば外国人の官僚にヒンドゥーの社会およびその宗教・信仰への介入許すことになり、また法律でなく教育こそがこのような弊害を根絶する妥当な手段であると主張するティラクは法制化反対の先頭に立った。彼は前にも述べたように、女子の結婚年齢は一六歳以上、男子は二〇歳以上とするなどを内容とする自らの改革案を提示するが、「改革論者」たちの賛同を得られなかった。こうしてマールバリーらの法案は一八九一年に参事会を通過した。この法律が実際に運用されることはほとんどなかったが、これ以後ティラクは「社会的反動」として位置づけられるようになる。彼がヒンドゥーの宗教およびその文化を優れたものとして高く評価していたことは疑いないところであるが、一九世紀後半期のインドが置かれていた状況下で、社会改革の内発的進展を主張する立場が、社会的反動という枠組に彼を組み込む結果となったといえよう。

社会改革との関連で、彼がその立場を鮮明にせざるを得なくなった問題は、結成されてから未だ日の浅い国民会議派の活動を、社会改革の課題にどう関わらすべきかという点にあった。これについては、すでに何度かふれた彼の基本原則からも明らかなように、あくまで政治組織としての会議派の機能を一義的なものと位置づけていた。たとえば、社会改革に関して論ずるためにラーナデーらの主導で一八八七年に創設された「インド社会会議（the Indian Social Conference）」は、その指導部の強い要請で会議派年次大会の直後に同一会場で開催されることになったが、これに対して、宗教やカーストをめぐって意見の一致を見出しがたい問題を論議することで、まとまるべき政治戦線にも混乱が生じかねないとして、ティラクらは強く反対した。(86) 実は、会議派の活動と社会改革の関わりについては、会議派設立の推進者の一人ヒュームも深い関心を示していた。

彼は、論議の分かれる可能性が強い社会改革問題は近々結成が予定される全国的政治組織においては取り上げない方がよいと明確に表明していた。(87) 同様の見解は、一八八六年一二月の第二回会議派大会（カルカッタ）の議長で、一般に「社会改革派」に近い「穏健派」と見なされたナオロージーによっても次のように語られた。

……我々はわが支配者に対して、我々の政治的願望を提示するための政治団体として参集したのであり、社会改革を論ずるために集まったのではない。もし諸君が、我々が社会改革を無視したとして非難するなら、諸君は同様に、より難解な数字や形而上学の問題をしないといって(イギリスの――引用者)下院を非難しなければならないだろう。……国民会議派はその活動を全国民に直接関わる問題に限定しなければならず、社会改革およびほかの様々な階級的問題の是正は、それぞれの階級の会議に委ねねばならない。しかしそのことは直ちに、この民族的政治機関が社会改革について論議しないからといって、出席代議員諸君が、我々が実際に論議する政治問題と同様に、否、それ以上にこれらの(社会改革――引用者)問題に関心をもっていること、さらに代表たちの属する集団(コミュニティ)が、それらの諸改革を実際に導入するにあたって直面する錯綜した問題を解決する最善の努力をしていないことを示すものではない(88)。

事実、政治組織としての会議派はこれ以後、ナオロージーやティラクが思い描いた路線を進むことになるであろう。

この「政治改革が先か、社会改革が先か」論争は、当時のプネー市のみならずマハーラーシュトラにおける最大の政治組織といわれたプネー民衆協会をも巻き込んだ。その結果、協会の創設者の一人ラーナデーや書記を務めていたゴーカレーらに対して、ティラクを推すグループが一八九五年七月の同協会年次大会で多数を占めることになった。

ラーナデーとゴーカレーは翌年対抗組織としてデカン協会(Deccan Sabha)を設立した。この新組織は「自由主義」と「中庸・穏健主義」を掲げ、ティラク・グループとの相違を極力強調した。『ザ・タイムズ・オブ・インディア』や『ボンベイ・ギャゼット』などのイギリス人経営の新聞も、当時マハーラーシュトラを襲った飢饉に対するティラクら民衆協会の救済活動を、アイルランドの過激な運動と結びつけて報道することで、同組織の存在を浮き上がらせるよう努めた。ボンベイ州政府もデカン協会に肩入れしてそこに集結する人々を「穏健派」と呼び、これと対照的にティラクらを「過激派」と図式化して印象づける植民地主義者の「分割統治」がこのような状況から次第に露骨になっていった[89]。

確かに、一八九〇年代のティラクはナオロージーらの「富の流出」論の正しさを指摘しつつ、イギリス統治美化論がすでに破綻しているとの認識をもっていた。さらに、外国による支配の悪が今やすべての人々の目に明らかであること、インドの統治機構に決定的な改変を加える努力が必要であること、植民地当局の抑圧的姿勢に妥協するのはむしろ有害であることなども『ケーサリー』で訴えていた（*Kesari*, Feb. 18, 1902）。同時にティラク自身は、民衆協会分裂後も政治活動の上では歩調を統一すべきであると主張したが、イギリスによる統治を「神の摂理」とする哲学に捉われていたラーナデー（一八九三年からボンベイ高裁の判事に任命）らとの間の溝は埋めがたく、マハーラーシュトラにおける両党派の距離は次第に広がっていった[90]。

なお、この間一八九五から九六年の一年間だけ、ティラクはボンベイ州立法参事会に名を連ねている。同参事会は一八九二年に導入されたインド参事会法（Indian Councils Act）に基づくもので、ボンベイ州では官選議席以外の八議席を選挙（制限選挙）によって選出することになっていた。この選挙でラーナデーやゴーカレーが推す「穏健派」のインド人官僚を抑えて当選したティラクは、主として州政府の財政や行政のあり方に厳しい批判を加え、州内の飢饉に際しては救済活動の推進と地税の減免を要求して強力な論陣を張った。

こうしたティラクに対して『ザ・タイムズ・オブ・インディア』紙は、政府に彼の再選を阻止するようにとの進言を行なっている。[91] ティラクにとってのこの一年間は、公費の支給を受ける「公人」として活動する唯一の時期となったが、同時に広く州行政全体、ひいてはその背後にあるインド政庁のあり方を緻密に考察する好機でもあった。

ティラクと「民族」

一八九〇年代半ばにプネー民衆協会の主導権を握ったティラクは、マハーラーシュトラにおける政治活動の第一線に立つことになった。そして当然のことながら、国民会議派がその存在を次第に明確なものとしていく過程で、他地域（州）の状況をも強く意識しながら、政治運動をそれら諸地域に広げていくのがティラクの最大の課題となっていく。

少しのちのことであるが、彼は一八八〇年からの二〇年間を「それぞれの州で細々と進められてきた運動を統合し、それらに民族的性格（rashtriya swarup）を与えた時期」と評している。しかし、会議派の結成を通じて次第に認識され始めた民族主義（rashtriyatva）の思想は未だ確固たるものではないため、「各州の住民の間に同一の共感を生みだすこと、我々が同一の国の住民であり、わが国およびその住民の幸不幸の原因は同一のものに外ならず、従ってすべての人が結集して努力しなければならないとの考え方を、ヒマーラヤ山脈からコモリン岬に至るすべてのインド人の頭に植え込むこと」こそ緊急の義務と彼は考えた。（*Kesari*, Feb. 18, 1902）

このように、イギリス支配下におけるインド人の運命の共通性とインド人の統一された闘いの必要性が提起されたが、それではともに起ち上がるべきインド人の集団はどういうものと捉えられているのか、表現を変えれば「民族」というものについてこの時期のティラクの考え方はどのようであったのだろうか。総じて、彼は「民族」問題について必ずしも系統立った理論を展開することはなかったといえるが、少なくともインド人全体を無前提に一つの民族として捉える単純な議論は行なっていない。ティラクの言葉によれば、同一民族意識（rashtriyatva）の主たる要因は利害の共通性（samanhitatva）であるが、その利害の共通性は、ただ単に成員が同一の宗教あるいは言語を共有しているということだけで、また同一の地理的境界内に居住しているということだけで自然に形成されるものではない。むしろ民族への帰属意識を明確に規定するのは具体的、歴史的状況であり、これが展開するためには大衆的教育、自尊心、自己犠牲意識の醸成が必要であって、宗教、言語、過去の歴史の共有などがそれの成長や伝播を促すことは多い。彼はまた次のようにも述べている。会議派はある意味で民族組織であるというのは正しいし、インド内の様々な人々に共通する政治的な利害の根本はただひとつ、イギリスの支配下にあるということは疑いないから、彼らの政治的運動の担い手が会議派であると考えることも正しい。しかし、会議派によって共通の決議が採択され、そのための具体的な措置が採られたとしても、それによってマラーター（マハーラーシュトラ）人、パンジャーブ人、ベンガル人たちの共通意識（rashtriyatva）がひとつの中に消滅してしまうことはないという

(*Kesari*, April 23, 1901)。

このようなティラクの「民族」観が同時代のインド人にどう受け取られていたのかは明らかではないが、これ以後インド内の地域や言語等の枠を超えた政治的統一行動を強く主張して止まなかった一方で、各地域＝民族の独自の発展をも無視しない彼の姿勢は十分に注目してよかろう。ティラクの歴史的役割を高く評価する経済学者ガードギールによれば、会議派の場で一般に論議されるよりかなり前の一九〇八年に、州の政治的区分を言語および住民の民族学的相違を考慮しつつ再編することを求める「言語州」創設の問題を王立地方自治委員会への覚書として提起したのはティラクであった。[92] ティラクはその政治活動の一環として、一八九三年からガネーシュ神祭典、一八九六年からマハーラーシュトラの歴史的英雄シヴァージーの大衆的祭典を提起し、積極的に推進した。

その根底にあったのは、インド全体に同一民族意識（ekarashtriyatva）とも称すべき連帯・共同の認識が生まれることを目指し、「たとえ一州においてであれ、まず一年のうち一〇日間でも」同一の神格や英雄をまつる行事に加わることによって、人々の間に連帯の気持が増進するであろうとの期待であった（*Kesari*, Sep. 3, 1896)。本来「知識」を司る神としてヒンドゥーの各家庭内で崇拝されてきた像面人身のガネーシュ（ガナパティ、ガジャーナンともいう）や人々の記憶も薄れていたマラーター王国の創始者を偲んで、一年の一定の時期にその祝祭を行なうという試みは多くのマハーラーシュトラ人を結集し、たちまち大衆的祭典（sarvajanik utsau）として隣接する州にまで広まっていった。

マハーラーシュトラでは、ヴィトーバー神そのほかの土着の神々を祀って行なわれる祭礼（jatra,

マハーラーシュトラの小さな村の壁に描かれたガネーシュ像（著者撮影）。
「本村および他村の女性は中に入らないでください」と書かれている。

縁日とでもいうべき行事）が古い歴史をもっていたが、新たに加えられた大衆的祭典はジャトラーの伝統をとり入れつつ、神への讃歌（kirtan）、聖歌の弾き語りや大衆的歌舞・演劇（tamasha）の形をとった政治的宣伝、『ラーマーヤナ』や『マハーバーラタ』など大叙事詩を土台にした現代的、政治的テーマの演説などによって、参集した一般大衆の連帯意識、政治意識の成長を助けた。

こうした祭礼の実施において、ティラクがヒンドゥー教徒を主として念頭においていたのは疑いないが、その背後に反ムスリム的意識は全くあり得ないことも繰り返し強調している。彼が政治的立場から、自分とは異なる宗教に対して固定的な偏見をもっていなかった点にここで留意しておきたい。

たとえば、もし北インドで同じことをするならヒンドゥーとムスリムの共通の英雄アクバル（ムガル朝の第三代皇帝）をとり上げたであろうと彼が述べている事実[93]にも示されており、これ以後の彼の政治的プログラムの内容に照らして、またそれが多くのムスリムの支持を得ていくことからもその点は首肯し得よう。しかし、彼がとりあげた神格や英雄が「ヒンドゥー的」であったことは否定できず、ティラク批判のひとつの重点がここに置かれることになる。

彼としては、たとえばキリスト教やイスラームにおいて集団的な祈りが行なわれることを通じて信徒間にある種の一体感が生みだされるという「効用」をヒンドゥーの間にも期待したものと考えられよう（*Kesari*, Sep. 3, 1895）。インドにおける政治的組織化の動きがようやく端緒についた段階で、大衆の政治意識を高め、一つの団結した力を作り上げていく上で、旧来の土着の思想や信仰あるいは英雄が重要な意味と役割を背負わされたり、実際の運動がときに宗教的外被のもとに展開されるのは、いわば自然の勢いともいえよう。

この一見すると宗教的あるいは地域的色彩に彩られた祭礼が、一九世紀末のイギリス支配による政治的抑圧、経済的圧迫の強化に対するインド社会の不満を背景として、ときにヒンドゥー・ムスリムといった宗教の枠を超え、また地域の枠をも超えてベンガルそのほかでも大衆を集めて行なわれ、この時期の全インドな政治的昂揚に寄与したことの歴史的意義は大きい。しかし、一八九〇年代後半ごろから、食用のため牛を殺するムスリムとこれに反感を抱くヒンドゥーとの間の衝突がインド各地で頻発する状況を見ると、ティラク自身の思惑を離れて、このような祭礼がこれ以後のインド社会において顕著になる宗教・宗派対立（コミュナリズム）にもつながっていくという現実にもつきあたる。

マハーラーシュトラのその後の歴史との関連でいえば、このガネーシュ祭、シヴァージー祭は一九二〇年代に至ると、州内の多数派コミュニティであるマラーター・カースト・グループが反バラモン運動の重要な一環として祭の主導権を掌握して、そのコミュナル性はいっそう明確になっていく。

他方で、ティラクらのこれらの運動がロンドンの『ザ・タイムズ』紙の記者で、来印していたチロル（Valentine Chirol）によって「インドの不穏（Indian unrest）」として伝えられ、ティラク自身も頑迷な「反ムスリム的ヒンドゥー主義者」「不穏の巣マハーラーシュトラのブラーフマン」として描き出されることとなった。同様な宣伝は、インド内でも『ザ・タイムズ・オブ・インディア』（ボンベイ）や『パイオニア』（アラーハーバード）などアングロ・インディアン系の親英諸紙によっても大々的に展開された(94)。

このように、一方で全インド的政治世論と統一的組織活動の構築を目指しつつ、同時にそのために各地域における運動基盤を強化するという極めて困難な作業が、二〇世紀初頭のティラクの、ひいてはインド民族主義運動全体が担っていくべき課題となる。

一八九六・九七年は全インド、ことにマハーラーシュトラ地方でペストが猖獗を極めた時期で、これに対処するためティラクはプネー大衆協会に基盤を置き、「地税不払い」運動などの救済活動を指導するとともに、政府の対応を厳しく糾弾する論陣を張った。しかし、その過程で「疫病法」を楯に住民を強圧的に扱ったイギリス人防疫官ランドが殺害されるという事件が起こり、一八九七年七月に州政府は『ケーサリー』に書いた記事が殺人を教唆したとしてティラクを逮捕した。彼はマハーラーシュトラのみならずベンガルなどほかの地域からの広範な支援に支えられて法廷闘争を行なったが、結局インド刑法第一二四条A項（騒擾罪）によって一八か月の禁固・重労働の刑に処せられた。一八八二年に被った些細な筆禍事件による三か月の入獄を別にすれば、彼にとって最初の「騒擾罪《そうじょうざい》」による受難であった。彼の服役中、マックス・ミューラーらの学者、W・W・ハンターらイギリス人名士、ナオロージーやロメーシュ・チャンドラ・ダットら著名なインド人指導者たちがティラク釈放のための署名運動を展開し、その結果、刑期を六か月残して一八九八年九月に釈放を勝ち取った。

この事件で起訴されたのは『ケーサリー』だけではなく、ほかのマラーティー語新聞数紙も巻き込まれており、大衆的な募金運動は国内の広い地域に波及した。それはイギリスのインド統治史上初めて、「騒擾罪」裁判を通じてインドの世論が植民地当局と正面からぶつかり合った事態といっても過言ではない。こうしてこの裁判、下獄、釈放の過程で、ティラクの名は当局にとっては「インド不穏の父（Father of Indian unrest）」として、インド人の意識の中では「ロークマーニャ（Lokmanya, 人民の敬愛を受ける指導者）」として強烈に刻み込まれることとなった。

第2章　二〇世紀初頭のインド民族運動とティラク

1. インド総督カーズンの政治体制とティラク

二〇世紀初頭のインド支配——帝国主義者カーズンの支配と民族運動

前章ではティラクの思想形成の過程と、マハーラーシュトラを中心とした彼の活動を素描し、同時にこれを取り巻く場としての全インド的政治状況の変化についてふれた。一九世紀末の政治状況は、苛酷なイギリス植民地支配の確立が、インド社会のあらゆる層の人々にとって不都合、あるいは否定されるべきものと感じられるようになったことの結果といえよう。

すでに一九世紀、七〇年代から、ナオロージーらインド人経済学者によって指摘されていた、インドからイギリスへの「富の流失」もこのころにはいっそう増大していた。

インド全体から年間の地税四、四〇〇万ポンドのうち三、四〇〇万ポンドが植民地軍隊の費用およびインド支配に関わる「本国費（home charge）」の名目でインドから流失し、また三〇〇万ポンドがインド内のイギリス人官僚の給料として支払われていた。一方で、インド人の生活状況は悲惨を極めた。公式の統計によれば、一八八〇年代から一九〇五年までの穀物価格の上昇率は四六％にも上ったのに対し、耕作者の収入の増加は一八ルピーから二〇ルピーへ、非農業人口の場合で二七ルピーから三〇ルピー（年平均）へとほんのわずかなものに過ぎなかった(1)。

植民地搾取による大衆の貧困と恐るべき住宅状況の劣悪さは、一九世紀末以降、西部インドから広がったペストの流行による被害を増大させるばかりであった。統計は一八九六年から一九〇四年の間に五二五万人、そのうち一九〇四年だけで一〇〇万人のペストによる死亡者が出たことを示している。[2]同時に、年によっては連続してインドを襲い、全人口の二〇%の命を奪った大飢饉もこの時期の見逃せない事件であった。

この時点は世界史的に見た場合、「一九世紀と二〇世紀の境で、資本主義諸国の植民政策によって地球上の未占拠地の占取を終えた」時期、[3]すなわち「世界の分割が完了した」[4]と見なされる時期である。この間、一八七〇年代の半ばから一九〇〇年までの二五年間にイギリスは、ディズレリ、グラッドストーン、ソールズベリら自由・保守両党の政権下でアジアおよびアフリカに五二〇万平方マイル(人口総計約九六〇〇万)の新しい領土をその帝国領に加えた。[5]

ヴィクトリア時代の最後を飾るこの華々しい植民地獲得は同時に、列強諸国との激しい拮抗の中でイギリスが帝国領土を維持するために必死に闘う時期の開始でもあった。就中、一八七七年に「インド帝国」とされ、「イギリス女王(国王)の王冠に輝く最大のダイアモンド」として重要であったインドは、引き続きイギリス帝国にとって政治的、経済的且つ軍事的に、アジアにおける最大の基地としての位置に置かれていた。しかしアジアの場合、差しあたってロシアとの対立関係を日英同盟によって日本に肩代わりさせる形になっていた極東(中国)を一応措くとすれば、二〇世紀初頭のイギリスは主としてアフガニスタン、ペルシア、チベットなど、インドを取り巻く地域において最も厳しい対抗関係をロシアとの間にもつことになった。

こうしたアジアにおけるイギリス帝国主義の試練の時期に、イギリス政府はカーズン、ミントーというすぐれた政治家、行政官をインド副王=インド総督としてインドに派遣し、発展と繁栄の確保に努めることになる。彼らはより能率的なインド行政のためにいくつかの改革を立案し、実行に移し

総督カーズン

た。一方でインドの民族産業の発展を抑止し、他方でカーズンによる商工局の開局の見られるような経済発展についての幻想を振りまいた。インド国内に高揚する民族運動に対しては、民族諸語の新聞を抑圧する諸立法や指導者の逮捕・追放という弾圧策と、一九〇九年の「インド参事会法（モーレー・ミントー改革）」に典型的に見られるような、民族運動内の一部指導者との取引を含む懐柔策でもって対応し、イギリスの「宝庫」でありアジアにおけるほかの領土の保全基地であるインドの防禦に全力を注いだ。

侯爵であるカーズン（George Nathaniel Curzon, 一八五九〜一九二五年）が前任者エルギンの後を引き継いで第一一代のインド副王＝総督として任命されたのは一八八九年八月一二日であった。

彼は一八八五年に首相ソールスベリの私設秘書補佐となったのを出発点として、政治家としての道を踏みだした。翌年保守党下院議員となり、その後一八九一年にはインド省次官、一八九五年には外務次官という出世の階段を上った。この間、彼は自らアジア各地を巡歴し、「インドなしではインド帝国は存在しなかったろう。インドの領有は東半球における主権譲渡が不可能な肩章である。インドのことは熟知されているように、これを所有する者は世界の半分の宗主である[6]」との認識を新たにすると同時に、その周辺の地域にも関心を示し、「ヒンドゥクシュこそイギリスの真の境界である」と説いて対露強硬路線を明確に打ちだした。「アジア通」というイメージをイギリス政界に強く印象づけたカーズンは、国会議員の地位を五年間放棄してでもインド統治に参画したい（インド総督の任期は普通五年間）との意志を表明した。[7] こうして、インド省内の「ロシアを念頭においた相も変わらぬ対外強硬論者」（インド相G・ハミルトンの言葉）という批判・反対にもかかわらず、ヴィクトリア女王の推薦もあって、彼はインド総督に任命された。[8] これに対するロシア側の反応は否定的で、「カーズン氏の活動は厳しく観察されるべきである」として強い警戒の姿勢が示された。[9]

一八九八年一二月末にボンベイに到着した新総督カーズンは翌年早々に帝国首都のカルカッタに入り、一月一二日の英印連盟（the British Indian Association）での集会で次のような演説を行ない、自らのトーリー的本質を明確に打ちだした。

……諸君は、地主階級の利害およびベンガル州における古来の有力諸家族の維持について私の注意を喚起した。イギリスにおいてであれインドにおいてであれ、土地に関していえば私自身の立場は保守的である。というのも、長い間土と結びつき、その管理に秀で、その伝統に明るく、自らの責任を意識した土地の所有者こそは社会の安定性の基礎だからである。この点で私の見解はインドにおける、特にここベンガル州におけるインド政庁の恒常的な政策であったものの反映に過ぎない。[10]

総督ミントー

カーズンのこうした姿勢は、インドの旧封建勢力、ことに残存する藩王の地位を維持しようとする政策にも反映された。[11]

同時に彼が表明した政策の最も主要なものは、イギリス資本のインドへの導入を容易にする道を整えることであった。一八九九年一月三一日のカルカッタ貿易連盟（the Calcutta Trades Association）による歓迎会で、出席者に対する感謝の礼辞にそれがはっきりと窺える。その中で彼は、「富の流出」論を有害な妄想として否定し、インドの土着資本が「引っ込み思案」であるために、イギリスの金がインドに惹きつけられるように最大限の努力をすること、インドがイギリス資本の選ばれた投資分野となることがインドの発展にとって不可欠の要件であるから、それを願望することが「良き市民」としての義務であり、「健全な経済政策である」と語っている。[12]彼のこの考え方は、同年九月に立法参事会に提出された一八七〇年インド鋳造法と一八八二年インド貨幣法改正のための「新通貨法案」として具体化された。

カーズンが就任の年から構想し、一九〇一年に具体的な形で提示した「一二改革案」には、次のような政策プランが含まれていた。

（一）健全な辺境政策の立案とその維持
（二）頻繁な官吏の移動の是正
（三）膨大で不必要な報告書作成の無駄の是正
（四）古い記念碑的建造物の保護
（五）安定した為替制度の確立
（六）鉄道の拡張
（七）潅漑の拡張
（八）増大する農民負債の解消
（九）インド・イギリス間の電信料の改正
（一〇）イギリス兵と彼らが駐屯する村の住民との関係の改善
（一一）教育改革
（一二）警察行政の改革(13)

これらを分類すれば、第一にインドの軍事・防衛に関するもの、第二にイギリス資本導入に関する安全性の保証、第三にインド内行政の能率化、第四に農業や教育などインド社会の極めて遅れた分野の発展に関するものということになろうか。第二の課題は先述した鋳造改正法成立で徐々に軌道に乗り始めたが、第四の課題はほとんど具体的に着手されないか、たとえ手をつけても一九〇四年の大学法のようにインド政庁による官僚的統制の徹底化を目指す政治的意味合いの強い形で実施された。

カーズン自らが述べているように、彼が掲げた諸課題のうち最も重要視されたのはロシアを想定した辺境問題であり、特にアフガニスタン、ペルシア（イラン）、ペルシア湾岸およびチベットに対して大きな関心が払われた。彼は軍事費の増加を公然と主張し、一九〇一年の北西辺境州の新設から一九〇四年のチベット出兵、ラサ条約締結に至る一連の軍事行動を強行した。一八九九〜一九〇〇年の義和団の乱（北清事変）や一八九九〜一九〇二年の南アフリカ戦争（ボーア戦争）にもインド内のイギリス人およびインド人軍隊を多数派遣しており、インド国内に残るイギリス兵の少なさがヴィクトリア女王に大きな危惧の念をもたらしたといわれる[14]。

しかし、軍最高指揮官（Commander-in-Chief）にキッチナー（Horatio Herbert Kitchener, 在職一九〇二〜〇九年）が任命されてからは、カーズンとキッチナーの間で軍事問題をめぐって激しい衝突が繰り返された。ことにカーズンは、最高指揮官の系列とは別にインド政庁内の軍事局を併存させることを主張したため、それらの統合・一本化を固執するキッチナーとの溝がさらに深まり、このことがのちにカーズン辞任の原因の一つとなったとされる[15]。

二〇世紀初頭における国民会議派

ここで一九世紀末から二〇世紀初頭にかけての国民会議派の動きに目を向けてみよう。本来会議派内には、様々な思想的潮流が混在していたといえるが、この時期には大別して二つの政治的立場

「穏健派」重鎮。右からゴーカレー、ナオロジー、ワーチャー

がその指導部内に存在していたと見ることができる。すなわち、一方に親英的な初期会議派の伝統を踏襲し、植民地当局との正面対立を回避しつつ、官僚機構内でインド人の権限を徐々に拡大させることを目指す多数派グループ、他方に、より広範な大衆の反映感情の高まりを背景として、植民地権力との対決を掲げるグループが存在して両者は激しく競い合った。一般にこの二つの党派はそれぞれ「穏健派(the Moderates)」「過激派(the Extremists)」と呼ばれることが多いが、両者の相違は単に運動手段が穏健であるか過激であるかの差にとどまらず、イギリス

による植民地支配およびインド社会の伝統やその歴史的発展の道に関する価値観の違いに根づいているると考えざるを得ない。従って、そうした実態を念頭に入れれば、先の二つの呼称よりも「西洋派・近代派（the Modernists）」「民族派・伝統派（Nationalists）」の方がより正確なイメージを与えるのではないかと思われる。

前者のグループにはラーナデー[16]、メヘター、バナジー、ゴーカレーといった、カルカッタ（ベンガル）やボンベイを中心に活動する判事・官吏・教育者たちのほかに、彼らと密接に結びついた綿工業経営の民族資本家やボンベイ工場主連盟（the Bombay Millowers' Association）の重要なメンバーであるワーチャー（Dinshaw Edulji Wacha, 一八四四～一九三六年）やターカルセー（Vithaldas Damodar Thackersey, 一八七三～一九二二年）などが含まれていた。彼らは例外なくイギリス的なリベラリズム（自由主義）の伝統に重大な価値を認めており、イギリスが歩んだ近代化への道をインドも漸進的に辿ることが理想的であるとし、イギリスのインド統治を「神の摂理（Providence）」として受け入れようとした。彼らによれば、現実のインド政庁の植民地行政は本来あるべきイギリス的伝統と良心からの逸脱であり、遠からず是正されるべきものであるとの期待が彼らにはあった。

これに対して民族派・伝統派を代表したのが、マハーラーシュトラのティラク、ベンガルのビピン・チャンドラ・パール（一八五五～一九三二年）、パンジャーブのラジパット・ラーイ（一八六五～一九二八年）らである。かつてソ連邦で発行されたすぐれたティラク研究論集の中で、執筆者の一人レウコウスキー（A. L. Levkovski）はこれら二つのグループの階級的基盤を分析して、次のような対比を試みている。

すなわち、「穏健派」――彼もこの言葉を用いている――とは、「イギリス資本および封建地主と結びつき、同時にインド土着の資本主義的発展を支持する、大抵は富裕なブルジョアジーからでている」のに対し、「過激派もブルジョアジーの利害を代表したが、この階級の（多数ではあるが）特定の部分だけを代表していたのではなかった。彼らは資本主義の広範で急速な発展に関心をもつ階級である幼児期民族ブルジョアジーの階級全体を代弁していたが、その資本主義の発達に対する主たる障害はイギリス植民地主義者による経済的、政治的抑圧であった。インドの自立的発展を目指すこれら過激派のラディカルな要求はインド人民全体の民族的利害と符合していた」[17]というものである。指導的個人の階級基盤とそのイデオロギーとの関連についての考察は必ずしも容易な作業ではないが、ここに引用したレウコウスキーの指摘には興味深い示唆が含まれているのは否定できない。ティラクの土着産業に関する見解については、後出のスワデーシー運動との関連でふれることとしよう。

ただこの時期、ティラクを含めて民族派に属する人々の政治活動の中に階級闘争という視点が機能していたとは考えにくいであろう。ティラクの場合、たとえば一九世紀末から二〇世紀初頭にかけて農業・農民問題に関するいくつかの発言がある。そうした発言において彼は、一八七五年の「デカン農民反乱（Deccan Riots）」などに対する政府の対応が、イギリスの統治自体の責任を回避し、農民に対する高利貸し（saukar）の苛酷な態度という点のみであると批判し（*Kesari*, Feb. 2, 1892）、インド農民の困難の原因がまさにイギリス支配そのものにあることを指摘し（*Kesari*, Dec. 6, 1892）、委員会の任命、報告書の作成、法律の制定のみで一体何が改善されるのかを問うている（*Kesari*, Dec. 27, 1892）。しかし、同時にその議論の中で、「農民の必要とする資金を提供してくれる」源泉としての金貸しの意義をも指摘している（*Kesari*, Dec. 27, 1892）。もちろんマハーラーシュトラでは悪辣な金貸し業で知られるマールワーリーやグジャラーティー商人（それぞれ北インドのマールワール、西部インドのグジャラート地方の出身）に対しては厳しい規制が考慮されるべきであると見ているようであるが（*Kesari*, Dec. 20, Dec. 27, 1892）、他方で、一般に農民と彼らに密着した金貸しの関係について「金貸し（saukar）が死ねば農民（kunbi）も死ぬ」（*Kesari*, July 2, 1901）という表現も用いている。このことは、マハーラーシュトラ全体にわたって商業・金貸し業を営む者は多くの場合ブラーフマンの地主であったこと[18]と関連させて考えると重要な意味をもってくるであろう。しかし金貸しの位置づけに関しては、近代派に属する人物として知られる経済学者ラーナデーとティラクの間にはほとんど異なる見解は存していなかったとする経済学者D・R・ガードギールの指摘[19]も無視できない。

農業・農民関係に関わる問題として、同じころティラクがティラク家もその出自であるコート（khot）の制度（khoti、ラトナーギリー、クラーバー、ターネー地方に存した一種の地主制）への政府による規制に対して強い反対を表明していたことも留意すべき事実である。すでに一八八〇年にコート査定法が定められており、さらに一八九八年に規制の強化を行なおうとするボンベイ州政府の姿勢を、農村における伝統的なコートの没落をもたらすものであるとしてティラクは激しい反対の論陣を張った（*Kesari*, Feb. 21, Feb. 28, March 14, March 21, March 28, April 11, 1889; *Kesari*, Sep. 29, 1903）。

ラトナーギリーに見られたコート（地主）はベンガルや北インドのアウド地方などに多かった大ザミーンダール（地主）と同一に語られるべきものではなく、ティラク家がかつてそうであったように

（表Ⅰ）国民会議派年次大会（一八八五〜一九〇六年）

年次	開催地	議　長　名	出席代議員数
一八八五	ボンベイ	W・C・バナージー	七二
一八八六	カルカッタ	ダーダーバーイー・ナオロージー	四三四
一八八七	マドラス	バドゥルッディーン・タイアブジー	六〇七
一八八八	アラーハーバード	ジョージ・ユール	一二四八
一八八九	ボンベイ	W・ウェダバーン	一八八九
一八九〇	カルカッタ	フィーローズシャー・メヘター	六七七
一八九一	ナーグプール	P・アーナンダ・チャールルー	八一二
一八九二	アラーハーバード	W・C・バナージー	六二五
一八九三	ラーホール	ダーダーバーイー・ナオロージー	八六五
一八九四	マドラス	アルフレッド・ウェブ	一一六三
一八九五	プネー	スレンドラナート・バナージー	一五八四
一八九六	カルカッタ	R・M・サヤーニー	七八四
一八九七	アムラーオティー	C・シャンカラン・ナーヤル	六九二
一八九八	マドラス	アーナンド・モーハン・ボース	六一四
一八九九	ラクナウー	ラメーシュ・チャンドラ・ダット	七四〇
一九〇〇	ラーホール	N・G・ツァンダーワルカル	五六七
一九〇一	カルカッタ	ディンシャー・ワーチャー	八九六
一九〇二	アフマダーバード	スレンドラナート・バナージー	四七一
一九〇三	マドラス	ラール・モーハン・ゴーシュ	五三八
一九〇四	ボンベイ	ヘンリー・コットン	一〇一〇
一九〇五	ベナレス	ゴーパール・クルシュナ・ゴーカレー	七五八
一九〇六	カルカッタ	ダーダーバーイー・ナオロージー	一六六三

全体として裕福とはいい難いものであったのは明らかである。[20] しかしティラクが、インド農村の地主＝小作関係に視点を置きつつ議論を展開することがほとんどなかった点は看過し得ない特色であるといえよう。

総督カーズンと会議派

実は一八九〇年代から一九〇〇年代初頭にかけての会議派の活動は、年次大会への参加代議員数から見ても決して活発なものではなかった（表Ⅰ参照）。

それは、一八九二年に成立したインド参事会法（Indian Councils Act）によって極めて不十分ながら中央・州の立法参事会が一定程度拡大され、従来会議派が掲げてきた穏健な改革の少なくとも一つが採用されたことと無関係ではない。この時期、会議派大会出席者数の停滞とともに注目されるのは、全出席者数に対する大会開催地（地元の州）からの代議員数の比率が異常に高い事実（一八八五〜九三年は四三・五％〜五九・五％、一八九四〜一九〇三年は六四・七〜八八・六％）であり、[21] それはこの時期の会議派が全国的結集力という点ではまだ弱かったことを示していよう。しかし組織的な弱体性は見られたものの、いくつかの州では活動家たちによる着実な運動が継続されていたのも事実である。

二〇世紀に入って、特に一九〇三年ころからイギリス本国の保守党政権が困難に陥り、自由党に有利な状況が出てくる中で、イギリスの対インド政策の変化を期待する声がインド内でも起こってきた。当時、自由党下院議員で、かつて国民会議派の創立にも関わったW・ウェダバーンは「今や政治の振り子は強く反対方向に揺れようとしている。国外では民族的正義へ向けて、国内では民衆に対する思いやりの方向へ[22]」と書き記しているが、こうした期待は特に「穏健派」と称される人々を会議派組織の強化へと乗りださせた。他方、たとえばティラクが主導権を握ったプネー民衆協会の場合のように、民衆の要求を組織化して広範な政治運動を展開させようとする動きが、ベンガル、マハーラーシュトラ、パンジャーブといった政治的先進地域で顕著となり始めていた。

このような状況にあるインドに総督として赴任したカーズンは、当初から会議派の存在を好ましからざるものと見なしていた。その姿勢は極めて挑戦的で、「私自身の考えでは、会議派は現在ぐらついており、崩壊寸前の状態である。在印中の私の希望はこれを平和裡に死に至らしめることである」（一九〇〇年一一月一八日付、インド相ハミルトン宛[23]）という有名な言葉に集約されている。

それは当時の会議派の組織的脆弱性をいいあててはいるが、カーズンの場合、その総督任期中に中央立法参事会メンバーや藩王など一部のインド人としか接触せず、後任のミントーに比べると国内の政治状況の微妙な変化を身をもって把握していなかったとされる[24]。しかし任期の終わるころには、会議派勢力の拡大と民衆の間への浸透という事実を認めずにはいられなかったようで、

……その（会議派の――引用者）最上の黒幕とほとんどの浅薄な弁士たちはここ（カルカッタ――引用者）に居住している。彼らの機関の完全さとそれが彼らに可能とする専制的体制は真に顕著なものである。彼らはカルカッタにおける世論を牛耳り、高等裁判所に影響を与え、地方の行政部に脅威を与え、しばしばインド政庁にさえ重大な影響を及ぼす。彼らの活動全体は、いつの日か脆

弱な政庁をして、彼らの欲するものを与えしめることになるほどに強力な機関を創出する方向に向けられている……

と、一九〇五年二月二日付のインド相ブロドリック宛書簡に書いている[25]。そこには彼らにとって手に負えなくなってきた会議派への焦燥・憎悪の感情が滲みでているようである。カーズンはしかし、インドを去る直前まで民族運動への譲歩を徹底的に拒否し、「もしそうした終わり際にある運動に何らかの譲歩がなされるなら、それは直ちに極めて重大な性質のものとなるであろう」(一九〇五年一〇月九日付ブロドリック宛)と警告している[26]。

カーズンのインド観はまさに典型的帝国主義者のそれにほかならず、民族的偏見と敵意に満ちていた。その最も明白な例は、有名なカルカッタ大学卒業記念講演に見られる。その中で彼は、会議派への敵意だけでなくインド文化そのものへの侮蔑まで隠そうとしなかった。彼は大学を巣立つインド青年に向かってまず、東洋と西洋の潮は同じ堤を洗って流れようとも両者は決して相交わらないことを強調し、次いで真理に関する最高の理念は大部分西欧的概念であると断定する。論調は次第にインド内に高まる政治運動への攻撃の度を増し、青年たちにこれらの運動の指導者や民族語諸紙の言説に惑わされることなく、健全且つ独立した判断をもつよう呼びかける。すなわち、「受け売りの考え方の大きな危険は、それが独創的でないということのみならず、その傾向が一方的で、それ故不当になりやすいこと」であるとし、続いて「若者たちよ、私は次のようにいいたい。学問を修めた者たる学生の第一の義務は精神的独立である。独力で考える道を打ちだすことである。自らの判断を確立せよ。

群れの先頭を行く年老いた鈴付き羊の声に耳を傾けず、自らの足で立て」とよびかける。また会議派の運動や発言にもふれ、それは「単なる徒党の党派的見解」に過ぎず、「雑音か泡の如きものであるから不毛であり、効果を持たない」のだと片づけ、「真の世論、健全な世論」は、「インド政庁に関して、影響力を及ぼす一つの力として対応し、非難すべき敵と見なすべきではない」としたあと次のように続けている。

インドの救済は外側からくるのではなく、内側からなされるべきものであることを知れ。それは決してイギリス議会あるいはほかのいかなる議会での法制化によって諸君に与えられるものではない。それは政治的論争によって勝ち取られるものではないだろう……それは諸君ら住民の道徳的、社会的向上によって達成されるであろう。

こうした言葉から、問題が倫理・道徳の次元へとすり替えられてしまっているのが明確に窺える。最後にカーズンは、「インド民族」というようなものはまだ形成されておらず、インドの住民は何よりもまず「イギリス帝国の真の臣民」であらねばならず、イギリス帝国の外にインドの存在は考えられないと講演を結んでいる。(27)

ベンガル分割と会議派の抵抗

帝国主義者カーズンがその在職中に行なった最も帝国主義的施策の一つが、インド近代史上「ベンガル分割」として知られるものである。実はこの問題、つまりベンガル州を行政的に分割するという計画はすでに一八七〇年代から取り上げられ、それ以後も引き続き検討されてきたという歴史がある。カーズンの最初の「改革」リストにはこの分割問題は入っていないが、一九〇二年春には彼とインド相ハミルトンとの間に、ベンガルは一つの行政単位としては大きすぎるという結論が成立している。[28]

当時のベンガル州は現在のインド領西ベンガル州、アッサーム州、ビハール州とオリッサ（現在オディーシャー）州の一部に加えて、現在のバングラデシュ（旧東パキスタン）をも含み、人口七八〇〇万、面積約一八四〇〇〇平方マイル（約七一〇〇〇〇平方キロ）で、知事の管轄下に置かれていた。カーズンもハミルトンもこの面積の広大さと人口過多が行政の不徹底を結果し、且つアッサームについていえば、官吏はこの地域の専従ではなくベンガルから借用する形をとっており、また経済的にはほとんどが他地域から流入する労働者に依存する単一産業（茶のプランテーション）のみで成り立っているため、その発展に深刻な障害を来していると指摘していた。[29] また、ベンガルでの地税の永久的設定《パーマネント・セトルメント》は、徴税官吏と住民の間の緊密な関係を妨げる極めて不適切のものであるとも主張されていた。[30]

しかし、この分割案の背後には極めて強い政治的動機があることはイギリス側も認めている。一八九六年にチッタゴン地区長官であったW・B・オールダムは、すでに当時「東部インドのモハメダン（ムスリム）人口の最も重要な部分を結合せしめ」、それによって統一的ベンガルにおいて「ヒンドゥー・マイノリティ」が有している「政治的脅威を及ぼす立場」に変化をもたらす可能性があ

る新州創設の政治的意義について述べている。(31)

また、一九〇三年当時のベンガル州知事A・フレーザーは、「その性格において反逆的とはいわないまでも非友好的であり、ベンガルにおける行政全体の雰囲気を支配している純粋にベンガル的運動の温床」である東ベンガルの一部を行政的にアッサームのもとに置くことの利点を強調している。(32) 彼は一九〇三年三月二八日に初めて、ダーカー（ダッカ）県とマイメンシング県を分離することの政治的利点に焦点をあてつつ、これら両県がアッサームのもとにあれば、そこでの面倒は極めて少なくなり、これによって東ベンガルが全ベンガル行政にとって従来のような「顕著に苦痛に満ちた要因」ではなくなると信ずると語っている。(33) また、フレーザーとともにこの分割案を練り、且つ実行にも立ち会ったH・H・リズレーは一九〇四年二月七日付のメモに次のように書いている。

……統一されたベンガルはひとつの力である。分割されたベンガルはいくつかの異なる方向へ引っ張り合うことだろう。それは全く真実であり、それこそがこの計画のメリットのひとつである。(34)

まさに、ここに「ベンガル分割」の本音が語られていたといえよう。

一九〇五年九月にインド政庁は「チッタゴン、ダーカーおよびラージャシャーヒー諸地区、ティッペラー、マルダーおよびアッサームを含む東ベンガル＝アッサーム新州」の創設を公式に宣言し、一〇月一六日にはこれによって「ベンガル分割」が実施された。この措置はベンガルをヒンドゥー多住地域とムスリム多住地域に分けることを意味したが、政治的には民族運動の高揚が顕著なベンガルに宗教的尺度を持ち込んで運動を分断することであった。一九一一年に強固な反対運動への譲渡としてこの分割は撤回されるが、歴史的には明らかに、一九四七年八月のインド・パキスタン分離独立の際のベンガル分割のリハーサル的役割を担わされていたといえよう。

ベンガルでは一九〇三年一二月、分割案の最初の草稿が発表された時点から抗議運動が次第に大衆的な形をとり始めていたが、本国政府が正式に承認した一九〇五年六月以降はそれが急速に尖鋭化していった。ベンガル分割をめぐるこの時期の運動については、ベンガル人の歴史研究者スミト・サルカールによる『ベンガルにおけるスワデシ運動　一九〇三〜一九〇五年』（一九七三年）と題する、緻密な資料分析に基づくすぐれた研究書があり、運動の限界性にも言及してこれを包括的に考察している。

サルカールによればベンガルでの運動の核としては、イギリス商品のボイコット、運動全体の総称ともなったスワデーシー（綿製品を中心とする商品のインドでの生産と消費）、ベンガル語による民族教育の推進のほか、印刷・鉄道・電信・郵便など政府企業の労働者を中心とした労働運動の推進などが挙げられる。ベンガルで開始されたこうした多様な運動は、二〇世紀初頭インドの大衆的な政治運動の主要な形態としてほかの地域へも広く波及していくことになる。

マハーラーシュトラでは、ティラクが先頭に立ってこの反対運動を指導した。この時の彼がマハーラーシュトラの人々に呼びかけた「危機のとき」（*Kesari*, Aug. 15, 1905）と題する極めて戦闘的な文章がある。彼はその中で、政治的に民族を分断することによってその発展を阻止しようとするイギリスの意図を鋭く糾弾し、今こそ言葉でなく行動、しかも断固たる行動でもってこれに対抗すべきこと、

「さもなくば我々は永遠に奴隷の地位にとどまる覚悟をするべきである」として人々の決意を迫った。

パンジャーブでは、民衆から「パンジャーブの獅子」と称されたラジパット・ラーイが、ベンガルに呼応して従来の物乞い的運動から脱却すべきであると主張し、ティラクらマハーラーシュトラの指導者たちとの提携を打ち出した。

ラーイは一九〇五年一二月九日のラーホールでの抗議集会でボイコット、スワデーシー運動がもたらしている政治的、経済的成果を強調する演説を行なっている。演説で彼は、ベンガルで起こっていることがパンジャーブでも起こらなければならないこと、同時にまたヒンドゥーやムスリムという宗教的枠組みを超えて現実に直面すべきことを聴衆に訴えた[35]。この時期、マドラスの『ザ・ヒンドゥー』紙は次のような記事を掲載している。

……それ(スワデーシー運動――引用者)は今やベンガルからあらゆる場所へと広がった。パンジャーブ、北インド、西部および中央インド、下って南インドでも運動は大衆の心を掌握した。……現実の状況がベンガルでの運動に特別な重要性を与え、ある特定の不満の除去に向かう政治活動の手段として、それ(スワデーシー運動――引用者)を採用せしめたのであるが、それをインド全域にかくも迅速に浸透せしめた諸要因は国内の全般的な政治的、経済的条件の中に見出されるべきである。

今日スワデーシー運動は、インド人を統合された民族として連帯せしめるための最初の顕著な結果としてはもとより、将来こうした連帯に力と堅固さを賦課する強力な手段として、会議派が示しているものと同じ方法で自らを表明している[36]。

このような全インド的規模の運動の広がりの中で、マハーラーシュトラのティラク、パンジャーブのラジパット・ラーイ、ベンガルのビピン・パールは民衆の間で「ラール・バール・パール（Lal-Bal-Pal、あるいは名前の一部を英語風に表現して3L）」と称され、会議派内の新しい民族派指導部を形成することになる。会議派年次大会の議論の中心も、ベンガル分割反対に集中するのも当然の勢いであった。

一九〇五年のベナレス（ワーラーナシー）大会で議長に選出されたゴーカレーも、カーズンの行政を暴君として知られるムガル朝第六代皇帝アウラングゼーブのそれと同じであると批判するとともに、ベンガルを中心に展開されるスワデーシー運動を高く評価している。(37) しかし、同時に穏健派のゴーカレー議長は、スワデーシーやボイコット運動という武器の使用に関しては一定の枠をはめ込むように努めた。(38) 同じ議長演説の中で会議派のあり方についてふれた次の言葉は、近代主義者としての、また穏健派と総称された会議派内グループの立場を明確に語ったものといえよう。ゴーカレー曰く、

……会議派の目標は、インドがインド人自身の利害のために統治されるべきであること、また一定期間経過後に、イギリス帝国内の自治植民地が有するのと同じ形態の政府がここインドでも実現されるべきであるということである。良かれ悪しかれ、我々の運命はイギリスのそれにむすびついており、会議派としては我々がいかなる進歩・発展を求めるのであれ、それは帝国自体の中でなければならないことを自主的に認識している。しかもその発展は、各段階で次の段階へ移る能力をも

つ前に短い見習い期間を通っていく必要があろうから、漸進的なものとなるであろう。というのも、西洋の政治的諸制度の正しい運営のために必要な責任感は、東洋の民族によっては実際の訓練と経験によってのみ獲得されうるということは合理的な主張だからである。(39)

これは、まさににイギリスの（たとえばインド相モーレーのような）自由主義者の言葉そのものあるといってよかろう。

ティラクのカーズン批判

当然のことながら、ティラクはこうしたカーズンの植民地行政に対して鋭い批判を投げかけた。いわゆる「一二改革案」に関して、「カーズン卿の一二の大偉業」（*Kesari*, April 2・1902）と題する文章でその反人民的本質を突いている。すなわち、保守党であれ自由党であれ、インドに派遣される総督がその念頭に置くのは「インドはイギリス帝国の宝石として、帝国の繁栄、名声と偉大さを多くの点で支えていることに留意し、その宝石を帝国の宝石箱の中でいっそう光り輝かす」ことにほかならない。支配者たちはインド統治をいかに安定させ、そのためにいかなる手段を講じるべきかを考えるのであって、インドの貧しい人民の問題に重点が置かれることはあり得ない。カーズンの掲げる改革の内容、たとえば辺境地帯の安全、鋳造法の改正、鉄道の拡張、本国との間の通信料の改定など、その目的はいずれも帝国そのものの安全にすぎず、農民の生活向上に関わる潅漑やダムの建設には何ら手がつけられない。農民負債の解消という点については、たとえばパンジャーブ州で出された農民の土地売買禁止といった小手先の措置（一九〇一年の土地譲渡法）が挙げられるのみである。教育の分野では、特に私学への支援がなされず、インドにとって絶対必要な産業教育は全く無視されているなど、具体的な批判が展開されている。彼はまたカーズンが常々公言する「インドは豊かになりつつある」という言葉の虚妄性を暴き、イギリス支配下でインドの住民がますます困窮化しつつある事実を数字を挙げて指摘した。最後にカーズンの軍事拡張政策の危険な側面を批判し、美辞麗句に飾られたその改革がまさに帝国の論理においてのみ構築されているに過ぎず、インド人民を崩壊に導くものにほかならないと結んでいる。

ティラクは同年末に執筆した『ケーサリー』への記事（*Kesari*, Dec. 10, Dec. 17. 1901）で、この年一九〇一年に出版された二冊の書物を参照しつつ、カーズンの宣伝の欺瞞性を暴露している。それらはイギリス人ウィリアム・ディグビーの『〝豊かなる〟英領インド』[40]とナオロージーの『インドにおける貧困と非イギリス的統治』[41]であり、ティラクはこれら二人の著者がイギリス側の隠蔽するインドの貧困の背後に存する真の原因を、インド経済に関して当の植民地当局が提供する数字に基づいて分析したことを高く評価した。

カーズンの軍事拡張政策への攻撃は執拗で、最も厳しい批判がこれに対して向けられたといっても過言ではなかろう。特にインドの周辺地域における軍事行動の危険性を指摘し、南アフリカや中国での戦争に関わってインド人が納めた税金から莫大な軍事費が支払われたという事実に読者の注意を喚起した。

続いてティラクは、イギリスが新しい武器を開発・製造する工場もインドからの出費で建設し、インドを帝国の新たな武器庫に仕立て上げようとしているとして、「帝国の安全」を口実にすべてをインドに負担させる帝国主義者の戦術を鋭く突いた。また別の文章（*Kesari*, Aug. 15, 1902）では、インドを帝国の食糧および軍需品の供給地としか考えない総督カーズンがいかなる言辞を弄して「改革」を叫んでみても、インドの住民には何らの利益にもなるまいという結論を導き出している。

ティラクは、カーズンが本国へ総督としての辞意を伝えた直後の一九〇五年八月にも、足かけ七年におよぶ彼のインド支配に関する極めて広範にわたる論評を行なっている。彼はその中でまず、カーズンの最大目標がアジアでの帝国版図の拡大とその維持、「宝庫」インドの強化、安定化にあったことを改めて強調した。続いて、日露戦争での日本の勝利およびアジアのほかの民族にもたらされた目覚めが、イギリス帝国主義の膨張に対する一つの歯止めとなったことを指摘している。この時期のティラクは、多くのアジア諸国の民族指導者がそうであったように、日本の日露戦争勝利を高く評価していたが、これを機に伝統的な対露強硬路線から英露協調の道へと踏みだすイギリス外交政策の流れを的確に把握しきれなかったカーズンが、本国へ召還されるのは当然のことと見ていたふしがある（*Kesari*, Aug. 29, 1905）。

2. ティラクとモーレー・ミントー体制

モーレー・ミントー体制下のインド支配

先述したように、カーズンは一九〇五年八月に本国に総督辞任の意を伝え、これを受けてバルフォア保守党政府は直ちに、前年カナダ総督の任期を終えて帰国したミントー（Earl of Minto, Gilbert John Murray Kenymond Elliot, 一八四五～一九一四年）を新インド総督に任命した。当時、白人の自治植民地であったカナダの総督を務めたミントーが植民地インドの総督に任命されたという事実の背後には、帝国内でのインドの重要な位置とミントー自身への本国政府の高い評価を読み取ることができるだろう。

一九〇五年秋、ミントーはボンベイ港のインド門でカーズンの出迎えを受けたあと、任地の首都カルカッタに向かったが、この直後にバルフォア内閣が辞職し、H・キャンベル（カンベル）＝バナマンのもとに自由党内閣が成立した。

新内閣にあってインド相として就任したのは、組閣に関して首相の相談にも参加したモーレー（John Morley, 一八三八～一九二三）であった。モーレーは「自由党急進派の大立者」と称され、ジョセフ・チェンバレインらとともに、一八七〇年代初頭から労働運動の指導にも加わっていた。イギリス労働者階級の中間階級への政治的従属性を特徴とする「自由＝労働主義（Lib-Labism）」時代の中心人物の一人であり、インド内の穏健な支持指導者の間では、「イギリス自由主義の使徒」「政治上のグル（師）」とまで呼ばれていた。(42)

こうして一九〇五～一〇年の間、近代インド政治史上でモーレー・ミントー体制と称される時期が訪れた。究極的には一九〇九年に両者の名を冠して「モーレー・ミントー改革」とも呼ばれるインド参事会法が成立するが、このコンビの関係はかなり起伏に富んだものであり、イギリスのインド統治体制がもつ諸々の問題を表面化させもした。

モーレーはインド相就任後、総督ミントーのカナダ総督としての業績を称賛しつつも、インド副王＝総督としては「政治哲学あるいは法理論、憲政史につては何も知らなくてもよい。政策に関する広い原理はほか（イギリス本国――引用者）からくる」と述べていた。[43]

これに対してミントーは、哲学や歴史を論ずるつもりはないが、行政こそは行政官にとっては堅固で実際的な現実であるとしてモーレーに反論している。[44] モーレーの次官となったモンタギュー（のちにインド相）はいっそう明確に、インド総督をインド相の「代理人（agent）」と規定しており、これについてミントーは国王エドワードの秘書への書簡で、インド省の度外れた権限の行使への不満を表明し、総督とインド省の関係についての公式の調査を求めることになるかもしれないとまで書いている。[45]

新しいインド相と総督のコンビの誕生に対する大きな期待を最も明瞭に示すのは、前にもふれた一九〇五年一二月の会議派年次大会でゴーカレーが行なった議長演説である。彼は大会直前に渡英し、そこでの自由党政権の成立を目のあたりにしていた。演説の中でゴーカレーはカーズンの個人的「悪政」という点を強調し、これと対比して「幸いにもミントー卿が事態を如才なく、断固として、しかも我々に対する同情をもって処理されるであろうと信ずるべき根拠がある」として、新総督への期待を表明した[46]。

そして彼は、「確実で信頼できる自由の友」キャンベル＝バナマンの首相就任を歓迎し、「バークの敬虔な弟子であり、J・S・ミルの学徒、且つグラッドストーンの友人にしてその伝記作者」である新インド相「オネスト・ジョン」・モーレーに関して、インドの学識者たちは大いなる希望を抱いていること、「何はともあれ、彼のインド相就任は新たなインド省の姿勢がいかに我々の大義名分にとって有利であるかを示している」と述べてその演説を結んだ[47]。

このように、イギリス本国の自由党内閣および自由党員である新インド相への期待は、一般に「穏健派」と称された政治家や思想家を中心としたインド内の多くの層に共通していた[48]。逆にいえば、この種の感情を読み取ったが故にのちに見るように、ベンガル分割への広範な抗議によってもたらされたインド支配の危機的状況を、末梢的な行政改革でもって彼らの感情に訴えることで回避しようとするインド省とインド政庁の方針も出てくるのであろう[49]。

こうしたゴーカレーたちの期待を受けて、この新しい体制はインド内の諸問題にどう取り組んだであろうか。モーレーとミントーはこの時点をインド統治の一つの危機の時と感じるとともに、「新しいページをめくる時機の到来[50]」という認識をももっていた。しかし、彼らがまず直面せざるを得なかったのが、カーズン体制の遺産ともいうべきベンガル分割問題であった。

すでにイギリス本国でも、インドに関心をもつ一五〇人の下院議員からなるインド委員会（Indian Committee）[51]が分割反対の決定を行なっていた。これに対し、ミントーのもとにインド政庁は積極的に分割実施を推進しようとし、本国政府とインド省は問題の再考を拒否はしないというあいまいな態度を打ち出していた。一九〇五年一一・一二月に訪英していたゴーカレーがモーレーと会見し、分割反対のインド内の声を伝えたとき、インド相はこの問題に関してあまり多くのことを知っておらず、従って明確な返答をしていない。こうして問題の処理は、自然とインド総督の手に委ねられざるを得ない状況になった。一九〇六年一月一二日にインド連盟からインド人の分割反対の表明として提出された請願書に対しても、ミントーは自分自身本国政府の執行吏であるが、それを別にしても自分の採るべき政策が最良且つ最も賢明であると公言し、その政策に変更はあり得ないことを繰り返した。彼はインド人に対しては、分割政策は本国政府の意志であって、自らはこれを実施するのみとしつつも、本国政府には前政権が決定した政策を遂行することの必要性を強調している。[52]

一方モーレーも一九〇六年に入ってから、カルカッタ当局から次々と入る反対運動鎮圧に関する情報に基づきつつ、ベンガル戦線は平穏なりという報告をイギリス議会に提出している。しかし、スワデーシー・ボイコット運動に湧くインド、特にベンガルでは、一時は人々の心を捉えた自由党政権への希望が少しずつ崩れていった。二月二六日に下院で行なった「ベンガル分割」と題した答弁の中でモーレーは「自分の知る限りでは」と前置きして、ベンガルを分割しようとする措置は、インドにおける政治的見解の表明の抑止を目指す政治的動機によるものだとする主張は正しくないと反論している。さらに、「ベンガルの行政を特別に再編成することが、我々が考えつくべき最も賢明な方法」ではなかったにしても、今さらその「再編の厳密な方法について技術的な検討」を行なっているときではないと反対意見を突っぱねた。[53] こうして「自由主義者」モーレーは、分割を既成事実としてなし崩し的に公認してしまおうという姿勢を打ち出した。

モーレーと「穏健派」

インド内にあってミントーは、徐々に民衆の間に地盤を強化し、且つインド内の各地域を政治的に結びつけていく会議派の動きに強い危機感を抱いた。モーレーもまた一九〇六年五月一一日付ミントー宛書簡で、ちょうどインドから帰国した皇太子（Prince of Wales, のちのジョージ五世）と会見した際に、彼が会議派について急速に顕著な勢力へと成長しつつあると語ったことに注意を喚起している。さらに続けて、「会議派が我々にとっての良き力となるか、悪しき力になるかは、主として我々自身にかかっている」という就任以来の印象がますます明瞭になったことを伝えている。

前年訪英したゴーカレーに関しては、「彼が今、下院で高まっている民主主義的感覚の強い流れを導くにあたっての障害でなく、手助けとなってくれることは有望である」(54)と希望的観測を打ち明けている。ゴーカレーがモーレーとその背後にある自由党政権に希望をもったように、モーレーもまた、ようやくインドの民族的、政治的代弁者として全国的に拡大しつつあった会議派の勢力をイギリスにとって都合のよい線上に止めておくための一つのチャンネルとして、ゴーカレーや彼が指導的立場にある「近代派・穏健派」グループに期待を寄せていた。モーレーはミントーへの書簡（一九〇六年八月二日付）の中で、その前日に行なわれたゴーカレーとの最後の会見について次のように記している。

……彼（ゴーカレー——引用者）と交際することは極めて有利である。……彼は、インドが自治領植民地としての地位に立つべきであるという究極的願望と構想を隠さずに語ってくれた。私も同様に明確に、ここ当分の間——私たちに残されている短い時間よりはずっと長く——そのことは夢物語であると述べた。そして彼にいった。「諸君のいう方向での合理的改革にとって、今が予期しなかった意外な好機である。諸君は全く友好的な副王をもち、内閣、下院、保守・自由両党の新聞、そしてインドについて考慮する大抵の世論が信頼を置くインド相をもっている。重要且つ有力な文官たちは副王と歩みをともにするだろう。これ以上に望ましい状況があり得ようか。ただ一つのことがこれを妨げる。諸君の友人たちのつむじ曲がりと非道理がそれである。もし彼らがベンガルでの騒ぎを続けるなら、政府が足を踏みだすことを困難に、いや不可能にするだろう。私は諸君がいかなる形でもそれに加わらないよう願っている(55)」

ジョン・モーレー

と。ここにいう「つむじ曲がりと非道理」の友人たちが、ティラクらいわゆる「過激派」として彼らが攻撃してきたグループを指していることは容易に推測できよう。ゴーカレーはこの会見の席上、ここで示された「改革」に心から服従することを表明し、インドの友人たちに友好的且つ見込みのある内容の覚書を送ったと語っている(56)。

同じころ、下院の予算演説でモーレーは将来の改革の可能性について初めて公式に言及し、「漸進的はであるが不可避的なインド政策実行の過程で、我々がインドの政治機構の継続的、合理的な向上の進路を勇敢且つ大胆な歩みで進めるべきであるとの」姿勢を示した。(57)ゴーカレーとの会見の内容と符合しているのがわかる。このように、インド省とインド政庁にとって真に恐るべきはいわゆる「過激派」の存在であり、これに対して自分たちに期待を寄せるゴーカレーら「穏健派」グループは「友軍」として扱われた。まさにここにこそ、一九〇七年一二月の会議派の分裂と、一九〇九年のインド参事会法＝モーレー・ミントー改革の成立が同じ政治的潮流内のことがらである点を証明する手掛かりがある。

一方、ベンガル分割を契機として、インド政庁側のムスリム社会に対する重視・偏重の姿勢が急速に強まっていった。たとえば、ヒンドゥー・ムスリム両コミュニティを相互に敵対させるのに熱中したと後任者によって書かれた東ベンガル・アッサーム新州の知事バンプフィルデ・フラーは、カーズンの忠実な部下として両者の分断政策を推進した。(58)総督ミントーもまた、会議派を念頭におきつつ、何らかのムスリム政治団体の創設を考慮していた。

同じ時期、ベンガルを中心としたムスリム富裕層の間に、会議派が指導する運動（スワラージ、スワデーシー）に対抗して「スワジャーティ（Swajati,〝わがコミュニティ〟の意）」というスローガンを掲げて、純粋にムスリムだけの商業・産業・学校などの創出を主張する動きが出始めていた。このスローガンは、マールワーリー商人らに対して遅れをとって出発したベンガルのムスリム・ブルジョアジーの不満を、ある程度代弁するものでもあった。(59)

こうしてインド政庁の対ムスリム懐柔策とムスリム上層の動きが合致したところで実現したのが、

一九〇六年一〇月一日の、アーガー・ハーン三世（イスマーイール派ムスリムの教主）を団長とする三五人のムスリム使節団とミントーとのシムラー会談であり、さらに同年一二月のムスリム連盟（the All-India Muslim League）の創設であった。歴史的に見れば、「モーレー・ミントー政治の最も内奥の物語は（シムラー）使節団とムスリム連盟の成立の中に含まれている」[61]との指摘にあるように、インド・ムスリムというコミュニティを個別の宗派主義的存在としてインド政治に登場させたことが、モーレー・ミントー体制がこの時期のインドに残した最大の遺産の一つとなった。[60]

会議派とスワラージャ

一九〇五年一二月の会議派ベナレス大会では、すでにティラクをはじめ多くの指導者の間で論議されていた「スワラージャ（あるいはスワラージ、民族独立の意）」については何らふれられなかった。続く翌一九〇六年一二月のカルカッタ大会では、新しいインド相とインド総督に期待する「穏健派」グループと、そうしたイギリス側との取引関係からは何ら有益なものは得られないとするティラクらのグループの対立関係が初めて明確な形をとった。

この大会では、一般に「穏健派」の長老と見られていたが同時に両者の陣営から多大な尊敬を受け、「インドの偉大なる長老（Grand Old Man of India）」として尊敬されていた八一歳のダーダーバーイー・ナオロージーが議長に選出された。彼の議長就任についてモーレー宛の書簡（一九〇六年一一月一八日付）でミントーは、「彼が相対しなければならない煽動者たちを制御できるかどうかは疑わしい」が「全体としてはよいことである」[62]と記している。

大会の議長演説の冒頭でダーダーバーイー（病気のためゴーカレーが代読）は、「良き統治は決して人民自身による統治の代替たり得ない」という、ときのイギリス首相キャンベル＝バナマンが前年の演説で用いた言葉を引用し、これまでイギリスのインド支配の各段階でインドに約束されてきたイギリス臣民としてのあらゆる権利が速やかに保証されるよう求めた。続いてそれらの権利として、

（一）あらゆる分野、部局および細部にわたる行政がインド人民自身の掌中にあること、

（二）イギリスおよびほかの自治領でそうであるように、課税、立法ならびに税金を消費する権利はインド人民の代表たちの掌中にあること、

（三）英印間のあらゆる財政関係は正しく、且つ平等の立場で取り扱われるべきこと

などを挙げ、「これ以上イギリス臣民としての諸権利の詳細には立ち入らず、すべてのことがらはただ一つの言葉、イギリスあるいはほかの自治領におけると同じ自己の統治（Self-Government）つまりスワラージャという言葉の中に含まれる」[63]と宣言した。

大会最終日に採択された決議では、年々増大する軍事費に反対し、司法の行政からの独立を求め、ベンガル分割への再度の抗議を取り上げたあと、分割反対運動としての「ボイコット」「スワデーシー」、さらに「自治権を有するイギリス帝国内の自治領」において行なわれている統治体制のインドへの導入を求める「自治（Self-Government）」および「民族的路線のもと、民族的統制のもとで行なわれる民族教育」などの行動綱領が提起されて大きな注目を集めた。[64]

ナオロージーの場合、「自治」（決議ではSwarajあるいはSwarajaでなくSelf-Governmentという英語が用いられた）という言葉で即時の完全独立が意味されていたとは考えられないが、前年の大会では言及されなかった、スワラージャという課題が会議派大会の壇上から公式に呼びかけられたことの意味は小さくない。

こうして「民族派」を中心とするこの時期の急進的な反英運動は一つの大きな旗印を獲得したのであり、この点は「穏健派」にとってもイギリス側にとっても予期せぬ出来事であった。この決議の最後には、翌年の会議派大会が当時の「中央諸州ならびにベラール」の首都ナーグプール（現在マハーラーシュトラ州内）で開催されることが決定したという予告が加えられた[65]。

この段階でミントーはモーレーに対して、「会議派内で過激派と穏健派の間に厳しい闘争があり、現在見る限りでは後者の完全な勝利に終わっている」（一九〇七年一月二日付[66]）と報告している。しかし同時に、たとえばカルカッタ大会において総督への通報者として会議派とインド政庁の間を往来していたダルバンガー藩王は、「政庁と会議派はわかれ道にいる。会議派が全体として政庁の支持に回るか、過激派の奴隷となるかは大いに政庁の出方にかかっている。秘密結社の噴出もあろうし、その結果は嘆かわしいものとなろう」と伝え、ミントーもこのマハーラージャーを使って「過激派・民族派」との融和を図ろうともしている。これに対して「民族派」は取り合わず、ナオロージーさえ大会のころ、カルカッタにありながら総督官邸への表敬訪問をしなかったことで、ミントーの怒りを買うという有様であった[67]。

よく知られるように、こうして会議派は「ボイコット、スワデーシー、スワラージャ、民族教育」

という四つの活動目標を手にしたのであるが、同時に「穏健派」グループと「民族派」グループの間にこれらのスローガンの意味・内容をめぐって、ことにスワデーシー＝ボイコットとスワラージャの評価に関する見解の対立が深まった。ティラクらの「民族派」（自らは「新党（New Party）」と称した）はあくまでカルカッタ大会の決議を正面に掲げ、その精神は政治闘争としての広範な内容をもつべきスワデーシー＝ボイコット運動と民族教育運動を通じての民族独立の達成にあることを強く訴えた。これに対してゴーカレーらはスワデーシーを経済的プログラムにのみ限定し、ボイコットが政治的色彩を帯びることを拒否した。スワラージャについても、あくまでイギリスが付与しようとしている「改革」待ちという態度をとり続けた。他方で政庁としては、会議派内のこの対立関係を興味深く観察しており、またかなり以前より会議派の分裂をも予想していた風さえ窺われる。

ミントーは、一九〇六年一〇月にゴーカレーがモーレーに対して改革の可能性に関して大いに期待を寄せ、協力的であると語った点をモーレーに指摘され、このことに満足しつつ次のように述べている。「我々の会議派内穏健派への友好的態度はよい結果をもたらすだろう。もしティラクやパールなどの過激派が優勢を占めるなら……会議派自体が分裂するであろう[68]」と。

つまり、ゴーカレーらを一つのパイプとして会議派内「穏健派」グループの主導権維持によって会議派の動きを抑えられると考える一方で、これが不可能となってティラクらに主導権が移ったなら会議派の分裂は不可避となるという認識をもっていたのがわかる。ゴーカレーはといえば、一九〇七年一〇月ごろまでは会議派の分裂は何とか回避されようとしながらも、もし万が一分裂が起こるとしたなら、「穏健派」「過激派」いずれも政庁によって圧殺されるであろうと、親しいW・ウェダバーンに書き送っている（一九〇七年一〇月一一日付）[69]。しかし、この年一一・一二月のロンドン滞在中に何度かモーレーと会談したゴーカレーは、それを通じて長年会議派大会決議などを通じて求めてきた行政改革の可能性が保証されたと考え、モーレーの示唆した忠告に従うことの利を見て取った。

そのためか、彼は会議派の分裂を回避するための積極的努力を止めている[70]。それに対応するかのように、モーレーはミントーへの書簡（一一月一二日付）で、「きたる一二月の最終週に開かれる会議派大会で穏健派が過激派に勝つためのチャンスは、我々が我々の改革案を議会に送る用意がすでにあることを彼らに示せるかどうかにかかっている」とし、「案自体は私の知る限りでは、彼らが求めている以上のものを彼らに与えるであろう[71]」と書いている。そのあとの書簡（一二月四日付）では、ゴーカレーが最後の会見で「穏健派」が「民族派」を封じ込めて改革を快く受け入れることを自信をもって約束したこと、またそのためにはゴーカレーらをいっそう支援することが緊急であることを指摘した[72]。

こうして、植民地当局のお墨付きを掌中にした「穏健派」グループは、ゴーカレーやボンベイ市の行政部内で強い発言力をもっていたP・メヘター、ボンベイの綿工業資本を代表するD・ワーチャーやM・ターカルセーらボンベイ・グループを中心に攻勢に転じた。彼らは前年度の会議派大会で開催が決定していたナーグプールがティラクの支持層が多い「民族派」の地盤であることを理由に、ボンベイ市に近く、彼らの勢力範囲であるスラト市（現グジャラート州内）へと急遽大会会場を移すことで民族派の機先を制するという挙に出た。

3．ティラクにおける民族主義、民主主義、スワデーシー思想

ティラクの帝国主義批判

ティラクには書物の形でまとまった帝国主義論はないが、彼の主宰する新聞『ケーサリー』にはしばしば鋭い帝国主義批判が掲載されている。一例を挙げれば、「帝国主義か隷属か？（Pacchahipanaka Gulamgiri ?）」（*Kesari*, Dec. 16, 1902）と題する極めて興味深い文章がある。

はじめに「最近ヨーロッパ諸国においておそるべき高まりを見せ、立派な政治家や思慮深く断固たる意志をもつ人々をも巻き込んでいる」帝国主義（pacchahipana）について、「自分たちの中にはおまえたちより大きな力があるのだから、おまえたちは我々の優位性を完全に受け入れて、我々の奴隷になるべきである」とする膨張主義の存在を指摘する。イギリスについては、一八七七年のインド帝国の成立前後から始まるこの動きが、南アフリカ戦争（ボーア戦争）を機に変化を見せていると述べている。そしてイギリスはその植民地に対していっそう厳しい態度で臨んだ結果、これら被抑圧民族の隷属状態はますます過酷なものなったという。

注目すべきは、ティラクがそのような帝国主義国と被抑圧民族との関係をさらに詳しく観察し、この両者の間に存するのは単なる支配＝従属関係のみではなく、「支配する側もそのことによって自ら奴隷となっているのであり、従って〝帝国主義はすなわち隷属である〟」とまで書いていることである。両者を主人と召使いにたとえて、彼は次のように述べる。

……これら両者のうち召使いだけが奴隷なのではなく、主人と召使いの両方ともに奴隷なのである。他人を自らの支配下に置こうとする者は、自らの支配下に置いている者と同様自らも縛られているのである。それはすなわち、外国を征服し、そこに自らの統治権を確立しようと努めてきた国は、自らの統治権の故に自分自身の独立（自由）を狭隘なものにしてしまっているのであり、このことは歴史の諸例から明らかである。こうした視点から見ると、イギリス人たちの増大する支配欲のためにイギリス国民の独立・自由も徐々に破壊されていくであろうと容易に想像がつくし、実際の状況を見れば、この想像は確固たる事実であるのがわかる。

ということになる。さらにそれはイギリス社会に道徳的な頽廃をもたらし、かつてイギリス人の美徳とされた自由尊重の気風が徐々に色褪せるなど深刻な状況をもたらしているが、「帝国主義こそがこれらの諸悪の根源である」、このようにティラクは断言している。

ティラクのこの文章が書かれたのは一九〇二年一二月であり、それはちょうどイギリスのホブスン（John Atkins Hobson, 一八五八～一九四〇年）が有名な『帝国主義論』の初版への序文を書いていた時期に一致するのは興味深い。従って、ティラクがホブスンのこの著作を読んだとは考えられない。ホブスンに見られるような近代帝国主義に関する詳細な経済学的考察はティラクの文章からは窺えないが、他民族を支配する民族の社会に不可避的に生ずる道徳的頽廃に対して観察の目を向け、帝国主義を厳しく糾弾し得た政治感覚は、当時のインドにあって極めて稀有なものであったといわねばならないだろう。

ティラクの民族主義

カーズンが去ったあと、インド統治の新体制を築くべく登場したモーレーとミントーにも、ティラクの鋭い批判は向けられた。このうち、ミントーに対するよりモーレーに対する批判の方がより厳しかったようである。それは、ゴーカレーをはじめとする会議派指導者グループがこの自由主義者モーレーのインド相就任に対してもった期待がいかに根拠のないものか、いかに帝国主義が自由主義の看板を掲げつつ、それを植民地支配の道具として用いるかということをインド人の前に明白に示したかったからであろう。

先にもふれたように、モーレーは一九〇六年八月にロンドン滞在中のゴーカレーと最後の会見をして、彼に改革への希望を抱かせ、同時にそのような動きを妨害するものは「友人たちのつむじ曲りと理屈のなさ」であるとして、ティラクら指導者を非難する発言をしているが、モーレーとしてはロンドンにあっても「民族派」の存在は強く意識せざるを得なかったようである。これに対してティラクは、モーレーとミントーによって企てられている改革について、それに期待することの愚かしさを繰り返し訴えていた。

一九〇七年、インド省の承認を得た改革に関する公文書がインド政庁から発表されたとき、ティラクはモーレーのもの柔らかな言葉が一部の人々に一定の希望を与えるかもしれないが、結局はインド人に何らの実質的な権利を与える準備などなく、改革の提示は全く不毛で、予想される改革によって官僚体制に何らの変化ももたらされず、すべては茶番であるとしてその本質を暴露した。

ティラクはまた一九〇七年九月に「ミルとモーレー」(*Kesari*, Sep. 10, 1907)と題する文章を書いて、

「J・S・ミルの学徒」ともてはやされるモーレーが、実際はいかにその「師」の語るところ、およびその精神に悖《もと》っているかを示そうとした。はじめに、モーレーが従来からいかにミルの自由主義思想を自らのものとして語ってきたかにふれたあと、ミル自身の著作である『代議制について』(*On Representative Government*, 1860)を引用しつつ、次のように述べている。

……ミル氏の書物を読むと、まず以下のことに注目すべきである。すなわち、ある国の住民の独立を武力によってか、分裂によってか、あるいは戦略によってか破壊し、彼らに対して自らの利益のための統治を行なう権利をほかの民族や国家が有しているというような原理を、ミル氏は決して容認してはいないということである。彼が述べているのはむしろ次のことである。すなわち「……いかなる国の人も自らの統治は自らの手で行なうということには意味があり、真実性がある。しかし、ある国の人々が他の国の人々に対して統治を及ぼすのは明らかな誤りである。……政治家の真の務めは人民の幸福であるとの視点からすれば、外国の人々がどこか別の国を統治するなどは全くあり得ないことである」、まさにそういうことにほかならない

と。さらに、モーレーの「私の目の届く限りでいえば、インドに自治の権利を与えることは可能であるとは思えない」という言葉がその師の教えに反しており、「インドの住民の幸福のためにイギリスがここを統治することには必然性がある」とするイギリス人の議論は欺瞞であること、「モーレー氏が築いたその楼閣の基盤を打ち崩し、スワラージャの権利を得ることなしにはインド人の向上は決

してあり得ないのだというのが、民族派の、同時に会議派の立場であること」が強調されている。

最後に再び「いかなる民族もほかの民族を支配する自然の権利をもたない」というミルの議論を繰り返し、「我々はそれと同様の要求をしているのであり、我々がスワラージャを得るまでは、前後関係を無視して引用されるミル氏の文章は決して我々を満足させない」との言葉で結んでいる（*Kesari*, Sep. 10,1907）。つまり、まさにモーレー自身が依拠するミル自身の言葉に遡り、それを逆手にとることによって、帝国主義を隠蔽するモーレーの「自由主義」の仮面をはぎ取っているのである。

「スワラージャはわれらの生得の権利であり、私はそれを得よう（Swarajya he amche janamsiddha hakk ahe ani mee milavinarach）」というスローガンは、ティラクの有名な言葉として一般に知られてきた。これは、一九〇七年一二月に会議派がスラト大会で分裂したあと、ティラクが両派の再統合を呼びかける遊説の際に、一九〇八年五月にナーグプール近くの町アコーラーで行なった演説で述べられたものである。(73) これは、ゴーカレーら「近代派＝穏健派」の考え方がインドはイギリスの教育のもとで次第に自治の領域へと近づいていくとするのに対して、本来民族としての生得の自立権があることを示そうとしたもので、ここには「民族派」としての立場が明確に見られる。ではティラクは二〇世紀初頭の反帝国主義闘争の過程で、いかにして最大の目標であるスワラージャの思想を表明していったのであろうか。

前にもふれたように、会議派が正式にその行動綱領に「自治（Self-Government=Swaraj）」を掲げたのは、一九〇六年のカルカッタ大会においてであった。この大会は翌年のスラト大会における会議派分裂のいわば前哨戦のような様相を呈するものであったが、それを救った要因の一つはナオロージー議長の存在であった。ティラクを議長に推薦する「民族派」に対してゴーカレーやメヘターらはナオロージーを推し、ティラクも最終的にこれを了承して一件落着したのであるが、ティラク自身が当初からナオロージーに強い敬意を抱いていたからであった。

彼は、一九〇五年のベンガル分割に反対するベンガル人たちのスワデーシー＝ボイコット運動に接した段階ですでに、「スワラージャすなわち自治を要求すべき時がやってきた。細切れの改革ではもうどうにもならないだろう。現在の行政のあり方はインドにとって破壊的な作用をもたらしている」と述べていた。[74] ティラクはまた、カルカッタ大会の始まる一〇日前の『ケーサリー』紙上にナオロージーの業績を語る文章（「ダーダーバーイーは何を語るであろうか」*Kesari*, Dec. 18, 1906）を書いているが、そこには大会に臨む「民族派」としての並々ならぬ期待が窺える。

ティラクはまず、ナオロージーの最大の功績として、彼がイギリス人およびインド人の前にイギリス支配の真の姿を浮き彫りにし、それこそがまさにインドの根本的な原因であると知らしめたことを挙げ、彼の「富の流失論（Drain Theory）」と、一八九二年から三年間のイギリス下院議員（自由党）としての活動をはじめ、インド国民会議派の旗を掲げたイギリスでの全活動を評価している。

さらにティラクは、ナオロージーが一九〇四年八月にアムステルダムで開催された第二インターナショナル大会にインドからの来賓として参加したことにもふれている。特に彼が世界の社会主義者を前に、「ある専制的君主による臣民の略奪は少なくともその国だけにとどまる。しかしイギリスはわが国を貧しくし、ペスト、コレラ、そして飢饉の巣にしてしまっている」とイギリスによるインド支配の現状を語り、そのようなインドにとって自治の権利を獲得する以外に道はないと訴えたことの意義をティラクは強調した。さらにナオロージーは、イギリスにおいて一九〇四年七月および一二月に開かれた集会の席上、アイルランドの自治（Home Rule）が問題になると同様に、インドに関してもそれは当然適用されるべきであると語っているが、このようなナオロージーの見解と「民族派」の主張の間には相違もなく、「スワラージャ——人民が自らの手で執行する統治すなわち自治——をインドが獲得する以外に、現在の困難を打破する手段はない」とする目標の設定でも完全に一致する。しかもナオロージーは、今や「穏健派」の人々が固執するようにイギリスでの活動に最重点を置くのでなく、スワデーシー運動のようなインド国内の大衆的運動こそが重要であると説いている。これらを総合すれば、「ダーダーバーイーこそは急進派中の急進派であるといわねばならない」ことになり、従って「穏健派」の期待に反して、議長としてのダーダーバーイーはきたるべき大会において、スワラージャの課題、スワデーシー、ボイコット、民族教育のスローガンを高く掲げるであろうとして、ティラクはそのナオロージー論を結んでいる。

事態はティラクの予想通り進み、ナオロージーはカルカッタ大会の議長演説で初めてスワラージを会議派の目標に掲げ、大会はスワラージ、スワデーシー、ボイコット、民族教育の四項目を反英闘争のスローガンとする決議を採択した。カルカッタ大会直後に書かれた文章（*Kesari*, Jan. 8, 1907）においてティラクは、採択された決議に関して次のように記している。

……スワラージャ、民衆が自らの手で運営するスワラージャを掌握しない限り、我々の向上・発展の道はないということを力強く、明確に、且つ平易な言葉で、同時に感動的にダーダーバーイーが議長席から語った。

……スワラージャは我々にとって獲得されるべきものであり、スワデーシー運動、ボイコット作戦および民族教育、これらが自立（Swawalanbana）という現在の目標に達するための三つの重要な手段であるとの確固たる理念が、二一回目の会議派大会で確立された。努力を尽くしてこの目標を達成させずにはおかないというのが、我々が強く決心するところである。

ここに挙げられたスワラージャを達成するための三つの手段という表現は、カルカッタ大会決議に見られるスワデーシー、ボイコット、自治（Self-Government）、民族教育という単なる並記とは多少ニュアンスを異にしている。「自治」にしても、そのためのステップとして行政参事会ならびに立法参事会へのインド人代表の増加や都市行政機関での権限の拡大を強調した決議に比べて、より間口の広い要求になっていて、ティラク自身がナオロージーのこの決議文に幾分か自分の「読み込み」を挿入しているように思われる。しかしティラクにすれば、ナオロージーがまだいくらかイギリス自由党への希望を残していたとはいえ、インドにおける統一的な反帝国主義闘争の象徴ともいうべき、八〇歳を超えたこの長老の長年にわたる経験を若い世代が十分に受け継ぐことを重要な課題と考えたからにほかならない。

ところがこれに対して、ナオロージーを強く推したはずの「穏健派」グループはといえば、こうした要求が会議派の決議として取り上げられるようになった歴史的背景を理解せず、かえってある人々は両派が別々の会議派を構成すべきであるなどと公然といい放っていた。そのような状況についてティラクは強い反対を表明した。彼は会議派のような大衆的でなければならない組織が、ある特定の傾向をもつ党派によって独占されることを批判し、あくまで会議派が統一的に運動を続けることの重要さを改めて主張した。(*Kesari*, Aug. 27, 1907)

ティラクと民主主義

この時期のティラクに特徴的なのは、運動の最終目的として掲げられたスワラージャの課題を、民主主義と関連づけて捉えようとしていることである。それをよく示しているのが、一九〇七年の三月と四月に書かれた二つの社説(agralekh)である。

最初の「合法的と適法的」(*Kesari*, March 5, 1907)においては、まずイギリスにおける権力が合法的(constitutional)といわれるとき、その政治権力が無制限のものではなく、民衆が獲得している諸権利によって制限され、且つそのおよぶ範囲が狭められていると指摘する。さらに、それまでの歴史において民衆の抵抗権、王位剥奪権をも保証してきたイギリス民主主義の伝統に敬意を表し、それに比べるとロシアのツァーリズムやムガル朝における政治権力は無制限で専制的であるが故に、これを「合法的権力(sanadashir rajasatta)」と称することはできないという。

しかし、翻ってイギリスのインド支配の実態を見ると、インドにおける政治権力はイギリスでのような規制はないため合法的とはいえず、本国の議会で見られる合法性もただ本国の住民だけに限定されたものにすぎない。すなわちインドにおいては、住民を無視して法律を制定して統治を行なっているのであるから、そこにある基準は適法的(kaedeshir)とはいえても、真の民主主義の基準である合法性（sanadashirta）」を見だすことはできない。続いてティラクは述べている。

……我々のインドにおける法（kaeda）――特に反逆（rajadroha）に関わる法――およびその適用は、ほかの国に比べて一段と厳しいものである。しかし人民（praja）あるいはその代表の意見に従って国の方が定められるのではない限り、「適法的」「合法的」という二つの概念は別個のものといわねばならない。

ティラク家「ガイクワール・ワーダー」

これは、イギリス植民地当局が設定する枠組の中でのみ権利要求を行なうのが合法的であるとしてきた多くの「穏健派」指導者たちに対する、極めて当を得た批判といえよう。すなわち、適法的であるか非適法的であるかを決定するのは、その法自体を制定するインド政庁にほかならないから、そうした状況下では「我々の努力が不法であるというよりは、法そのものが暴虐なのである」。こうしてティラクは民主主義の真の意味を、「民主主義発祥の地」イギリスに対して問いかけた。

もう一つの「自己の統治と良き統治」(*Kesari*, April 9, 1907)と題する社説でティラクはまず、スワラージャあるいはスワラージという言葉が古くはヴェーダ文献に現れていたことを指摘する。それらは「自らによる統治＝理想の統治」を意味し、しばしば「ラーマラージャ(Ramaraja ラーマ王の統治)」とも称されてきたが、それが今日意味するのは単なる「良く整備された統治(Surajya)」とは区別されるべきものであるという。

ここで彼はロシアを例にとって説明する。「ロシアでもしスワラージャという言葉が使われるとすれば、それは自国の(swadeshi)王の統治ということで、正しくいえば「良き統治」ということになる。しかし住民にとって満足のいく統治という観点からすればそれは良き統治とはいえない」。真のスワラージャとは国家の統治が人民ないしその代表の手で行なわれる統治にほかならず、またそこでいう「スワ(「自ら」の意の接頭辞)」とは民衆(lok)あるいは人民(praja)であり、それは単に同民族の(swadeshi)王による統治ということではなく、人民の手によって行なわれる統治の意味である。その点からすれば、ロシアやインドの藩王国における統治は真のスワラージャとはいえないことになる。百歩譲って、インドにおけるイギリスの統治が「良き統治」であるといったとしても、住民にとって真の幸福を求めるはずの自己の統治では決してあり得ない。

すなわち、問題は統治者が自国民であるか外国人であるかということにはない。そうではなく、統治においてその政策の決定と実行の過程において、住民の意思の確認なり彼らによる協議がどの程度確保されているのか、住民の手にどの程度権力（satta）が握られているのかにかかっているのであり、そうした立法や行政に対する住民の圧力がないときには、それを獲得すべく務めねばならない、それがティラクのいわんとするところであった。藩王がインド社会の自然的支配者であるとは決して認めないティラクは、こうした権利獲得の運動が英領インドのみならず藩王国でも活発に展開されるよう呼びかけているのである。

最初の文章でふれているロシアの問題についていえば、すでに一九〇五年の第一次ロシア革命に関してツァーリズムの言語を絶する専制的体制にふれたあと、かかる体制の崩壊の必然性と民主主義的革命の波の高まりを伝えていた（*Kesari*, Nov. 28, 1905）が、一九〇七年三月の社説でも、「ロシアの人民が今日行なっている運動は、この第二の意味の（すなわち単なる自国民による統治でなく、人々にとっての幸福という観点からの）スワラージャの獲得を目指すものである」と指摘している。またこの社説の一か月半ほど後に発表した文章では、ミントー＝インド政庁の抑圧的政策をツァーリズム下のロシアのそれと対比させつつ、「もし（イギリスの）統治者がロシア的手段を用いるならば、インドの民もまたロシアの民の例に倣わねばならないだろう」と訴えた。（*Kesari*, May 21, 1907）

ティラクの経済思想——スワデーシー

ベンガル分割令が正式に発表されたあと、一九〇五年八月七日にカルカッタ市公会堂で開かれた分割反対の抗議集会は近代インド史上でも未曾有の規模のものであった。その場で全会一致によってイギリス商品のボイコットが決定され、これよりベンガルを中心に国産品の生産と消費を促すスワデーシー＝英商品ボイコット運動がまさに燎原の火の如く広がっていった。その火は直ちにパンジャーブやマハーラーシュトラなど、従来から政治活動が顕著であった地方へも伝わっていたが、ティラクは先に挙げた八月一五日付『ケーサリー』紙上の「危機の時」と題する文章で、ベンガルでのこの動きに絶大の共感と支持を表明した。

ティラクは一九世紀末段階からすでに、綿製品を対象としたマハーラーシュトラでのスワデーシー運動の強い関心を示していた。そのため、一九〇五年以降のベンガルでのスワデーシー運動に素早く敏感に反応した。「民族的ボイコット」（*Kesari*, Aug. 23, 1905）と題する文章において、カルカッタ決議から始まるベンガルのスワデーシー運動への支持を改めて表明したあと、「穏健派」グループのいう時期尚早論を攻撃し、従来のインド政庁への「祈りと請願」という言葉だけの手段ではどうにもならず、いっそう強力な手段が必要であること、しかし同時に、今は武装蜂起を行う段階ではないので、何よりも団結力という合法的で有効な武器を用いるべきであることを読者に訴えた。ここでいう武器とは具体的には民族的ボイコットであり、イギリス商品を排除してインドの国産品を奨励することによって、インド産業の発展が保証されることが目標であった。しかも、それがベンガルのみでなく全インド的規模で展開されるべきであり、実際に、徐々にではあるが運動の波はベンガルからパンジャーブ、ナーグプール、バローダー（現在ワドーダラー）、マハーラーシュトラ、マドラスの各地へと広がっていることをティラクは指摘している。かつてアメリカで行なわれた英貨ボイコットの例が、現在提起されている手段の合法性を支持するものとして示された。

また、このスワデーシー＝ボイコット運動は直接的には経済的性格が強いが、同時に政治的色彩をも当然ながら含まれているとの認識もティラクはもっていた。別の論文（*Kesari*, Nov. 28, 1905）においても、スワデーシー運動の意味をベンガルという地域のみに、また経済的側面のみに限定するよう主張するゴーカレーらに反対し、ベンガルにおいてさえスワデーシー運動には大きな政治的目標があった点を強調し、またこのような形での運動こそがインド民族の発展のための合法的且つ平和的な道であって、インド政庁は我々のこの武器を決して奪うことはできないと書いている。

ところで、たとえば一九〇五年一二月に会議派大会と同時に開かれたベナレスでの全インド博覧会でも顕著に見られたように、こうしたスワデーシーとボイコットの呼びかけに最も敏感に反応したのは、当時農村を中心にインドの綿布産業の主要な担い手であった手工業者たちであった。[75]一方この運動は、当時興隆しつつあったボンベイやアフマダーバードなど大都市のインド人工業資本家や、多くは彼らの利害を代弁していた「穏健派」グループの人たちをも引き込まずにはおかなかった。

一九世紀後半以降のインドの綿紡績工業は、主としてイギリスから輸入される三〇番手以上の良質な綿紡糸に対して、二四番手以下の綿紡糸によってそのような太糸を求めていた中国の市場へと進出し、一八七九年にはイギリス紡績業との競争に打ち勝って中国市場を掌中に収め、これを通じて初期の発展を成し遂げていた。[76]しかしインド国内にあっては、インド政庁による自由貿易の美名のもとでの露骨なランカシャー綿工業資本擁護策は、全体として親英的であったインド人資本家たちを刺激していた。ことに、一八九四年に行なわれた外国製綿製品への輸入税復活に対するランカシャー側の反対に押されて、翌々年にこれと競争関係にある発展途上のインド製綿製品に同率（三・五％）の国内消費税が課せられたとき、インド人側の不満は頂点に達した。

ボンベイの大綿紡績工場主M・ゴークルダースの経営代理人で、ボンベイ工場主協会（Bombay Millowners' Association=BMA）の運営委員会メンバーや、一九〇一年の会議派カルカッタ大会議長をも務めたD・ワーチャーはMBAの会合の席上、この「相殺消費税（coutervailing excise duty）」の不当性を繰り返し批判している。同時に彼は綿工業におけるインドの競争相手として立ち現れてくるであろう日本の存在を強く意識し、極東での競争に生き残るためにはインド綿工業の将来について深く考慮しなければならないと述べ、いくつかの提案を行なっている。[77]

また、古くから商工業の分野で知られたパーティアー・コミュニティの出身で、資本金四〇〇万ルピーの綿工場の所有者V・D・ターカルセーは、一九〇二年の会議派大会で、最近の通貨制度の変化のために、この数年間インドの紡績工業は恐るべき危機に直面していると述べている。続いてターカルセーは、中国市場においてインドのようなハンディキャップをもたない日本の綿工業に間接的に利益がもたらされ、その結果、日本は中国が供給する三分の一を掌中にするようになったと指摘し、「いつの日か、かつてインドがなしたように日本がこの市場すべてを手に入れる日がきたとしても私は驚かないだろう」とまで発言した。[78]

二〇世紀に入ると、日本は最大のインド綿花輸入国になっているが、このように発展の一途を辿る日本の綿工業は、インドの綿工業資本にとって次第に大きな脅威となりつつあった。ただ日露戦争での日本の勝利は、インド綿工業にとって日本の脅威を暫時忘れさせ、戦争の結果として中国市場拡大の可能性という希望を一時は抱かせた。しかしその希望は空しく、これ以降の中国における綿紡糸市場をめぐる日印間の競争はますます激しく、インドは次第に押されていった。事実一九〇四年から一九一〇年までの日本からの紡糸輸出は実に七〇％増にまで達している。こうした状況に直面したインド綿工業資本の危機感が、彼らの主要な関心を国内市場へ、またスワデーシー運動へと向けさせることとなった。しかも、この時期のインドの手織業と大規模工場生産との関連についていえば、工場主たちは国内で工場製紡錘を大量に消費する小規模手織業の発展に大きな関心を抱き、ワーチャーやターカルセーらボンベイの綿工業資本家およびその代弁者によってもこの点はしばしば主張された。[79]

このような工場資本と手織業との一種の分業的相互依存関係から、ボンベイの工場主たちは手織機の改良にまで関心を示した。両者間の矛盾も徐々に表面化してはいたが、全体としては綿工場と手工業双方の関心が、圧倒的多数の小生産者と民族ブルジョアジーにとって、反英反植民地的共同行動のための特殊な地盤を作り上げていたといえよう。[80]

これまで述べたことからもわかるように、スワデーシー論者のティラクの立場は民族資本家たちのそれと正面から対立するものではなかった。むしろ彼は、ボンベイを中心として活動する幼児期インド産業資本の集会場ともいうべきインド産業会議（Indian Industrial Conference, 一八九〇年設立、一九〇五年改組）の動きにも関心を寄せていた。

ただこの会議で、たとえば先述したターカルセーやバローダー藩王国の代表が工業発展のためには外資の導入が不可避であると述べたことには強く反対している。反スワデーシー論を批判する「スワデーシーへの批判」（*Kesari*, Dec. 12, 1905）と題する文章は、彼にとってのスワデーシーとは何かをよく伝えているかと思える。彼の論法は次のようなものである。

つまり、一ルピーで買える外国商品があるのに一ルピー四アンナーする同一種の国産品を買うのは損ではないかとの批判に対して、たとえ国産品により多く支払ったとしても、その分が外国へ流出するのではないし、その代金は自国内で資本化して、新しい工場の建設などに向けられるのだから、国としての損はないというのである。この「全体としての民族の富」、換言すれば外国に依存しない「純民族的資本」という考え方は、一見粗雑な論法に見えるが、彼はそこに民族の自立的経済発展の原動力を見出すのであり、そうした一種の禁欲主義が彼の民族主義思想を根底で支えているといえるのではなかろうか。

ここにふれた民族資本家との関係という点から興味深い文章としては、ティラクが一九〇四年に死去したパールシーの企業家ターター（Jamshetji Nasarwanji Tata, 一八三九～一九〇四年）に対して書いた追悼文（*Kesari*, May 24, 1904）がある。その中でティラクはまず、ターター研究所の設立、良質の綿織物生産の推進、鉄鉱山および銅鉱山の開発（ターター鉄鋼会社〔TISCO〕の設立はジャムシェートジー死後の一九〇七年）に示されたターターの努力を評価した上で、数少ないインド人資産家の中で、彼のように国と民族の利害を念頭におきつつ経済活動を行う人間がいかに少ないかを嘆く。しかしまた、「政治的権利を獲得することに比べて、国の経済的向上を図る道は幾分困難である」点を指摘し、この民族経済発展のために資本は絶対に必要であることを強調する。その意味でもインド人資産家の努力が不可欠であり、この方面で主導権を示したJ・N・ターターのような人物が今後早急に現れることを望むとして文章を結んでいる。ティラクはターターの中に、政治的自立とともに不可欠な民族経済自立を担う理想的な民族資本家の姿を見出していたのであろう。

二〇世紀初頭におけるティラクのスワデーシー運動に対する取り組みを示すもう一つの例を見てみ

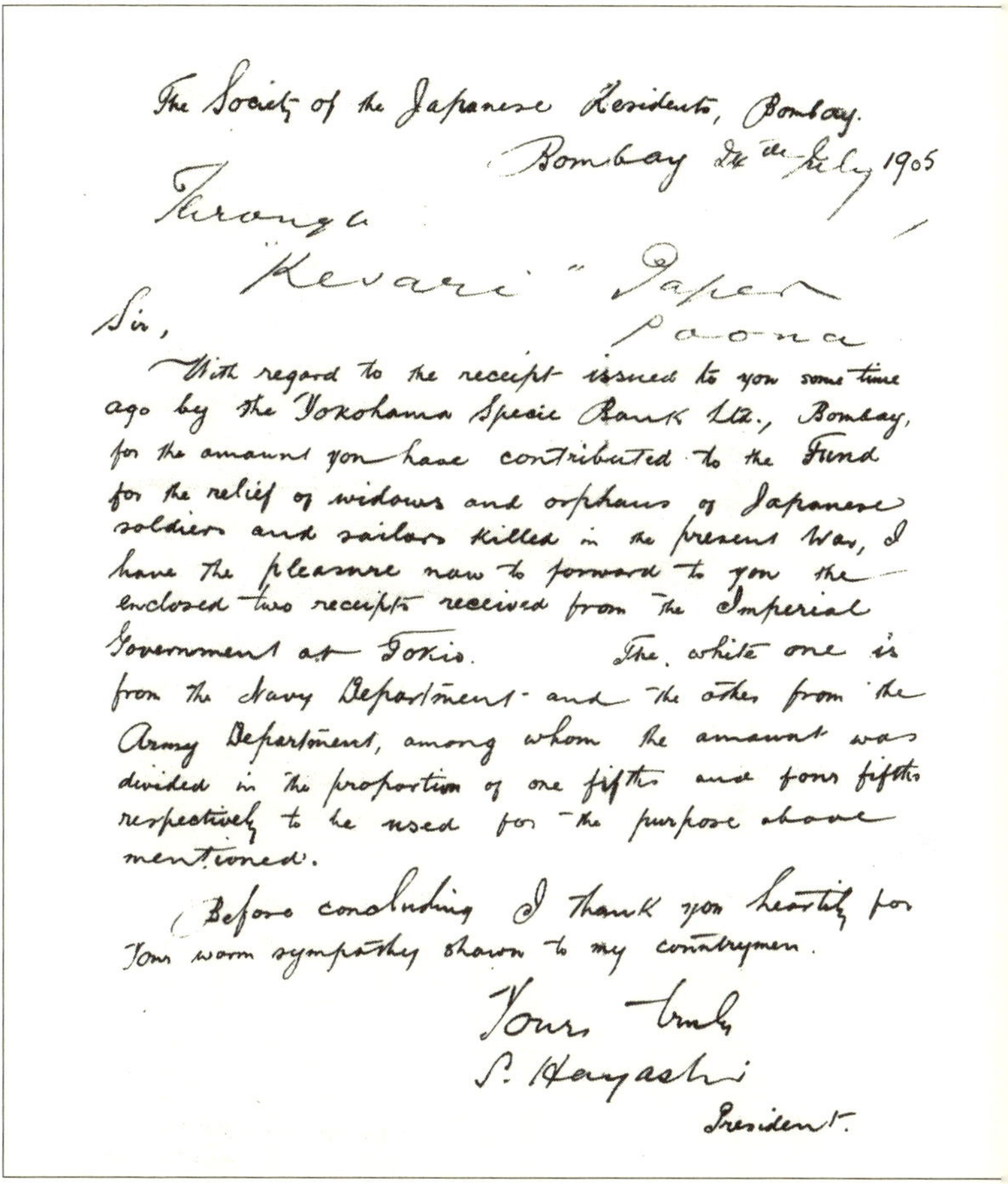

The Society of the Japanese Residents, Bombay.

Bombay 24th July 1905

Through

"Kesari" Paper

Poona

Sir,

With regard to the receipt issued to you some time ago by the Yokohama Specie Bank Ltd., Bombay, for the amount you have contributed to the Fund for the relief of widows and orphans of Japanese soldiers and sailors killed in the present War, I have the pleasure now to forward to you the enclosed two receipts received from the Imperial Government at Tokio. The white one is from the Navy Department and the other from the Army Department, among whom the amount was divided in the proportion of one fifth and four fifths respectively to be used for the purpose above mentioned.

Before concluding I thank you heartily for your warm sympathy shown to my countrymen.

Yours truly

S. Hayashi

President.

日露戦争時にケーサリー社が送った戦争基金に対するボンベイ日本人会からの礼状（ケーサリー社にて著者撮影）

よう。それは近代マハーラーシュトラ史で「パイサー基金（Paisa Fund）」運動と呼ばれるものであり、最初カーレー（Antaji Damodar Kale）という一教師の発想から生まれた。カーレーによれば、インド政庁がインド産業の復興に尽力しないなら、インド人自身が豊富な原料と労働力を用いて新しい産業を興すために、一般家庭に眠っている少額の金（paisa）を集めるのが最良の近道であるというわけである。ティラクがこれに賛同し、一九〇五年一〇月に「パイサー基金」の名の株式会社が設立された。純粋に民族的な立場であらゆる階層の人々から最低額の一パイサーずつを集めるという趣旨で募金運動がマハーラーシュトラ全域で開始され、一年間で目標額一万ルピーが集まった。

用途を決めるための中央委員会が設立され、まずはプネー郊外のターレーガーオ村にガラス工場を建設することが決まった。当初の運用資金五〇〇〇ルピーという小規模なものであったが、日本からの技術援助を仰ぎながら次第に軌道に乗っていった。従来、インドのような国で大資本もなしにガラス工場などは成功しないと考えられていたので、この成功は大きな期待で迎えられた。

基金はこのほか、ボタン工場、マッチ工場建設への援助、人絹生産のための実験、インド青年の外国での技術訓練に対する援助、農村家内工業の奨励などに用いられ[81]、スワデーシー運動を末端で支える上で大きな役割を果たした。ティラクは長年の間この基金の出納係を引き受けた[82]。因みに、ターレーガーオのガラス工場は「パイサー基金ガラス工場」（Paisa Fund Glass Karkhana）として独立後も続き、著者の知る限り、一九七〇年代まで日本人技術者が派遣された続けた。

（表Ⅱ）国民会議派年次大会の規模

回	年次	開催地	議長名	代議員総数
二三	一九〇八	マドラス	ラーシ・ビハーリー・ゴーシュ	六二六
二四	一九〇九	ラーホール	M・モーハン・マーラヴィーヤ	二四三
二五	一九一〇	アラーハーバード	W・ウェダバーン	六三六
二六	一九一一	カルカッタ	D・N・ダル	四四六
二七	一九一二	バーンキープル	R・N・ムドールカル	二〇七
二八	一九一三	カラーチー	サイイッド・モハンマド	五五〇
二九	一九一四	マドラス	ブペンドラナート・バスー	八六六
三〇	一九一五	ボンベイ	S・P・シンハー	二二五九
三一	一九一六	ラクナウー	A・C・マジュムダール	二三〇一
三二	一九一七	カルカッタ	アニー・ベザント	四九六七
臨時	一九一八	ボンベイ	ハサン・イマーム	三八四五
三三	一九一八	デリー	M・モーハン・マーラヴィーヤ	四八六九
三四	一九一九	アムリットサル	モーティーラール・ネルー	七〇三一
三五	一九二〇	ナーグプール	C・ヴィジャヤラーガヴァーチャーリア	一四五八二
三六	一九二一	アフマダーバード	H・N・ハーン	四七二八

4. 会議派の分裂とティラク

会議派分裂と会議派規約問題

すでにふれたように、一九〇七年の会議派スラト大会は、会議派の多数派グループであるメヘターら「穏健派」が前年決定された開催地ナーグプールを変更して開催されるという、会議派史上例のない大会となった。一二月二六日に開会された大会は冒頭から議長選出をめぐって紛糾し、結局「穏健派」の推す議長予定者は用意した恒例の議長演説を読み終えることもできず、散会せざるを得なかった。同大会にはゴーカレーが会議派の信条条項を含む党規約の改定案を準備していた。従来会議派の目標としては、一八九九年に最初に採択された規約の中で、「合法的手段によってインド帝国内住民の利害と安寧を促進すること」[83]と謳っていた。ゴーカレーは一九〇七年の改定草案の中で、会議派が今後歩むべき方向を次のように記している。

インド国民会議派はその究極の目標として、イギリス帝国内のほかのメンバー諸国が享受しているると同等の自治（Self-Government）をインドが獲得すること、およびほかのメンバー諸国と同等の条件で帝国の特権と責任に参与することを掲げるものである。さらに会議派は現在の行政組織の着実な改革を実現し、また民族的統一を促進し、公的精神を育成し、一般民衆の状態の向上をもたらすという目標に向かって、厳密に合法的な手段によって前進することを追求する。[84]

そして、この信条を受け入れるもののみが翌年からの会議派大会への代議権を保証されるとその草案には記されていた。こうした規定は一八九九年採択の規定に比べれば、民族運動の方向づけとして数歩の進展がある。しかし、引用に見られる「合法的手段」や「現在の行政組織の着実な改革」という言葉や、彼がしばしば口にした「我々は現段階では多くの問題で、インド政庁の援助と協力なしではやっていけない」という発言に対して、ティラクらの側に、イギリスが設定するペースによって提示される細切れの改革を期待するという旧来の会議派の道に逆戻りするのではという懸念があったことも事実である。しかしティラクは、民族運動はあらゆる階層・階級・宗教を包摂するものでなければならないし、会議派はインド人の民族的利害を守るために結成された一種の議会であるから、多数派が見解を異にする別のグループを排除するようなことがあってはならない。むしろ特定の共通した政治目標に向かって相互に和解し合うことが必要であると説いた。(85)

事態はしかしそのようには進まず、スラト大会以降も両派の対立はいっそう深まり、多数派の「穏健派」グループの中でも特にボンベイのメヘターやカルカッタのバスーらは、インド政庁から「過激派」としてにらまれているグループと絶縁することにも何らの躊躇を抱いていなかった。信条条項をめぐる論議も錯綜し、次第に多数派による「民族派」の排除という様相が濃くなった。しかも新聞法、爆発物法などの弾圧立法で会議派の急進的指導者を弾圧するミントーによって、ティラクは一九〇八年六月に騒擾罪の名のもとに逮捕され、当時英領インドの流刑地であったビルマのマンダレーに送られて、以後六年間はインドとの接触を完全に断ち切られることになる。このティラクの逮捕・追放は、「民族派」の活動にとって決定的な打撃を与えることとなる。

一九〇八年一二月に、前年流会になったスラト大会の再開大会がマドラスで開催された。「民族派」が完全に閉め出されたこの大会で、先述したゴーカレーの改革草案に則った規約が採択された。この規約の中で注目すべき点の一つは、出席代議員の資格に関する規約第二〇条において、代議員選出の権利は州や県およびその下部の会議派機関が承認し、且つ第一条の信条条項に示された原則の容認を表明した三年以上の会議派活動歴をもつ政治団体のみが行使し得ると規定したことである。

これは両派の争点になった条項の承認をいわば踏み絵にすることで、当分の間「民族派」の大会参加が妨げられることを意味した。この条項の改定は一九一六年の会議派再統合の前提となった第一五回大会でようやく行なわれるが、これについては後にふれることになろう。

翌一九〇八年の大会で、同じくゴーカレーの提案によって二年前カルカッタで採択され、幅広い反英運動の高揚をもたらしたボイコット決議が、予定される「改革（モーレー・ミントー改革）」を前にイギリスを刺激するため望ましくないとして廃棄されたことも記憶されるべきであろう。(86)

弾圧と懐柔

スラト大会分裂後の民族運動に対するインド政庁の姿勢は文字通り弾圧と懐柔で、前者の典型的例はティラクの追放、後者の場合は一九〇九年のインド参事会法いわゆるモーレー・ミントー改革であった。弾圧政策についていえば、それは特にベンガルやマハーラーシュトラを中心とした急進的反英活動に向けられた。こうした弾圧の歴史は古く、一八六〇年に成立したインド刑法や刑事訴訟法がすでに十分に活用されていたが、この時期になると、帝国主義の先兵となったジャーナリスト、ヴァレンタイン・チロルの言葉を借りれば、「ある例外的な状況に対応するための例外的措置の必要性[87]」から、一九〇七年一一月に騒擾的集会取締法、一九〇八年には新聞法、爆発物取締法、インド諸紙（犯罪煽動）取締法、さらに即決裁判法などが次々と帝国立法参事会を通過して成立している。

このうち新聞法は「騒擾に対処するためインド政庁がすでに保有している権限を拡大することを目指す」もので、一九一〇年にはいっそう抑圧的な形をとって改定される。参事会内の法務委員であるシンハー（Satyendra Prasanna Sinha, 一八六三～一九二七年「穏健派」を代表する官僚で一九一五年の会議派大会議長。のちに男爵）によって帝国立法参事会に提出されたこの法案に対して、ゴーカレーは「正常時なら賛成できないが、現在国内各所に存在する危機的状況に鑑みて、不本意ながらも」との釈明をしつつこれに賛成している[88]。

成立したこの法律によって、たとえばベンガルの有力な民族紙『ユガーンタル（時代の変革）』はじめ多くの新聞が廃刊や停刊に追い込まれ、この時期から第一次世界大戦まで民族運動に停滞をもたらす一因となった。ただこのとき、「穏健派」の有力な指導者とされながら、イギリス的民主主義のインドにおける継承者と自らを位置づけるP・メヘターは、新聞を法律によって抑圧する動きには同意できず、ゴーカレーの法案には厳しい批判を投げかけている[89]。

このように、カルカッタのインド政庁とイギリス本国のインド省は一方で言論抑圧を含む苛酷な民族運動抑圧策を進めるとともに、会議派内の親英派グループへの懐柔に努めた。ミントーやモーレーらのゴーカレーへの接近については前の節でふれておいた。その結果として成立したインド参事会法（モーレー・ミントー改革）は、帝国立法参事会、州立法参事会のメンバーの拡大、総督のもとにある行政参事会へのインド人の参加などを主な内容としていた。

ただこのような措置も、たとえば立法参事会が相変わらず官僚が支配する機関にとどまっていること、立法機関はあくまで総督を頂点とする行政部に従属していることなど、インド人にとって何ら実質的な向上をもたらすものではなかった。むしろ、ミントーのイニシアティヴのもとで、参事会へのインド人メンバーの選挙にヒンドゥーとムスリムを分断する宗教別分離選挙制を導入することで、これ以降のインド政治史に重大な問題を残してしまった。「穏健派」グループにとっても、長い間期待した末に与えられたこの「改革」は彼らの期待を満足させるにはあまりにも不十分だったため、一九〇九年一二月の会議派ラーホール大会では彼らの抗議の声が噴出した。

ティラクの逮捕

一九〇八年四月にビハール州ムザッファルプルで、あるイギリス人判事に対してマハーラーシュトラの一青年が投じたピクリン酸爆弾が、誤って二人のイギリス人婦人を殺傷するという事件が起こった。しばらくして植民地当局は、ティラクが『ケーサリー』に掲載した「国の不幸」（*Kesari*, May 12, 1908）「この手段は永続しない」（*Kesari*, June 9, 1908）など五編の解説記事が青年のテロ行為を正当化するものであって、インド刑法一二四条（騒擾罪）および一五三条A項（女王への憎悪煽動罪）に関わるとし、六月二四日にティラクを逮捕した。

しかし、これらの文章で彼が述べようとしたことは、決して暴力行為の正当化などではなかった。たとえば、最初の文章では次のように書いている。つまり、民衆の不満はもはや押しとどめられない段階に達しており、今や爆発の恐れすらあるが、その原因を求めてこれを正すことこそ政府の責任であるはずだ。一方インド人の側にしても、ムザッファルプル事件のようなテロ行為に走るのは無駄なことである、という内容である。裁判では、マラーティー語の翻訳官の英訳に問題ありとして、ティラク（被告）自身がこの翻訳官を反対尋問し、また自ら裁判の意味するところを裁判官に問いかけたりしている。

さらに彼は語った。最終的にいい渡されるであろう判決は、インドにおける新聞の自由を求める闘争の歴史に記録されるべきものとなろうから、陪審員の責任は重大であり、また究極的にはこの裁判はイギリスにおけると同じ自由が、イギリス国王の臣下であるインド人にも許されるものかどうかを明瞭に示すことになるはずである。従って、偏見を棄てて「事実によって私を裁いてほしい」。自分は無罪を確信しているが、陪審員のうち一人でも自分に賛成してくれるならそれで満足である、と述べて長い弁論を結んだ(90)。

この裁判では、当時弱冠三二歳ながらすでにボンベイ法曹界で揺るぎない地位を築いていたジンナー（Mohammad Ali Jinnah, 一八七六～一九四八年。のちにムスリム連盟総裁）が弁護人となり、イギリス人検事を相手どって弁護の論陣を張った。しかし、約一か月間の審理のあと、七月二三日に下された判決は七対二（陪審員はイギリス人七名、インド人二名）でティラクの有罪を宣告し、重禁錮六年（A項規定の最高刑は七年）と罰金一〇〇〇ルピーを課せられた。

最終判決の日、ボンベイ裁判所の近くには、彼らの指導者に対するインド政庁の対応を見るために多くの人々が詰めかけた。このため当局は、これらの群衆がティラクの姿を見かけるのを避けようと、ティラクを裏口からこっそりと連れだすという姑息な手段を用いたりしている。ティラクへの判決はインド全国に大きな抗議の渦を巻き起こさせたが、ボンベイの労働者の間には極めて顕著な反応が見られた。彼らは裁判がまだ継続中の七月一六日ころから、ボンベイ市内の綿紡績工場の労働者――時には三万五〇〇〇人にも上った――がティラクを支持して労働拒否を行なっていたが、七月二三日に判決が出るや、市内の衣類商雇用労働者が六年という禁錮年数に合わせて六日間のストライキを決定した。続く翌日、九つの工場がティラクを支持する同情ストライキに入り、衣類市場は閉鎖された。さらに二四日には七〇の工場でストライキが行なわれるという状況であった(91)。当時ロシアにあってこれらの情報に接したレーニンは、「民主主義者ティラクを擁護して、労働者大衆が政治闘争に起ち上がった」と評価している(92)。

こうしてティラクは、自らの五二回目の誕生日にグジャラートのアフマダーバードにあるサーバルマティ監獄に、次いでビルマのマンダレーに送られて、孤独な六年間の追放生活を過ごすことになる。因みに、ずっとあとのガンディーやネルーらを含めて、一度の監獄生活が引き続き六年間におよぶインド人政治家はほかにはいない。一九二五年一月に同じマンダレー監獄に送り込まれたベンガルの指導者ボース(Subhas Chandra Bose, 一八九七～一九四五年)は獄中生活当時を回想して、まさに溶鉱炉のような夏、寒さ厳しい冬、雨のたびに水が溢れる雨期をティラクがどのように過ごしたかを驚きをもって語っている(93)。確かに、マンダレーのこうした悪環境での六年間が五〇歳を越えたティラクの肉体にとって極めて苛酷なものであったことは想像に難くない。

マンダレーでのティラクは完全に書斎人としての生活を余儀なくされた。外部との唯一の接触機

ティラクが投獄されたマンダレイの獄舎

会であった書簡も、インドの現状にふれているものは許されず、またティラク自身が政治的見解を書き送ることも禁じられていた。甥のヴィドワーンス（Dondo Vasudeo Vidvans）や何人かの友人との間で交わされた多数の書簡にも、インドの具体的状況についてはほとんど何も書かれていない(94)。しかし、彼の関心がインドの現状から全く離れてしまったわけではなかった。獄中での研究計画を綴った彼のノートには、ヒンドゥー教の歴史や哲学史、古代バビロニアとインドの比較文明史的研究や微積分原理などとともに、インド民族運動、州行政論、ヒンドゥー法研究といった項目が並んでおり(95)、そこからも、自由を奪われた獄中生活にあっても、彼の目は故国の現実を見つめようとしていたことが窺える。

『ギーター・ラハスヤ』

ティラクがマンダレー獄中での学習の成果として、一九一一年早々に書き上げたのが『ギーター・ラハスヤ（*Gita Rahasya*）』（出版は釈放後の一九一五年六月）と題する大著である。同書に関して、ティラクの留守中『ケーサリー』紙を守り通した甥のヴィドワーンスへの書簡の中で語っている。少々長いが、著者自身の言葉で説明しているので以下に引用しておこう。

……私は今『ギーター』に関する書物を書き上げたところだ。私はこれに『ギーター・ラハスヤ（ギーターの奥義）』という題をつけた。この中で私はいくつかの独創的な考えを説いており、それらの多くは初めて人々の前に示されるものであろう。私はこの書物で、ヒンドゥーの宗教哲学が（日常生活の中に含まれた）道徳的問題を解決するのにいかに助けとなるかを示した。私の議論の進め方は、ある程度グリーン（Thomas Hill Green，一八三〇〜八二年）がその倫理に関する書物で示しているものと一致する。しかし私は道徳性の基底に最大多数の最大善とか、人間の霊感とかを置こうとは思わない。私が『ギーター・ラハスヤ』の中で行なっているのは、『ギーター』と西洋の哲学の比較によって、我々の哲学が低く見積もっても西洋のそれに劣るものでは決してないことの証明である。この『ギーター・ラハスヤ』は、『マハーバーラタ』の一部である『ギーター』の批判的検証とその年代等にも言及した別章とともに全体で一五章からなっている。……最後にいえることは、エマニュエル・カントの『純粋理性批判』、グリーンの『倫理学序説』は、『ブラフマ・スートラ』（シャンカラの注釈）、『マハーバーラタ』および『ギーター』を基礎とする私の本書の主たる英語による参考文献であり、簡単にいえば、それは能動的人生に関するヒンドゥー教の哲学である[96]。

原語（マラーティー語）にして本文八〇五ページにおよぶこの大著の意義を一言で表現するのは難しいが、強いていえば、インド人の間に長く伝えられてきた古典（『ギーター』）の中に、新しい時代にあるべき行動の原理を読み込み、それをインド人の前に提示したということになろうか。それは従来の解釈学的インド哲学の枠を遙かに超えるものであった。そこでは、古いシャンカラ的な現世否定の立場（Karma-sanyasa）は論破され、行為の法（Karmayoga）の重要さが説かれている。その行動の基準となるダルマ（dharma,「法」）とは、時・空を超越し

『ギータ・ラハスヤ』の表紙（1968年版）

た絶対的なものではなく、[97] 特定の「場」との関連で決定されるべきものであると述べられる。[98]

獄中での執筆でもあり、この大部な書物の中でティラクは現実の政治や社会状況には全く言及していない。それでも行為の規範、倫理について語る個所では、「悪しき者の正しからざる行為は正しき行為によって報復されるべきである」や「茨をもって茨を除く[99]」といった彼独自の政治哲学がしばしば顔を覗かせている。ここで説かれている「正しき行為」とは「利己心を去った行為」の意であり、それはのちにガンディーが『ギーター』の中心的課題であると考えた「行為の結果を放棄すること（anasaktiyoga）」と同一のものかと思われる。従って、ティラクの『ギーター・ラハスヤ』とガンディーの『ギーター』注釈書（*Gita according to Gandhi*）がともに、それぞれの扉の部分を同じ『ギーター』の第三章第一九頌句、すなわち、

故に執着なく、常になすべき行為をなせ。何となれば、執着なく行為をなすことにより、人は最高（の目的）に達すればなり（tasmadasakta: satatan karyan karma samachara / asakto hyacharankarma paramapnoti purusha:）

で飾っているのは偶然の一致とはいえないだろう。

『ギーター・ラハスヤ』は、原典である『ギーター』のような古典サンスクリットでなく、近代マラーティー語によって書かれたためにマハーラーシュトラ内で広く読まれた。また年を経ずしてヒンディー、グジャラーティ、ベンガーリー、カンナダ、テルグ、タミルなどのインド諸語さらに英語に

翻訳され刊行されたので、読者層はいっそう広がった。

ティラクが釈放され、この草稿を携えて久しぶりに故郷のプネーに戻ったのは一九一四年六月一七日、まさに第一次世界大戦が勃発する直前のことであった。このときボンベイ州政府は、ティラクの釈放がインドにおける民衆の運動にどのような影響を与えるのか大いに危惧したという。(100)

第3章

近代から現代への転換とティラク

1．ティラクと会議派の大衆化

第一次世界大戦と会議派の再統合

会議派は一九〇七年のスラト大会のあと、「民族派」を排除したままその大会を引き続きマドラス（一九〇八年）、ラーホール（一九〇九年）、アラーハーバード（一九一〇年）、カルカッタ（一九一一年）、バーンキープル（一九一二年）、カラーチー（一九一三年）、マドラス（一九一四年）で開催しているが、全体として極めて低調であったことは否めない。たとえば、一九〇九年と翌一〇年にベンガル分割撤廃要求が決議され、また南アフリカでのガンディーの活動を支持して人種差別への抵抗や闘争資金の募集などが取り上げられたが、かつての分割反対運動のような大衆的な盛り上がりは見られなかった(1)。

ミントーのあとを継いだ新総督ハーディング（在職一九一〇～一六年）が大戦前のヨーロッパにおける政治状況に鑑みて、インド国内を安静に保つべく、務めてリベラルな姿勢を印象づけたことも、この時期の民族運動が高まりを欠いた理由の一つであるかもしれない。特に、一九一一年に新国王ジョージ五世をデリーに迎えてダルバール（接見式）を行なうと同時に、懸案であったベンガル分割の撤廃が発表され、州自治に関する新しい見通しが語られたことなども、会議派の「穏健派」グループの親英的な方向にさらなる影響を及ぼしたであろうことも考えられる。

そうした状況の中でヒンドゥー・ムスリム間の融和（コミュナル統合）の問題に関心が集まり、一九一一年の会議派大会では、統合を妨害するイギリス側官僚体制への非難の声が上がっている。翌一九一二年のバーンキープル大会でムスリム連盟に対する連帯の呼びかけが行なわれ、一九一三年の会議派議長には久しぶりにムスリムからサイイッド・ムハンマドが選出されたのも、こうした流れの中の重要な出来事であろう。ムスリム連盟はまだ大衆的組織化への足がかりを固めていなかったが、インド政庁としては同連盟をも民族運動の急進化に対する防御壁の一つと位置づけていたことは事実である。当のムスリム連盟は、一九一一年のベンガル分割撤廃により、一つの「ムスリム州」＝東ベンガル・アッサーム州を失って衝撃を受けていた。その結果、会議派からの働きかけもあり、一九一三年には新しい党憲章を採択した。党の活動目標を掲げた党憲章の第二条は、イギリス帝国への忠誠をまず確認した上で、

……イギリス王冠の後援を受けつつ、現在の行政機関に着実な改革をもたらし、民族の統一を促進し、インド人住民間に公共的精神を育成し、前述の目標の達成を目指してほかの宗教コミュニティと協力することによって、合法的手段を通じてインドに適合した自治（Self-Government）の体制を実現させること

を謳って、会議派の党規約にならった「自治」の宣言を行なった。(2)

この翌年には第一次世界大戦が勃発し、イギリスの植民地としてのインドも自動的に戦争に巻き込まれていった。このときの状況を、著名なイギリス現代史家が次のように叙述している。

……（大戦への参加に関して）自治領の政府や議会の意向も打診されなかった。カナダの議会だけ

がのちに承認を表明した。そのほかは、各総督が自らの権限によって勅令を宣言し、インド総督も同様であった。帝国内の白人たちは熱心に母国のもとへと馳せ参じた。約五〇〇〇万のアフリカ人と二億五〇〇〇万のインド人が意見を求められることもなく、何ら理解もしていない戦争に、しかも敵が誰であるかも知らない戦争に巻き込まれていった(3)。

この自動的、強制的参戦によって、インドは人的、物的双方の多大な犠牲を払うことになるが、インド人指導者たちの戦争への姿勢は必ずしも一致したものではなかった。メヘターやゴーカレーなど元来親英的であった「穏健派」の人々はイギリスを無条件に支持した。メヘターは一九一四年八月一三日にボンベイのタウン・ホールで開かれた会合で、イギリスへの忠誠心と愛国心の発揚を呼びかけて、次のような演説を行なった。

我々はかかる厳粛なる瞬間にあたって、その庇護のもとにこの偉大で荘厳な国の崇高な運命が一世紀にわたって形成され、また賢明にして正義感あふれる政治力のもとでわが国の安寧と繁栄が普段に推進されつつある、かのイギリスの統治に対して聖なる義務と恩義を負っていることを記憶しうるのみである。

すなわち、インドに恩恵をもたらしてくれたイギリス帝国にとって未曾有の危機のときにあたり、インド人としてすべての政治論争を当分棚上げにして、王冠に対する忠誠と貢献を示し、その偉大な

る帝国の不可欠の一部となるよう努力すべきであると訴えている。(4)

当時、おそらくガンディーもまた、こうした無条件のイギリス支持を主張した一人であったと見なしてよかろう。一方これと対照的なのが、ドイツと提携してでもインドをイギリスの軛から解放するための今が絶好時とする動きであり、これは主にベンガルの「革命志士（krantikari=revolutionary）」と呼ばれた人々である。彼らの多くは、インド政庁の弾圧で国外脱出を余儀なくされていた。たとえば一九一二年に首都デリーでハーディング総督に爆弾を投擲する計画を練ったベンガルのテロリストで、「中村屋のボース」として知られるようになるラーシュ・ビハーリー・ボース（Rash Bihari Bose, 一八八六～一九四四年）は、一九一五年二月二一日に武装蜂起を図ったが事前に計画が発覚して、その結果ヘーマンラール・グプタらとともに日本に逃亡することになる。(5)

この時期、無条件のイギリス支持を主張するグループと武装蜂起も辞さない過激なグループとの中間的位置にあったのが、戦争勃発直前に流刑から解放されたティラクやその支持者たちであった。ほかの地域でティラクらとほぼ同じ動きを示したのは、このころから各地の神智協会（Theosophical Society）の活動家を動員しつつ、政治運動に積極的に取り組み始めたアイルランド出身のベザント夫人（Annie Besant, 一八四七～一九三三年）、あるいはベンガルの指導者ダース（Chitta Ranjan Das, 一八七〇～一九二五年）などであった。

ティラクやベザントの自治連盟（Home Rule League）についてはのちにふれることになるが、彼らの戦争に対する姿勢は概していえば、一方で民族運動組織の拡大・強化を図りつつも、未だその組織が脆弱であることから、条件付きの戦争協力という方向を打ち出さざるを得なかった。つまり、もしイギリスが戦後にインドが自治を獲得できるという明確な約束をするなら、彼らとしてはイギリスの戦争行為に一定の協力は惜しまないというものであった。「民族派」の人々はこうした戦争協力の姿勢について、それは決して信念の変化ではなく、ほかのいくつかの要因、特にこの段階では組織の脆弱さから「ギヴ・アンド・テイク」策に依存せざるを得ないことを認めていた。(6)

ティラク自身は他方でイギリスからの完全独立を構想していたと思われるふしもあるが、(7)当面の目標としては「イギリス帝国内の自治」を掲げていた。少なくとも戦争初期の段階では、「このような危機の時期にあっては貴賤貧富の別なく、その能力のおよぶ限りイギリス政府を支持し援助することがすべてのインド人の義務である」などと記者団に語っていたのも事実である。(8)

このころ、戦争の勃発がもたらした新しい状況の中で、会議派の再統合問題が大きく前面に出てきた。再統合の動きは実は、ティラクがまだマンダレーにつながれていた時期にすでにあった。一九一〇年の会議派アラーハーバード大会で議長を務めたイギリス人ウェダバーンが発議して、ゴーカレーとともに会議派の再統合に取り組もうとしたときである。彼らは、党規約第二〇条を改定し、会議派に所属（affiliate）していなくても、第一条の「信条」条項を受け入れる政治団体なら大会への代議員選出権をもち得るとの妥協案を出したが、ベンガルのバナジー、ボンベイ市のワーチャーやメヘターらが強硬に反対してこの案は頓挫している。(9)

再統合の動きは、大戦勃発直後に会議派に接近し始めた先述のベザントによって引き継がれた。彼女はゴーカレーを説得し、自ら率いる神智協会の本拠地であり支持者も多いマドラスで開かれる予定の一九一四年の会議派大会でこの問題を再提起する工作を行なった。彼女は大会前に、マドラス市内で「民族派」代表と「穏健派」代表を招いた円卓会議を開く準備をし、ゴーカレーに以前に主張した、「民族派」の大会参加を認める党規約第二〇条の改定案を再提起した。一方で、釈放された直後のティラクとしても、民族運動の中枢に伝統ある会議派が存在し、そのもとにすべての勢力が結集することの緊要さを十分に理解し、この問題に対応した。しかし、「民族派」の多くの活動家同様ティラクも会議派への再参加を望ましいこととしながらも、「穏健派」の従来の運動方針に完全に屈する意志はなく、仲介の労をとったベザントにのちに書き送った書簡で次のように記している。

……我々は穏健派指導者たちの荘重な顔を称賛しつつながめ、彼らの流暢な演説を熱情的に誉め讃えるダミーとして会議派に加わることを望まない。……私の考えでは、多数派をわが方に勝ち取ろうとする活動をするなと我々に求めるのは馬鹿げたことである。……端的にいえば、もし我々が参加するとすればそれは活動家としてであり、集会の前にあらかじめ準備されたあらゆる　提案に「異議なし」を唱える見物人としてではない。[10]

このようなティラクの姿勢に対して、ゴーカレーは、自分たちの主張する「可能な場合は政庁との提携、必要ならばそれへの反対」という方法に対抗して、「彼（ティラク）は合法的限界内の純粋にして単純な政庁への反対、換言すればアイルランド的妨害政策を代替させようとしている」と激しく批判している。[11] 最終的には、「自分は彼らの復帰を促進するようないかなる変化にも断固反対する」と述べて会議派再統合への努力を放棄した。[12] 一九一四年の会議派マドラス大会では、会議派統合問題はこうして明確な進展を見ることなく幕を閉じた。
ゴーカレーがひとたびは再統合に関して、積極的に動きながら結局はこれに反対を唱えたのは、一つには「民族派」との折り合いに絶望したこともあるが、もう一つ重要な要因として、彼の師ともいうべき先輩政治家メヘターが一貫して示した民族派復帰への強固な抵抗があった。
ボンベイのパールシー社会最大の指導者でもあったメヘターは先述したように、インドの政治的発展の道はイギリス統治下でイギリス主導で行なわれるのが最もよいという価値観を頑なに固持していた。大戦勃発とともに、この戦争への協力がインドに対するイギリスの心証をよくする好機と考えた彼は、こうした時期に反英的と映るような行動に出る危険性の回避に務め、戦争への無条件支持を主張した。従って、その危険性を強くもつと考えられるティラクらの行動に対して敏感に反応し、これを排除しようとしたものである。恐らくその姿勢の背後には、もしティラクら民族派の活動家たちが大挙して会議派に再参加した場合、会議派そのものがティラクらの指導下に入ってしまうだろうという直観的判断があったことも容易に推測される。[13] そのため彼は、一九一五年の会議派大会を自派の最も強い地盤であるボンベイ市で開催することによって再統合への動きを封じようと策し、その意図通り第三〇回会議派大会のボンベイ市開催が決まった。しかもメヘターは、大会の議長に最も親英的な官僚であるS・P・シンハーを推薦し、これも彼の思惑通り会議派全国委員会で受け入れられた。[14]
しかし、一九一五年二月一九日にゴーカレーがプネーで死去し、さらに会議派大会の直前の一一月にはメヘターがこの世を去った。「民族派」の復帰と会議派の再統合に最も強く反対していた二人の相次ぐ死によって、再統合への道は一挙に開かれたといえる。[15]

ゴーカレーの死の直後、「民族派」活動家たちはプネーで州会議（議長はジョセフ・バプティスタ）を開き、ここでティラクは、会議派規約が改定されて代議員を大衆的集会で選出することが認められるならほかの条件はつけずに会議派に再参加するという声明を出した。彼の支持者の一部から反対があったが、「穏健派」から成る会議派全国委員会の側から出された、すべての「民族派」の政治組織は党規約第一条の「信条」条項を受け入れるなら、一五名ずつの代議員を送ることができるという妥協案を最終的には承諾することになった。

フィーローズシャー・メヘター

ティラクは自分の身近の反対者に対して、「この民族主義の伝統を受け継ぎ、強い影響力をもつ会議派をより進歩的、より戦闘的、より活動的な、つまり年に三日間の大会時だけでなく、一年を通じて活動的な組織たらしめる」ことの緊要性を強調した[16]。従来も多くの地域で、会議派党員が大会期間のみならず、日常的に地味な活動を行なってはいたが、ここに初めて会議派を反英民族運動を指導する全国的な、しかも恒常的な組織に発展させる方向が打ち出された。

会議派再統合のこの動きは、世界大戦という未曾有の事態がイギリス帝国全体をのみ込み、当然ながらそれがインドにも波及する激動の中で、広範な大衆を糾合した統一的戦線を組織して自治運動を展開することの歴史的意義をティラクが鋭く把握していた結果と見なされる。ただ、一九一五年一二月二七～三〇日の会議派ボンベイ大会には、故メヘターの影響が強く残るボンベイ市の「穏健派」指導部の反対で、ティラクはじめ「民族派」活動家の参加はまだ実現しなかった。S・P・シンハー議長のもとで、大会では次のような対英「忠誠」決議が採択された。

……この会議は国王にして皇帝たる陛下（ジョージ五世）が最近の事故から回復されたことに関して深い安堵と感謝の念を表明し、インドの民になり代わり王冠への深甚なる忠誠と帰依、イギリスとの結びつきに対する不動の忠節ならびにあらゆる犠牲と危険の上に立って、帝国を支援する断固たる決意を陛下に伝達しようと願うものである。(17)

しかしこの大会で最も注目すべきは、会議派史上最多の二二五九名が参加した同大会で党規約二〇条が改定されて、二年以上存続した政治組織は会議派大会への代議員を選出する権利をもつようになったことであろう。これによって、一九〇八年以降参加を拒否されていた「民族派」の活動家たちが、ようやく翌一九一六年から大会に正式に参加する資格を認められた。

ラクナウー協定

前にもふれたように、会議派とムスリム連盟の間では何度か公式の接触がもたれており、一九一三年の連盟大会では新しい党規約を採択して、「イギリス王冠のもとで自治」を実現するという、会議派と類似した政治目標を決定していた。大戦の勃発によって、最後の「イスラーム国家」トルコがイギリスの敵に回ったことで、インド・ムスリムの間には少なからぬ動揺が生じ、従来の親英一辺倒の姿勢を見直そうという空気も生まれてきた。そうした中で、会議派とともに国内の行政機構の改革を積極的に追求していこうとする動きがムスリム連盟にも強まっていった。連盟の一九一五年大会は会議派のそれと同じ時期に同じボンベイ市で開催され、そこでも会議派との提携が熱心に検討された。

会議派の大会でも、自治決議案を提起したスレーンドラナート・バナジーは「我々ヒンドゥーとムスリムも同じ自治の旗のもとにともに起ち上がろう」と連帯を呼びかけた[18]。バナジーに続いて、ベザント、イブラヒーム・ラヒムトゥラー、サロージニー・ナーイドゥ、M・M・マーラヴィーヤらがこれを支持する演説を行なった。こうして会議派とムスリム連盟は双方から歩み寄り、共通の改革要求の構想を準備することになった。

この共同案の先駆けとなったのは、一九一六年一〇月に帝国立法参事会の被選出インド人議員二三人のうち一九名が署名して、総督チェルムズフォードに提出した「一九人覚書（the Memorandum of the Nineteen)」と呼ばれる文書である。この文書は、進行中の戦争の勝利が、全文明世界、特に弱小民族の自由を擁護するために戦争に突入したイギリス帝国に偉大な進歩をもたらすであろうという書き出しで始まり、続いて「インドの民はイギリス統治下での物質資源の大いなる開発、知的政治的視野の拡大、徐々にではあるが今日までの着実な進歩について、イギリスに感謝する十分な理由がある」と述べたあと、具体的な改革の項目を列挙している。主たる内容は、立法・行政の分野や軍におけるインド人の不利な状況の改善であるが、もう少し具体的に見ると以下の一三項目である。

（一）中央・州行政参事会議員の半分をインド人にあてること。
（二）中央・州立法参事会の過半数の議員を選挙によって選出すること。
（三）参事会議員数の増加。
（四）財政上の自治の確保。
（五）中央帝国参事会が軍事・外交・条約締結などを除いて、インドの政治すべての分野に関して立法の権限をもち、州の立法参事会も同様の権限をもつこと。
（六）イギリス本国におけるインド相の参事会を廃棄すること。
（七）連邦体制のもとでインドに自治領（Self-governing Dominions）と同等の地位が付与されること。
（八）州自治の確立。
（九）連合州（United Provinces）に知事（Governor）を置くこと（当時の連合州には副知事 Lieutenant Governor が置かれていた——引用者）。
（一〇）完全な地方自治体制の導入。
（一一）武器取締法の撤廃。

（一二）インド人志願兵による国防義勇軍（Territorial Army）の認可。
（一三）インド軍内の将校位への道をインド兵にも開くこと。(19)

「覚書」への署名者には、ワーチャー、バスー、マーラヴィーヤ、T・B・サプルーら古参の会議派指導者たち、ラヒムトゥッラー、ジンナーらのムスリム指導者が含まれているが、彼らは総督のもとでの帝国立法参事会議員であることからもしれるように、いずれも政治的に穏健な立場を維持してきた人々である。しかしこの案が、それまでインド人の側から提示された政治改革要求案としては画期的であり、それなりに具体性をもつものであったことも否めない。このような改革案が出てくる背景には、戦争の遂行に苦慮するイギリスに対して間断なく人的・物的支援を与え続けることを主張し続けてきたインド人政治指導者たちの間に、イギリスを向こうに回して政治的要求をすることに関する彼らなりの自信が生じていたものと考えられる。

「一九人覚書」は、同じ時期に同じ北インドのラクナウーで大会を開いた会議派とムスリム連盟の双方で検討されることとなり、その結果これを下敷きにした単一案が一九一六年一二月二九日の会議派大会の席上で、また一二月三一日の連盟大会の席上でも採択された。採択された決議は、このあと両組織が追求する共同の具体的プログラムとなった。なおこの年の会議派大会には、前年の大会で改定された党規約によって代議員となる権利を得たティラクら「民族派」活動家が大挙して参加しているが、彼らもまたこの改革構想の採択を積極的に支援し、これをそれ以降の「ミニマム要求」として掲げることになる。同改革案は一般に「会議派・連盟案（the Congress-Muslim League Scheme）」あ

るいは採択された都市の名を冠して「ラクナウー協定（the Lucknow Pact）」と称される。同協定はその冒頭で、

（一）インドへの自治の早期付与がイギリス統治の目標であり意図であるとの声明を行なうこと。
（二）会議派・連盟協定の掲げる諸改革の承認によって、自治実現への明確な段取りが採られるべきこと。
（三）帝国の再建にあたっては、インドが従属国の地位から帝国内の自治領と同等の地位へと昇格させられるべきこと

という大前提が示されたあと、個別の改革の内容に言及する。それは「一九人覚書」に比してかなり詳しい内容をもつが、概ね「覚書」の線上にあったといってよかろう。ただ、中央・州の立法参事会議員の被選挙比率を五分の四まで拡大していること、またインド行政の本国からの解除を求めるとともに、インド省次官の一人にインド人を加えるよう求めていることなどが相違点である。「覚書」と最も異なるのは、立法参事会議員の選挙について、ムスリムに対する「特別選挙区」を設けることがつけ加えられた点であろう。[20] それによれば、州立法参事会の場合は州の規模によって全選挙区の一五～四〇％が、中央立法参事会の場合はインド人選出委員の三分の一がムスリムに割りあてられるものとされた。インド政庁側が一九〇九年のインド参事会法によって導入した宗教別（コミュナル）分離選挙制をインド人の側から提起することになったわけで、この点について、時にヒンドゥー的偏見があると指摘される著名な歴史家R・C・マジュムダールは次のような説明を加えている。すなわ

ち、「引き続いて起こる事柄に照らして、一九一六年の会議派の行為は、実に三〇年後のパキスタン（分離）の基礎となったことを何人も疑わない」、またこうした形での会議派・連盟提携は会議派の側からする「政治的ハラキリ」であったという。[21] 確かに、のちにM・A・ジンナーが提起する「二民族論」が、一九〇九年まで遡り、一九一九年法、一九三五年法によって次第に固められていく分離選挙の措置を一つの支えとしていたことは疑いない。

しかし、このラクナウー大会の席上でバナジーが指摘しているように、インド政庁は会議派すなわちヒンドゥーの組織と見なし、会議派の要求に対して常に「ムスリムはどういっているか」を詮議するという現実、加えてすでに導入されたコミュナル選挙制がムスリム連盟のもとに参集するインド・ムスリムにとって既得権と受け取られていた状況が同時に考慮されねばならないであろう。[22]

ムスリム指導者の側からは、たとえばアーザード（Abul Kalam Azad, 一八八八～一九五八年、一九四〇年に会議派議長）のように『コーラン』の章句を引きつつ、他宗教徒との間で結ばれたこの協定の正当性を主張する立場[23]がある一方で、ムスリム社会の独自の利害に固執するより現実主義的な立場からこれに反対する有力な指導者ムハンマド・アリーのような例のあることも無視できない。彼は、モーレー・ミントー改革がムスリムに分離選挙区とともに一般選挙区への参加をも認めていたのに対し、ラクナウー協定では後者を除いたこと、またいくつかの州での数議席を獲得するためにすべての州でムスリムを「少数コミュニティ」の位置に貶めるのをムスリム連盟指導部が容認したことを挙げ、同協定に強い不満を表明した。[24] 彼のこの考えは結局少数意見に終わったが、この事実は協定成立にあたって連盟の側からも一定の譲歩がなされたことを意味しているであろう。

ラクナウー大会に出席して実に一〇年ぶりで会議派大会の壇上に立ったティラクは、ヒンドゥーとムスリムの共闘の必要性を強調して次のように述べた。

……ある人々は我々ヒンドゥーはムスリム同胞にあまりに多くを譲歩しすぎたといっている。しかし私は、我々は多すぎるほどのものを譲歩しはしなかったというとき、自分は全インドのヒンドゥー社会の感情を代表していると確信する。私はもし自治の諸権利がムスリム社会のみに与えられたとしても気にかけないであろう。……イギリス政府がそれらの権利を行使するのにあたって、インド内の教育を受けた層よりも、ヒンドゥーのより低い、あるいは最低の階級の人々にその権利を与えたとしても私は気にしない。……我々はそれらの権利を強力な官僚制から、我々にとって不本意な官僚制から奪取しなければならない。……我々が第三の勢力（イギリス——引用者）と戦わねばならないとき、我々が人種、宗教、あらゆる政治的信条の違いを超えて団結し、この壇上に立つということは極て偉大であり、且つ重要なことである。(25)

この言葉の中には、インド内の異なるコミュニティ間の統合に関する幾分楽天的な気分が窺える。しかし、当時一般にはこの協定がインド解放のために不可欠なヒンドゥー・ムスリム統合を実現させる鍵として期待されていたことも事実である。(26)

歴史的に見て、インドの独立が長い大衆的闘争を強力なバネにして実現されたとすれば、一九一六～一九年の自治要求運動とそれに続くヒラーファト運動のいわば前提となったラクナウー協定は、一九二〇年代以降展開されるガンディーによる非暴力非協力抵抗闘争（サティヤーグラハ運動）への足がかりとしての歴史的意義をもったといってよかろう。

ホーム・ルール（自治要求）運動

第一次世界大戦から戦後にかけてインドで展開された運動は「ホーム・ルール（Home Rule）」運動、つまり自治要求運動として知られるが、この運動に関して最も否定的な評価を下した人物が、コミンテルンでも活躍した革命家ローイ（Manabendra Nath Roy, 一八九三〜一九五四年）である。一般に「エム・エヌ・ロイ」と呼ばれる。

彼は一九二二年に出版した書物の中で、戦時下の労働運動を過大評価するあまり、この自治要求運動を「下層中間階級インテリ」を中核とする動き、「高揚する革命の潮流を逆流させる」動きと捉え、指導者のティラク、ベザント、さらのこのあとに登場するガンディーらをひとしなみに「正統的過激派（authodox extermists）」あるいは「帝国主義的ブルジョアジーの利害の仮面の擁護者」と形容し、いずれも反動的指導者であると断じている[27]。

ローイがこのような断定を下した理由の一つには、明らかに彼の過激な革命主義的体質という点があろう。しかし、同時にまた、彼がインドを去る一九一五年八月の時点では、会議派主流はまだイギリスへの無条件依存を政治的方針とする「穏健派」の指導下にあり、ローイの会議派評価は当時の会議派指導部に対する彼の根深い不信感から形成されたものであろうことが推測される[28]。

若きネルー（Jawaharlal Nehru, 一八八九〜一九六四年）は、イギリスで法廷弁護士（barrister）

の資格を得て一九一二年に帰国し、後述する自治連盟のアラーハーバード支部に参加している。しかし、彼は『自伝』で、自治運動を大戦期の反英気運の高まりの中で従来の「過激派」「穏健派」の枠を越えた運動と評価しつつも、「決して大衆にまでは届いていなかった」という指摘以上のことは語っていない(29)。

この時期の自治要求運動は、その指導部の階級的位置づけからすれば、先のローイの指摘は一部は的を得ているといえる。しかし現実には、様々な要因が交錯する中で生まれたものであった。すなわち、スラトでの分裂以来いっそう弱体化した会議派を、再統合によって強化しようとするティラクらの努力、大戦の長期化で苦境に立つイギリスが自治領や植民地諸国のさらなる協力を取りつけるために帝国戦略の一部を変更せざるを得なくなる状況、イギリス側のそうした変化に応じてより具体的現実的要求を提起しようとする動きなど、それまでにない複雑な環境にインド政治は直面していた。

会議派についていえば、それまで十分には取り組んでこなかった恒常的活動に重点を置いて下部組織作りに着手し、しかもそれらの支部が州の境界を越えて結びつくという新しい態勢へと発展しつつあった。その過程で各支部は各々の地域に適した形態の運動を進めながら、広範な階層の人々を反英運動に組み込んでいった点が評価されよう。その点で、自治要求運動は、先にも述べたようにガンディー指導の大衆闘争における会議派組織の基礎作りに役立ったといえよう(30)。

出獄後のティラクは、会議派の組織的統合をまず第一の課題としたが、具体的な運動としてはインドの自治の即時実現を目的にした。ティラクによれば、自治とは従来彼が用いてきた「スワラージャ(自己による統治)」と同一のものであるが、これをアイルランドにおける運動の名に置き換えたのは、アイルランドの政治状況に触発されたことと、アイルランドの場合と同様にイギリス国内の選挙民への働きかけを重視し始めたことによる。この国に対するティラクの関心はもっと以前に遡るが、[31] この時点で自治要求運動という形を提起したのは、アイルランド人を母と父方の祖母に持ち、当時神智協会総裁として次第にインドの政治運動にも影響力を及ぼし始めたベザント夫人による自治運動の提唱と、マハーラーシュトラ出身のキリスト教徒でティラクを「政治上の師（political guru）」と呼ぶ弁護士バプティスタ（Joseph Baptista，一八六四～一九三〇年）の存在によるところが大きい。ティラクが一九一五年、大戦勃発後の新しい反英闘争の手段を模索していた時期に、イギリス内の政治状況に詳しいバプティスタがアイルランド問題（イギリス議会での第三次自治法案は一九一二年）の経過を念頭におきつつ、ティラクにこの運動のことを伝えた。[32]

ティラクはこのころ、ベザント夫人と会議派組織の統合を目指し様々な工作を進めていたが、会議派内の強硬な反「民族派」勢力の反対で進捗しないままであったため、二人は別個に「インド自治連盟（Indian Home Rule League）」の結成に乗りだすことを決めた。こうしてまず、一九一六年四月に[33]ベルガーオ（現在カルナータカ州内）で開かれたボンベイ州会議で、ティラク主導の自治連盟の創設が決定され、議長にはバプティスタが選出された。会議にはガンディーも出席していたが、自治連盟には参加していない。この会合の決議を受ける形で、すでに前年に設立声明を出していたベザントの自治連盟も発足し、彼女自身が議長に選ばれた。二つの自治連盟がほぼ同時期に活動を開始したことになるが、その活動範囲には地域的分担が見られる。ティラクの連盟は主としてマハーラーシュトラ、ボンベイ市、カルナータカ地方、中央州・ベラール地方を、ベザントの連盟は彼女に関係の深い各地の神智協会組織を中心にマドラス市、ティラクの連盟と重なるがボンベイ市、そして従来政治的には後進地域とされていたシンド、グジャラート、ビハール、北西州（現ウッタル・プラデーシュ＝UP州）をカバーすることになった。一九一七年二月にパンジャーブでも連盟の組織化を進めようとしたティラクは、インド防衛規定（一九一六年）によってパンジャーブへの立ち入りを禁じられた。

運動に参加した階層は必ずしも明確ではないが、マハーラーシュトラでは従来から会議派の活動に加わっていた人々のほか、グジャラーティー、マールワーリー、マラーターの商人や農民もかなり結集され、ベザントの連盟の場合は圧倒的に商人カーストの参加が目立ち、マドラス市では学生や下級官吏の間にも支持者を得ていた。(34)

ボンベイ市では大戦がもたらした工業化の進展、商業の伸張によってインド人民族ブルジョアジーの成長が見られ、彼らによる自治運動への財政的援助が目立った。のちにガンディーの運動にも加わる富裕な商人ドゥワールカーダース（Jamnadas Dwarkadas）や、ボンベイの先駆的綿工業家ゴークルダース（Morarji Gokuldas）の後継者である企業家モーラールジー（Ratansey Dharamsey Morarji）やタイルセー（L. R. Tairsey）らはヒンドゥーの伝統的商業カーストとして知られるバーティアー（Bhatia）に属し、またボンベイでの自治連盟への最大の財政援助者といわれた企業家ソーバーニー（Umar Haji Isuf Sobhani）はムスリム・コミュニティ内で経済的進取性が高い集団とされるメーモン（Memon）の出身である。(35) ベザント派連盟のボンベイ支部議長にはM・A・ジンナーが選出された。

前にもふれたが、組織としての自治連盟は大戦前から機能低下していた会議派を地域において支え、その活動を一定期間でなく恒常的に展開できる組織にするのを狙いとしていた。連盟結成のあとなぜそれが必要なのかを問われて、ティラクは次のように答えている。すなわち、二つの連盟は人々を教育し、彼らに運動の目的の何たるかを理解してもらうために設立されたのであり、もしこの計画が会議派自身によって実行されていたならば、自分は直ちに連盟のメンバーたることをやめたであろう。しかし、実際には会議派の様々な委員会よりもずっと多くの仕事を両連盟は成し遂げてきたではないか、と。[36]

アニー・ベザント

ティラクとベザントはそうした組織作りにあたって、全国的行動に向けての基礎を構築するという目標を鮮明にしており、多くの支部もまたその方向で活動を続けていた。彼らが会議派と連盟を不即不離の関係に位置づけていたことは、会議派ラクナウー大会でティラクが、従来の会議派全国委員会（All-India Congress Committee = AICC）の上に執行機関としての運営委員会（Congress Working Committee

＝CWC）を設置して、会議派の日常的活動と党としての大運動に指示を与えられるようにしようとの提案を行ない、ゆくゆくは自治連盟の活動もこの機関のもとに統合されよう述べていることからも明らかである。(37)

連盟の組織としての規模はといえば、ティラクの連盟の会員（年会費一ルピー）数が一九一六年の一〇〇〇人から、一九一七年四月に一四〇〇〇人、一九一八年初頭で三七〇〇〇人へと増加し、ベザントの連盟は一九一七年半ばで七〇〇〇人、同年一二月（この間ベザントはマドラス州政府によって逮捕・拘禁され、これに反対する大きな抗議行動が展開された）で二七〇〇〇人となっている。総計約六〇〇〇〇人という活動メンバーの数は、絶対数として驚くに足りないにしても、当時の会議派大会出席代議員数（一二五ページの表IIを参照）と比べてみても無視できないものであり、また先に少しふれたような参加者層の観点から見ても、運動の広がりを伝えているといえよう。(38)

自治運動の具体的な内容は地域によって多様なものであった。それぞれの民族語による安価な新聞の発行やパンフレットの配布、ポスターの作成、絵入り葉書の送付、説教師の話やキールタン（宗教歌の弾き語り）などを通じての政治宣伝、演劇協会等の設立と政治的演劇の上演など、これまですでに用いられていたものや新たに考案された手法による大衆的活動がその中心となった。(39) 二つの連盟はそれぞれ異なる地域を分担する形で活動したが、相互に組織的提携をもち、いずれの集会にももう一方の組織の指導者が出席して演説をしている。またJ・ネルーのように、両方の連盟に同時にメンバーとして加わる例もあった。(40)

ティラクのスワラージャ観

話しが少々前後するが、これら自治連盟が掲げた目標は、ティラクの連盟の創立大会で採択された規約の中に、次のように示されている。

（一）あらゆる合法的手段によって、イギリス帝国内でのインドのホーム・ルールすなわち自治（Self-Government）を獲得すること。

（二）その目的達成へ向けて、インド、連合王国（イギリス）およびそのほかの国々における世論を啓蒙し、組織すること[41]

である。

第一の項目はすでに一九〇八年の会議派規約第一条「イギリス帝国内の自治領諸国と同等の統治形態」を合法的手段で獲得するとした信条項目にほぼ等しい内容である。一方、第二の項目は、大戦期におけるイギリスの危機的状況に直面して労働党が中心となり、インドの自治を求める法案を議会に提出してくれるようにとの期待を込めて、ティラクが掲げたものである[42]。

ところで、ここにいわれる「帝国内の自治」という考え方は、ティラクが常々語る「スワラージャ」論とどういう関連で提起されているのであろうか。彼はそれまで、スワラージャなりホーム・ルールという言葉の具体的意味について必ずしも系統立てて語っていないが、二〇世紀初頭の闘争で「穏健派」に対抗してイギリス当局に強硬な姿勢を示したこと、また自らを「独立主義者（swatantriyawadi）」

と表現していた（*Kesari*, March 3, 1908）ことなどから、彼がインドの政治的将来をイギリスからの完全独立と捉えていると見なされていたのは事実である。[43] そのようなイメージからすれば、「帝国内の自治」というのはトーンダウンという感を免れない。[44]

しかし、彼の「帝国内の自治」論には「穏健派」とされるゴーカレーらの議論とは微妙に異なる論理が隠されているのがわかる。たとえば彼は次のようにそれを説明している。初めに、インド人の自己統治適応性（fitness）に関する多くのイギリス人の疑問を否定し、行政（rajya-vyavahar）を民衆の幸福のために行なうのはその国の住民の自然の権利（naisargik hakk）であって、戦争協力への見返りとして外国人から与えられるべき性質のものではないことを明確にする。（*Kesari*, Nov. 30, 1915）その上で、町村・県の行政の自治からはじめて、州知事の立法参事会議員の完全民選化、さらに州行政の住民による掌握こそがスワラージャへの道の開始であると指摘している（*Kesari*, Dec. 14, 1915）。[45]

しかし、それと同時に注目されるのは、彼がインドの将来をアメリカ合衆国の連邦制と関連づけて構想していた（*Kesari*, Dec. 21, 1915）ことである。[46] しかも彼は、理念としてのスワラージャを、彼自身がいくつかの項目の実現を求めたような単なる行政機構の改革だけに留まると考えていたのではなかった。たとえば次にように述べている。

……もしスワラージャが得られなければ、産業上の発展はあり得ない。スワラージャが得られなければ、いかなる種類の初等・高等を問わず、国にとって有用な教育を得ることはできない。もしスワラージャが得られなければ、女性教育の実行と発展もあり得ない。産業上の改革や社会改革の実現も不可能である。これらすべてがスワラージャの部分をなしているのである[47]と。ここではいわば、近代国家が保証する様々な権利の根源としてスワラージャが提起されているといえよう。同じ演説の中で聴衆に、スワラージャとは「人民（praja）が自らの諸権利を掌中にすること」であると規定し、ただこれを理念としてこれを掲げるだけでなく、「これらの権利のうち、いかほどの部分でもまず我々の手に掌握しよう。たとえそれがいかに微少のものであろうとも」と呼びかけている。ここには、長い目で見た理想を掲げつつも、同時に現実的に事態に対処しようとするティラクの政治姿勢が如実に窺えるであろう。

インドの将来像に関するこの時期のティラクの活動を知るために、もう一つの例を取り上げてみよう。それは、一九一六年四月の自治連盟結成直後にバプティスタに依頼して作成させた「インド憲法」草案である。バプティスタの草案はカナダ憲法を下敷きとして作られたとされるが、ティラクの意図はこれがインドの暫定憲法として、イギリス議会で無修正で承認されることにあったという[48]。その主な内容を挙げると、まず、イギリス国王を元首とするインドは人種（「民族」と置き換えてもよかろう――著者）と言語に従って州に行政区分され、各州には住民によって選出された州議会（House of Council）が設置される。行政的にはアメリカ合衆国大統領に等しい地位をもつ知事が州行政を司る。

国の立法権は「国会（Congress）」と称されるようになるインド国民会議派に付与されるが、この国会はイギリス国王（その代表としての総督）、各州選挙民によって選出される庶民院（House of

People）と州院（House of the Provinces）から成る。

総督は国会の解散にあたって内閣の助言に従う。行政府はイギリス国（＝インド皇帝）に存し、総督がこれを主導する。内閣は総督によって召喚されるが、閣僚は国会に選出されたものでない限り、三か月以上その職に留まることはできず、また庶民院において譴責を受けた閣僚は辞任しなければならない（ただし、戦争担当大臣、外務大臣、陸軍大臣、海軍大臣を除く）。このほか、司法、選挙規定、藩王国規定、官僚制などに関する細則をもつが、たとえばインド刑法第一二四条A項（騒擾・反逆罪）の審理はインド人一二名からなる陪審によって行なわれ、しかも有罪は全会一致によってのみ判決されるという点まで規定するきめの細かさであった。暫定的な措置として、即座に設置されるべき州議会および国会の代議員は選挙による選出のほか、一部は知事が任命する議員をも含むが、徐々にその数を減じて、三〇年後の一九四五年をもって政府は完全に「官僚から人民へ移行」するものとされた(49)。おそらく偶然の符合というべきであろうが、現実のインドの独立の年、一九四七年と極めて近い時点を設定していたことは注目される。

このような「暫定憲法」が示す構想は決して革命的なものではないが、そうだとしても、かなり息の長い大衆的運動を通じてのみ実現されうるものであろう。しかもこの構想の背後には、国民による自らの統治（スワラージャ）が自然の権利であるとの認識があり、ティラクをあくまで「完全独立論者」と捉えようとした植民地当局の見方もあながち間違っていたとはいえないだろう(50)。

なお、この時期のティラクが「ほかの自治領と同等の自治」を当面の政治目標として定めた理由を、別の側面から推測することもできる。すなわちティラクは、現代史研究者が指摘するように、二〇世紀初頭から一九一四年までの間に、「少数の例外を除いて、ほとんどの自治領は内政面において完全な自治を勝ち得ていた」[51]という状況変化の中に、「帝国内の自治」の実質を嗅ぎ取っていたのかもしれない。

モンタギュー宣言とその影響

会議派の再統合、会議派・ムスリム連盟の提携、自治要求運動の進展など新しい展開を見せた第一次世界大戦中のインド民族運動は、一九一七年八月のインド相モンタギュー（Edwin Samuel Montagu, 一八七九～一九二四年）の声明を機に別の局面を迎える。同年七月にチェンバレイン（Joseph Austen Chamberain, 一八六三～一九三七年）が中東戦線での敗北の責任を負って辞任したあと、その後任となったモンタギューが発表した歴史的な声明は以下のような内容のもので、のちに「モンタギュー宣言」と呼ばれるようになった。

……インド政庁が完全に同意しているイギリス本国政府の政策は、次の通りである。すなわち、行政のあらゆる分野に参加するインド人の数を増加させ、イギリス帝国の不可分の一部としてのインドに責任政府（responsible government）を漸進的に実現していくこと（progressive realisation）を目指して、自治的機関を徐々に発展せしめること（the gradual development of self-governing institutions）である。[52]

内容を限定する字句が目立つ歯切れの悪い文章であるが、インド人の戦争協力を促すために、イギリスがインド支配の最終目標を何らかの形で提示せざるを得なくなったための譲歩であるのは明らかであろう。ここにいう「責任政府」と「自治（政府）」の間に何らかの実質的な相違があるのかないのか公式の説明はなく、議論の分かれるところであった。ただこの声明に関して、それが「イギリス帝国の終焉を予示した[53]」とか「イギリス政府をして、イギリスのモデルの上にインドに議会制自治を導入する政策に委ねさせた。……それはイギリス帝国史上の画期的な出来事であった[54]」などという評価が出てくるのも首肯できるところであろう。

しかし、これらの評価は、あまりにも表面的にものを見すぎる態度であり、それによってイギリス本位の帝国主義美化論に陥る危険が生じかねないのではなかろうか。何故ならこの同じ演説の中でモンタギュー自身が、この政策の運用は段階的に行なわれ、その時期や方法を決めるのはイギリス政府でありインド政庁であると断っている点、またモンタギューが相談をもちかけ、この案分作成に一定の影響を及ぼしたかつてのインド総督で、この当時の貴族院議員カーズンが一〇月の貴族院における演説でこの声明にふれて、それが「綱領に関する何らの明確な表明も含ま」ない「極めて広範で一般的な原則の宣言に過ぎない[55]」と、わざわざ補足している点などからも、このモンタギューの声明自体はいかに具体性を欠く無内容なものであるかが窺える。

その意味で「モンタギュー宣言」は、パレスチナに関してユダヤ人に約束した「バルフォア宣言」（一九一七年一一月）とともに、この時期のイギリス帝国主義の戦争遂行と、戦争協力を確保することを目的とする必死の戦術の一部であったと見るべきであろう。このときのイギリス首相ロイド・ジョージ（David Lloyd George, 一八六三〜一九四五年）は「帝国戦時内閣」へのインドの参加について、一九一六年一二月一二日付の植民地相宛書簡に「我々は彼ら（自治領およびインド――引用者）からもっと実質的な支援を勝ち取らねばならない。我々はもっと多くの人間がほしい[56]」と書いている。そこに、戦時中のイギリス政府が描いていた対インド政策の本音を見ることができるだろう。モンタギューは声明の中で約束したように、一九一七年一〇月からインド各地を訪問している。しかし、デリーに到着してから会見するインド人のほとんどが藩王たちであったこと[57]、また彼の『インド日記（*An Indian Diary*）』の各所からも窺えるようなインド人蔑視をあからさまに示したことが、多くのインド人指導者をいたく刺激した。たとえば『日記』にはこのような記述がある。「彼ら（インド人――引用者）が、責任的機関に不可欠な……慣習、通念、伝統、慣例を学び取るまでは、法と秩序の権限を彼らに移行することは、無政府状態、革命、流血と飢餓へと導く結果をもたらすだろう[58]」と。

モンタギュー宣言が最大の議題となった一九一七年一二月の会議派カルカッタ大会では、インド相の訪印に対する歓迎の言葉が述べられ、彼の声明も大方の肯定的な評価を受けた。ティラクさえ「かつて発表されなかったことが宣言された」だけでも満足すべきだと語っている[59]。

しかし、その同じ演説においてティラクは、インドに必要な改革の各段階をイギリスが決めるという姿勢に鋭く反対し、あくまでインド人は自己統治への適応力（fitness）をもっている点を強調した。さらに立法が行政に従属している現状の改善を求め、知事さえも選挙で選出されるような段階を含めて、「完全自治」が一〇～一五年で実現されることがインド人の目標であると説いた[60]。同時に彼は、「我々はインドの王によって統治されるべきであるとか、また統治が藩王の手に移されるべきであるといっているのではない[61]」とも述べている。これは、権力を外国人（イギリス人）の植民地主義者やインド内の封建的分子の手に渡すべきではないという彼の本音であった。

モンタギューの声明とそれに続くモンタギュー・チェルムズフォード改革（後出）の発表が、会議派内の特に「穏健派」指導部にかなりの期待を与えた点は無視できない。

一九一八年二月に自治要求運動の指導者であったベザントが「穏健派」に同調し、イギリスへの無条件協力を主張し始めた。支持者たちからの反対を受けた彼女は、新しい分派組織を結成するまでに至った。同年、会議派内の「穏健派」はインド民族自由連合（National Liberal Federation of India）を組織して会議派を離れた。ティラクは当初、あくまでベザントらとの妥協・共闘を追求したが、結局、こうした転身や分派活動が彼女の驕慢と会議派への障害以外の何ものをも意味しないとの結論に達せざるを得なかった。(62)

あとで見るように、ティラクが自ら原告となる「チロル裁判」のために一九一八年末にイギリスに渡ったため、自治要求運動から離れることになる。一九二〇年四月になると、ガンディーがバンカー（Shankarlal Banker）やヤーグニク（Indulal K. Yagnik）らグジャラートの若手指導者に推されて、全インド自治連盟（直ちにスワラージ連盟と改称）の議長に就任した。しかし同年九月の会議派臨時大会（カルカッタ）のあと、ガンディーは同連盟の解散を宣言し、自らが構想する新たな組織作りに乗り出した。(63)

先にもふれたように、自治要求連盟の運動は、会議派の活動が停滞期にあった第一次世界大戦勃発時以降のインド民族運動のユニークな一局面であった。それは未だ地域的に見て、また指導者および参加者の階層からしても偏りを残していたことは否めない。しかし、大戦後のイギリスによる何がしかの行政改革をもたらす一要因となった点を別にしても、この時期の自治連盟と自治要求運動がインド政治史上で果たした歴史的役割は小さなものではなかった。それまで会議派がなし得なかった通年的活動という点を重視して、従来弱かった地域（州）を超えた政治活動の組織化に一定の成功を収めたこと、さらにそれが一九二〇年代以降に具体化される会議派組織の整備につながったことがまず挙げられよう。階層的偏りという点についても、大都市の商人や産業資本家などのほか、一定程度ではあるが、農村人口を運動に参加させたことも功績であったといえよう。たとえばビハールの例として、自治連盟の支部が農民の教育に積極的に携わっている。[64]

ガンディーが一九一九年以降、「黒い法（Black Law）」としてインド人の怒りを招いたローラット法への反対運動を展開するにあたって、自らのサティヤーグラハ連盟（Satyagraha Sabha）を結成するのも、まさに自治連盟の組織網を利用してのことであった。[65] また、この自治連盟の運動を通じて穏健派グループが会議派を離脱していったのも、これ以降の会議派の歴史に照らせば極めて重要な事件であった。[66]

ここでもう一つティラクに即していえば、彼とバプティスタが起草した「暫定インド憲法」に見られるような体系的にインドの将来像を描きだす試みが、この時点で初めてなされたことにも注目しておきたい。

2. ティラクと大戦期・大戦後の国際関係

ロシア革命とインド

第一次世界大戦中に起こった最も重要な事件は、ロシアにおける社会主義革命の成功であろう。その影響はそれぞれの民族が置かれていた状況に応じて異なるが、ほかの植民地諸国同様、インドでの反響は極めて大きなものであった。

インドにおけるロシアへの関心は、中央アジア、ペルシア湾岸などをめぐる英露対立に関するイギリス側の宣伝によって、インドの中間インテリ層の間に少しずつ広まってはいた。一九〇五年の第一次ロシア革命の際には、ツァーリの専制に対する民主主義者たちの抵抗という形で新聞は報道していた。しかし、インド人の政治意識が大きく変わりつつある第一次世界大戦期に起こった社会主義革命の衝撃は、比較にならない強さでインド社会を貫いたといってよかろう。ただ、ロシアでのこの動きに関するインド内の評価は、当時必ずしも一定してはいなかった。

たとえば、インド人側によるロシア革命およびレーニンについての極めて早い言及の例として、タミル・ナードゥの「民族派」活動家で詩人のバーラティー（Subramania Bharati, 一八八二～一九二一年）[67]を挙げることができる。彼は革命達成三週間後の一一月二八日、タミル語の新聞に投稿した記事で、「ロシアの社会主義党がその目標を成就」したことを告げたあと、「世界中の人々の間に」平等を基礎とする富の配分の原則が広まるであろうと述べ、レーニンの指導のもとに国内のすべての土地や富が人民の財産となり、この社会主義的原則はロシアからアジアへと広まりつつあると締めくくった。[68]

バーラティーがこれを書くための情報を得た入手径路は明らかではないが、当時としてはこのような革命の本質にまで切り込んだ発言は極めて少なかったと思われる。それでもボンベイの民族紙『ボンベイ・クロニクル』紙（一九一七年一二月二四日付）は、ボルシェヴィキに関する自分たちの認識はまだ曖昧なものであるとしながらも、彼らが農民の要求を考慮し、土地を直ちに人民に配分することを約束する明確な方針をもって行動したと指摘している。(69)

一方インドの新聞の中には、たとえばマドラスの『ザ・ヒンドゥー』紙（一九一八年三月一九日付）のように、ボルシェヴィズムを「民族的実体として自らを表現させようとする人々の……潜在意識」と規定したり、カルカッタの『ベンガーリー』紙（一九一八年四月一九日付）のように、ロシアでの成功が人民と兵士のみごとな連携によって可能となったとしつつも、運動の民族主義的契機を強調して、そうした連携は「愛国主義的観点と心情が結びついた結果」であるとする論調も多かった。(70)この年がどのようなものであったのかは、一九一八年四月段階におけるイギリス側の次のような判断からも窺い知ることができる。

……当初インドでは、ロシアの革命は専制主義に対する勝利であると見られた。そして革命がその不幸な国を分裂と無政府状態に陥れたという事実にもかかわらず、インドの政治的希望に刺激を与えている。(71)

イギリスはイギリスなりに、ロシア軍の撤退による東部戦線の弱体化に対してと同様に、ロシアにおける専制打倒の報で弾みをつけたインドの民族運動の高まりに対しても、大きな衝撃を受けていたことになる。

一九一八年後半には、ソヴィエト・ロシアから流出した一つの文書がインドの民族主義者たちの間で広く読まれた。一般に『青の書（*Blue Book*）』の名で知られるが、一九一八年六月にソ連邦外務省がツァーリ時代の外務省の秘密文書、特にインド内のツァーリ政府総領事から本国外務省に送られた文書を編集し、出版したものである。編者のトロイアノウスキー（K. M. Troianovski）がこれに付した一二ページにおよぶ前書は、革命後のソ連邦から出されたインド政治の状況に関する最初の見解であった。そこでは、インドにおける反英運動の規模の広がり、インドの自治の必然性、ロシアの体験がもつインドにとっての重要さが指摘され、

……イギリスは躊躇なく、……「民族自決」と「自治」という言葉を発することを学ばねばならない。イギリスはその語彙から「植民地」という品位のない字句を排除しなければならない。われわれはインドの反帝国主義闘争と手を結ばねばならない(72)

という呼びかけられている。インド相モンタギューは、インド政庁が直ちに同書のインド持ち込みを禁止するため郵便物取締りの警告を出したと報告している。しかしイギリス側の警戒にもかかわらず、『青の書』はインドに持ち込まれ、その抜粋が新聞に掲載されたりした。これらを通じてインド内では、ソヴィエト新政権が内外に向かって「民族自決」を宣言したという噂が広まっていった(73)。イ

ンドの多くの新聞に現れた親ボルシェヴィキの記事に対して、イギリス当局はソ連邦への「鉄のカーテン」を張り、同時にそうした記事に対する激しい反対宣伝を行なったが、カルカッタ、マドラス、ボンベイなどの主だった新聞はイギリスの反共攻撃が無根拠であるとする批判的な論調を展開した。

インド政庁は藩王国にも働きかけてボルシェヴィズム（社会主義思想）の浸透を阻止する手段を講じさせたが、特別情報局（Special Bureau of Information）も認めざるを得なかったように、それらの措置にもかかわらず、ボルシェヴィズムに関心を寄せる人々の数は増加していったという(74)。

一九一八年一二月に開かれた会議派デリー大会は、当初議長に選出されたティラクが渡英したため、急遽M・M・マーラヴィーヤがその任に就いた。彼は大会の壇上から、ロシアの状況にふれて次のように述べた。

> ロシアは自らの政治的発展と民族政策を独自に決定し得る自由をめぐって、ほかから妨げられない機会を持とうとしている(75)

と。マーラヴィーヤ自身はむしろ保守的な体質の政治家であるが、ここではロシア革命を民族的独立という観点から捉えようとしていることがわかる。総じてこの時期には、インド民族運動指導者のロシア革命に対する反応は、そこに見られる民族主義的契機により注目し、それが当時の政治論議の中心であったイギリスの「改革」案よりはインドに良い影響を及ぼすのではないかという認識に近かったようである。ただこのころのガンディーは、革命即無政府状態（アナーキー）と捉え、「インドはボルシェヴィズムを欲しない」[76]とまで明言していた。

ロシア革命の影響は当然ながら労働運動にも及んだ。特に労働者の組織化に拍車がかけられ、一九一八年四月には正規のメンバー制、会費制、救済基金をも備えたインド最初の近代的労働組合として、マドラス労働組合(Madras Labour Union)の誕生を見た。同組合の成立にあたっては、ボンベイのパールシー出身で、ベザント夫人の自治要求運動の指導的人物であったワーディアー(Bomanji Pestonji Wadia, 一八八一~一九五八年)の努力に負うところが大きかった。[77]

マドラス労働組合とほぼ同時に、マドラス電車労働組合、マドラス人力車労働組合、マドラス印刷工組合、マドラス鉄道作業労働組合などが相次いで設立された。組織的な労働運動はボンベイやカルカッタなどの大都市でもすでに早くから展開されていたが、この時期の労働運動の高まりがロシア革命の影響を直接的、間接的な契機としていたことは異論のないところであろう。[78]

都市在住のインド人がロシアにおける出来事を主として新聞やパンフレットを通じて知ったのに対して、農村の人々は第一次世界大戦後にヨーロッパや中央アジアの戦線から帰還した兵士たち——英印軍の兵士の多くが農民出身であったことはよく知られている——の口から聞くことになる。この点は、北インド、特に多数の農民出身者がカスピ海沿岸地域や中央アジアでの作戦に動員されたパンジャーブ農村に関して顕著であった。[79]

このほか、新しいソヴィエト政権と何らかの形で接触をもったグループとして、一九一三年にパンジャーブからのカナダ移民を中心としてサンフランシスコで結成された急進的な「ガーダル(反乱)党」やアフガニスタンのカーブルを拠点として反英活動を行ない、その中の多くがタシケントなどに赴いて社会主義教育を受けたムスリムの「ヒジラト（逃散）」運動参加者たちがいる。彼らの動きはいずれもいわば亡命者のそれであり、必ずしもインド内の運動と組織的に直接つながりはなかったが、インドの共産主義運動史の一ページに記されるべきものであったことは疑いない。

ティラクのロシア革命評価

ティラクが主宰する『ケーサリー』紙は第一次世界大戦中、毎号五ページ目に「ヨーロッパの戦局」と題する報告記事を掲載しており、彼の右腕といわれたカーディルカル（K. P. Khadilkar，一八七二～一九四八年）がこれを担当していた。その一九一七年一一月二〇日号の同欄は、「ロシアにおける悪状況」と題してロシア革命の新しい動きを伝えている。

そこでは、労働者階級を組織したレーニンがケレンスキーを打倒して主導権を握ったという情報が記されているが、レーニンについては「急進的指導者（jahal pudhari）」という短い評価に留まっている。しかし、翌年一月二九日付の『ケーサリー』紙に掲載されたティラクの「ロシアの指導者レーニン」と題した長文の解説は、内容的に格段に充実している。それは、レーニンに関する多くの誤った情報が流されているのに対し、彼についての正しい説明を読者にすることを目指すとして、あるレーニン伝からの内容紹介の形を取っているが、同時にティラクのレーニンおよびロシア革命の理解度を示すものとなっている。

革命前のロシアの状況とそこでのレーニンの思想形成過程を略述したあと、「平和主義者」レーニンが、「強力な権力者、野望的政治家、資本家や中間階級の人々」が一般人民の利害に反して、自利追求のために戦争を開始したとの認識をもっていたことを指摘する。続いて、同じ革命側でも、上流階級と妥協し、権力を共有しつつロシアの統治を行なおうとするケレンスキーと、質素で平和を愛好する労働者・農民に依拠するレーニンとの妥協はあり得ず、最後にはケレンスキーは兵士の間の支持も失って、レーニンの党派が全権力を掌握したと記す。結びの個所では、レーニンの比重が兵士や一般大衆の間に増大した理由について、「上流階級の人々の土地を耕作農民に分与したこと」である点に注意を促している。

このほか、ティラクは多くの論説や演説の中で、インド政庁の反ボルシェヴィキ宣伝を批判し、ロシアでの労働者の役割を評価した。たとえば、ティラクの死後二週間目の文章であるが、明らかに彼の論調を代弁していると思われる『ケーサリー』紙（一九二〇年八月一七日付）の社説「レーニンの倫理的勝利」がある。この社説は最後のパラグラフを、一九一七年一一月六・七日という「現代世界史上の記憶されるべき日」に、事実上一滴の血も流さずに、ひとつの巨大な社会的、政治的革命が、しかもロシアのような貧しく、頑固で無教育な人々の国で起こったこと、さらにそれが多くの人々の多年にわたる努力によってもたらされたことの意味を強調し、「集団的原理と集団的権力を結合する共産主義」とともに「レーニンの名は永遠に語られよう」と結んでいる。

ここに見られるようにティラクは、ロシア革命によって何が新しく生まれたのか、それがどういう歴史的意味をもつのか、またその過程でレーニンがどういう役割を果したのかについて、大変明確な判断を下したといってよかろう。

他方、ときとして彼の表現の中には、たとえば「彼ら（ボルシェヴィキ——引用者）はただ、労働の資本に対する力である彼らの原理を広めるだけである。ヒンドゥーやムスリムの宗教的原則はまさにボルシェヴィキのそれであるから、我々はこれを歓迎しなければならない」とか、「インドはボルシェヴィズムを恐れてはならない。その党派の原則は永遠の原則であるから、『ギーター』にもまた、人は自らが必要とする以上のものを所有したなら、その分は他者の利益のためにその人の手に委ねられると述べられている」といった言葉が見られる。このような宗教的術語を用いて説明するのは、一般大衆を前にして演説するときのティラクの常套的レトリックではあるが、明らかに矛盾する社会主義の原理とヒンドゥー教の聖典『ギーター』の内容が我田引水的に関連づけられているのを見ると、伝統思想を新しい歴史意識形成の過程の中にどのように位置づけるべきかを模索する一人の思想家の苦悩が感じられる。

ティラクとヴェルサイユ平和条約

第一次世界大戦は、イギリス帝国内でインドが占める軍事的、財政的重要性をこの上なく明白にイギリス側に認識させた。そしてそのことは大戦中から戦後にかけて、インドの地位に何らかの改善を加える必要をイギリスの支配者に感じさせた。もちろんその重要性とは、インド人自身にとってではなく、イギリスの帝国維持戦略にとってという大前提のもとにあったことはいうまでもない。

こうして考慮された最初の問題は、帝国内の自治領諸国が集まる帝国会議（Imperial Conference）[80]にインドを加えるかどうかであり、まず一九一五年七月にインド中央立法参事会の非官吏議員によってその要求が出された。[81]戦時内閣の閣議では、インド政庁とインド省はこの要求に好意的であったが、

「帝国自治領は〝白人〟のままであるべき」という考えに固執するオーストラリア、カナダ、ニュージーランド、南アフリカは、当初インドの帝国会議参加に難色を示した。しかし特に、進行中の戦争にインドの参戦を重視するインド相チェンバレインを首相ロイド・ジョージが支持し、最終的に戦時内閣は全会一致でインドの参加を決定した。これをうけて首相は一九一六年一二月二五日に帝国戦時会議（Imperial War Conference）を招集したが、このとき参加を認められたチェンバレインがインド総督に自分を補佐する「インド代表」の推薦を求めた。この結果、連合州知事J・メストン、先にもふれたS・P・シンハーおよびビカネール藩王国マハーラージャー（藩王）の三名が推薦された。

こうしてインド相を中心に、イギリス人官僚、親英派インド人政治家、封建的藩王からなる奇妙な「インド代表団」が結成された。[82] 彼らは一九一七年三月にロンドンで開かれた帝国戦時会議と帝国戦時内閣の会合に参加した。次いで四月には帝国会議はその規約を改正し、将来インドが正式に同会議に参加できるとの決議を採択した。その規定によれば、「帝国共同体（Imperial Commonwealth）の自治国家（autonomous nations）としての自治領（Dominions）および同共同体の重要な一部としてのインド」は、帝国の外交において妥当なる発言権をもつことを承認されるべきことが求められた。[83]

この措置は「変更されたインドの地位に関する帝国による最初の承認[84]」とも評価される。インドはこうして、自国内での自治を得ることなく「帝国内の重要な一部」として一定の外交権を得るという、はなはだ奇妙な立場に立つこととなった。これに対するインド内の反応はあまり目立ったものではなく、一九一六年末の会議派大会の決議に、少なくとも二名のインド人代表が中央・州立法参事会の被選出議員であるべきであるという項目が含まれただけであった。しかし大戦中のこの出来事は、これ以降のインド外交を位置づける上で一定の意味をもつことになる。

一九一八年一一月の休戦協定をうけて、翌年パリのヴェルサイユに平和会議が招集された。第三回の帝国戦時会議でカナダの主唱で、パリの平和会議には四つの自治領とインドが「有効な交戦国」として参加する権利を与えられるべきであるとの要請が出され、イギリスがこれを承認して五か国の参加が決まった。しかしそれはイギリス首相を代表とする「イギリス帝国代表団」の一員としての参加であり、「特殊利害をもつ交戦国」である英米仏伊日の五か国とは区別され、会場での発言はイギリス代表を通じて間接的に行なわれるという状況であった。ただ調印はイギリス本国とは別に、自治領、インドとも独自に行なうという形がとられた。ちなみに、ここでも「インド代表」はS・P・シンハーとビカネール藩王であった。

パリ平和会議については、インドの民族主義者たちもインドの「民族自決」を求める大義を国際的に表明できる好機として期待を寄せていた。そのため一九一八年一二月の会議派デリー大会は、自らの要件でこの年の九月にすでに（後出の「チロル裁判」で）ロンドンを訪れていたティラクのほか、ガンディーとハサン・イマームの三名を平和会議へのインド代表として自主的に選出していた。しかしインド政庁は、こうしたインド側の動きを完全に無視して前記の二名を任命したため、会議派は強い不満を表明した(84)。このため、会議派は独自に「自治連盟使節団（Home Rule Delegation）」の派遣を決め、在英中のティラクをその団長と決定した。この使節団派遣のため、インド各地で寄付が募られ、多くの人々がこれに応じた。

ティラクはロンドンからパリへの渡航を申請する一方で、一九一九年一月二日付でアメリカ大統領ウィルスンにインドの自治に関するパンフレットと書簡を送り、民族自決原則のインドへの適用を求めた。(85) しかし大統領秘書官は、「インドの自治問題はその時が来れば、相応の権威によって採り上げられる問題」であるという素っ気ない返事をよこしたのみである。(86)

ウィルスンが一九一八年一月に有名な「一四か条」において民族自決の原則を打ち出したとき、アメリカに被抑圧民族の側に立って彼らの権利を勝ち取ろうという意図はなかったことは明らかである。ウィルスンとともにパリに赴いたアメリカ国務長官R・ランシングは、大統領の言葉に「将来の災難の種子」を感じとり、民族自決という語句が「ダイナマイトを抱え」ており、「決して実現されることのない希望を呼び起こすだろう」と自ら記している。(87)

イギリスは戦前からアメリカに対して、アメリカで活動する反英民族運動家への弾圧を要請し、事実このため多くのインド人がその活動への規制を受けた。(88) ウィルスンもまたイギリスからの圧力でその立場を不干渉政策へと後退させ、アイルランド自治という大義を裏切ったように、インドの民族自決要求に背を向けた。(89)

ティラクはフランスへの渡航許可が下りないまま、一九一九年三月一一日付で平和会議議長国の首相であるクレマンソー(G. Clemenceau, 一八四一～一九二九年)に長文の書簡を送っている。彼はまず、インド政庁が「人民によって選出された代表」を無視したことの不当さを批判し、「アジアにおける国際連盟の強力な執事」であるべきインドをめぐる問題の解決の重要さを指摘する。さらにイギリス支配の諸悪とインド人のこれに対する態度について詳しく説明し、さしあたり以後一五年の間にあらゆる点で海外自治領(Overseas Dominions)と政治的に同等の地位を得るというインド人の

執筆中のティラク

要求を前面に出している。最後に、平和会議がインドの国際連盟への参加を認め、同時にインド人が自ら統治する「自決」の力量を有しているとの宣言を発表するよう求めて書簡を結んでいる(90)。

しかし、これに対する何らの返答もなかった。この間、彼自身が原告である裁判の進行や、会議派代表団の訪英など極めて多忙であったが、平和会議への出席には強い熱意を持ち続けた。この願望はしかし六月には幻滅へと変わっていった。このころの僚友宛の書簡には、「平和会議はその理想から滑り落ち、アイルランド問題さえ取り上げないだろう。ましてインドおよびエジプト問題はいうに及ばず(91)」とか、「平和会議は我々のために何事もなし得ない。それは世界を自分たちで分割することに熱心な資本家どもの会議へと堕落した[92]」といった、怒りのこもった激しい言葉が各所に見られる。

パリ平和会議のあとに設立された国際連盟は、インドを「原加盟国（original member）」として位置づけた。非自治国つまり植民地として唯一の加盟国であり、インドのこの位置は「異例中の異例」といわれた[93]。しかし、まだ独立した外交政策はもち得ず、連盟への「インド代表」もインド相が総督に諮った上で決められ、その指令はロンドンから出された[94]。

従って、会議にはインド人が直接選出していない代表が出席したことになり、民族自決原則の適用も拒否するこの連盟はインド人の目には、まやかしと映った[95]。この疑似代表制は一九一九年に創設された国際労働機構（ＩＬＯ）に関しても適用された。ＩＬＯの総会では常任の議席と独自の立場が与えられたが、出席すべき代表としてインド内の労働組合団体は、ティラクとインド贔屓のイギリス人宣教師チャールズ・Ｆ・アンドリュースを選出したのに対し、インド政庁は穏健な社会活動家として知られるＮ・Ｍ・ジョーシーらを公式に任命した[96]。

このように大戦後のイギリスやインドをめぐる国際関係は、ティラクやインド民衆にとっては必ずしも欣喜すべきものではなかった。

しかし、少なくともティラクにとって、第一次世界大戦という世界史的大変動を経たあとの国際環境の中でインドの大義が論議されることの重大さを改めて認識する好機となった。さらに新たな国際状況において自治領諸国が実質的な地位を向上させたことを確認したティラクは、インドの現下の目標をまずは自治領の地位の獲得に定める立場を明らかにした。

ティラクとチロル裁判

先に平和会議のとの関連でふれたところであるが、一九一八年九月に、ティラクは最初にして最後の渡英（ロンドン到着は一〇月三〇日）をしているが、それはチロル（Valentine Chirol）というイギリス人を相手に自分自身が原告となって起こした名誉毀損裁判のためであった。

チロルはイギリス帝国強化論者の集団「ラウンド・テーブル（Round Table）」の一員で、一九一〇年にロンドンの『タイムズ』紙の記者としてインドを訪問した。このときに書いてタイムズ本社に送った「インド通信」は同年に印刷され、『インドの不穏（*Indian Unrest*）』[97]という表題を付して発行された。

当時ティラクはすでに逮捕され、遠くビルマのマンダレーに追放されていたが、チロルのこの書物ではその第四章「デカンのブラーフマニズムとインドの不穏」全体がティラクへの非難にあてられている。それはティラクを「インド不穏の父（father of Indian unrest）」として位置づけ、その不穏がデカンの一地方（プネー）の、チットパーワン・ブラーフマン（Chitpavan Brahman）という「偏狭な集団」の中で醸成された思想や運動を底流とするものであると断定している。[98]

同書はティラクと彼が関わる運動を、反ムスリム、ヒンドゥー至上主義的ブラーフマン過激派のそれであると定義する思考様式を、イギリス人および一部のインド人の間に植えつけるのに大きな役割を果たした。

このときのティラクの訪英目的は、チロルに対する名誉毀損の裁判であったが、公的な目的として同年二月に会議派がイギリスへの派遣を決定した「自治連盟使節団（Home Rule Delegation）」の一員としてイギリス側と交渉する課題も背負っていた。ティラクをはじめ、ビピン・パール、G・S・カパルデー、ヴィタールバーイー・パテール（Vithalbhai Jhaverbhai Patel, 一八七一〜一九三三年、ヴァッラブバーイーの兄）など、当時の会議派の重鎮が顔を並べる豪華な代表団であったが、イギリス政府は積極的な対応を全くせず、成果をあげることはできなかった。

裁判に関してティラクは、チロルの書物中、特に六点にその批判を集中した。たとえば牝牛擁護協会や体育協会設立を通じて反政府運動を煽動したとする部分、イギリス人暗殺を教唆したとする個所などを取り上げ、そうした中傷に対して、一九一四年の出獄後間もない時期から著者チロルと出版元のマクミラン社を名誉毀損で告訴することを考え、その準備を進めていた。(99)

彼によるこの告訴については早くから一般にも知られており、その動きに危機感をもったインド政庁およびボンベイ州政府は、可能な限りの援助をチロル側に与えている。たとえばチロルの弁護士が個人的にボンベイ州政府に援助を求め、政府文書館にあるすべての書類の閲覧を許可した。ティラクはこのことを指摘して、裁判所に提出される予定のすべての資料を自分にも閲覧させてほしいと申し入れた（一九一七年五月二四日）が、政府側はこれを拒絶している。(100)

彼らには「今日のチロルへの攻撃は、明日のわが身への攻撃となるかもしれない」との思いが強くあり、そのためインド政庁（チェルムズフォード総督）は文官勤務（Indian Civil Service）の官僚を任命し、この訴訟について研究し、同時にチロルにいかなる援助を与え得るかを政府に助言するようにとの特命までだす状況であった。(101) この官僚A・モントゴメリーはインド人通訳を助手として、ティラク主宰の新聞『ケーサリー』と『マラーター』のバックナンバーを詳細に検討し、被告側弁護人が

インド自治連盟派遣団およびイギリス＝インド委員会のメンバーとともに（1919年1月）。前から2列目、右から3番目に座っているのがティラク

法廷でティラクを攻撃するのに必要なあらゆる材料を提供した。[102] この裁判はまさにティラクとイギリス帝国主義の闘いという内容をもち、裁判前にイギリス側が行った周到な準備が、裁判の過程でティラクに大きな不利をもたらしたといっても過言ではない。[103]

原告ティラクの弁護人には、イギリス自由党議員（一九一八～二二年の間は落選）ですでに法務長官や内務相も務めた経験をもつジョン・サイモン（John Simon, 一八七三～一九五四年、のちに、一九一九年インド統治法改定のため任命された「サイモン委員会」の委員長）とE・H・スペンスという弁護士が任じられた。

被告弁護人は、アイルランドのダブリン生まれで「アルスターの無冠の帝王」として知られるユニオニスト（アイルランド併合派）の指導者で検事総長、戦時内閣の無任所相を歴任した国会議員のカースン（Edward Henry Carson, 一八五四

～一九三五年）があたり、E・ヒューム＝ウィリアムズとE・ヒルズがこれを補佐することとなった。サイモンとカースンはいずれも法曹界のみならず、イギリス政界の大物であった。一九一九年一月二九日から二月二〇日まで続いたこの裁判で、ティラクは判事ダーリングやカースンの尋問に対して、一八九〇年代から一九〇八年に至るまでの自らの思想と行動を繰り返し説明した(104)。

この裁判の記録を読むと、ティラクは精神的余裕をもって裁判に臨んでいたことが感じられる。たとえばティラクは、おそらくカースンがアイルランド出身であることを強く意識した上であろう、しばしばインドの状況をアイルランドでの運動と関連づけて論じようとしている。たとえば、カースンが二〇世紀初頭の反英運動の高まりはベンガル分割が原因であったのかと尋ねたのに対し、「まさにアイルランドやアルスターの場合と同様である」と答えた。カースンはこれに反論して、「アルスターのことは放っておきなさい。アルスターは自分の面倒は自分でみるだろう。二度と個人的な問題をこの裁判に持ち込まないように」と応えて、苛立ちながらティラクを遮る場面を記録は伝えている。(質疑応答、九〇九～九一一)。のちにパンジャーブの立法参事会議員になるチャマン・ラール（Diwan Chaman Lal）は、当時ロンドンに滞在中で、チロル裁判を傍聴しているが、このときの様子を後年回想で述べている。

彼によれば、ティラクは「同じことがアイルランドで起こったのではないのか?」と答え、これを聞いた「偉大な法律家である……アイルランド人カースン」は「気むずかしい子供のように平静さを失い、激怒した(105)」という。しかし他方で、裁判記録にはティラクが原告でなく被告であるような印象を与える部分もある。たとえば次のような内容の質問がしばしば彼に向けられたが、それはまさに、それまでイギリス人がティラクにいかなる烙印を押してきたか、さらにまた今それをいかに再確認させようとしているかを如実に示している。

(質問九七二) あなたはチットパーワン・ブラーフマンの指導者ではなかったのか?

——(答) 私はチットパーワン・ブラーフマンである。私は自分自身のカーストを非難することはできない。

(質問九七三) あなたは彼らの指導者ではなかったのか?

——(答) 私はすべての人々の指導者であり、チットパーワン・ブラーフマンだけの指導者ではない。

(質問九七四) ナーシクにおいて、ジャクソン氏殺害の謀議に加わったことで流刑に処せられたのは何人か?

——(答) 何人なのか、私にはわからない。そのことは新聞で読んだだけだ。

(質問九七五) 彼らは全員ブラーフマンだったのか?

——(答) それは私にはわからない(106)。

この裁判の過程で、カースンがここに示したような宗教やカースト的色彩をことさら強調させようとする質問を繰り返していたことが明確に読み取れる。

結局一九一九年二月二〇日の判決では証拠不十分ということになり、ティラクの敗北が告げられた。彼はプネーに宛てた書簡で、「判事の興奮した偏った非難がなければ、法廷にいたすべての人々は私が勝つと感じていたはずだ」[107]、しかし「我々が政治的偏見にとらわれない独立自尊の判事や裁判官をここで得られるとは思えない」[108]と綴っている。控訴はサイモンの助言もあって断念した。この裁判のための費用は莫大な額で、一四〇〇ポンドにも達した。差額のほとんどはインド内の一般民衆からの募金でまかなわれることになるが[109]、彼自身が書いているように、「イギリスの正義を試すために、極めて多額の手数料」[110]を支払ったといえよう。なお、裁判が始まった一九一九年一月二九日の翌日からロンドンの『ザ・タイムズ』紙は「法関係報告（Law Report）」という欄を設け、最終日二月二一日の「最終結果（Result）」に至るまでの全日程にわたって、「〝インドの不穏〟：サー・V・チロルに対するティラク氏の訴訟（Indian Unrest: Mr. Tilak's Action Against Sir V. Chirol）」と題する「裁判要約（Summary of Cases）」を掲載し続けた。しかも同紙は審理終了の翌日には、「ティラク氏の名誉毀損訴訟(Mr. Tilak's Libel Action)」という実に二一一行に及ぶ長い社説を載せている。社説は、まず、ティラクによるこの訴訟が、チロルにとっていかに迷惑なものであったかを示すために次のような書き出しで始まる。

（一九一五年の起訴に始まって）サー・ヴァレンタイン・チロルは公の仕事の中で、弁護のための準備にかかり切りにならざるを得なかった。今度の問題は極めて単純に見えるが、氏としては告発された声明を実証するために念入りな調査をする必要があったし、さらなる証拠を収集するための長いインド滞在を余儀なくされた。

チロルの性格や業績については、

……サー・ヴァレンタイン・チロルが終始最も崇高な公的精神で行動し、ティラク氏が厳しく非難されるべき行動をとるのをきっぱりと拒絶することで、イギリス統治の目的のために貴重な貢献をなしたことが認められるであろう

と、手放しの称賛である。一方ティラクについてはといえば、先の法関係報告で詳しく述べたとしながら、彼の新聞が常習的に煽動的な記事を配信していたこと、それらの記事がイギリスの行政政策に対する敵意に満ちた毒舌を繰り返して、インド青年の感じやすい心に大きな影響を及ぼしたことの重大さを指摘する。結局ティラクは、「ペンと演説によって革命の種子が繁茂し、犯罪的暴力の遂行を促すような雰囲気を作り出した」のであり、これに対してチロルは、「確実な洞察力でそれを防ぐ治療を施し、インドの不穏の早期の局面に光を注いだ」ものであると評価される。さらに、「もしチロルに不利な判決が出ていたなら、将来インドおよび（ほかの地域で）帝国に敵対する運動を、自由且つありのままにさらけだすことを妨げるという嘆かわしい結果をもたらしたかもしれない」と述べ、チロル裁判の判決を正当化して結んでいる。（*The Times*, February 22, 1919）まさに官民ともども足並み揃えたティラク攻撃といえる。ティラクにすれば、イギリスがチロル裁判を帝国全体の利害に関わる問題と見なして、これほど一丸となって立ち向かってくるとは予想できなかったし、また客観的に見ても、植民地インドの一人の人間がイギリスの著名人を相手取った裁判で勝訴できるような状況

ではなかったというのが実情であったろう。(111)

ティラクの裁判に関して、彼がこのためにインドを留守にしたことで、当時のインドにおける指導部の必要性を認識せず、それまで行動をともにしてきた人々に決定的指導を与える機会を放棄したする見方がある。(112)確かに、彼は渡英の年一九一八年に開催を予定されていた会議派デリー大会の議長に選出され、その報道をイギリスへの渡航の途中で受け取っている。活動に厳しい制限を加えられるイギリス行きよりも、自分自身がその高揚に努めてきた本国インドでの自治要求運動の継続を何故考えなかったかという疑問は残る。そのような観点からすれば彼の行動は戦線離脱とも見えるが、法律研究を終生の友としてきたティラクが、外国支配に対して民族の権利を掲げてぶつかる法廷闘争に重要な意義を見出していたことも頷ける。少なくとも、この裁判とその結果を通じて、帝国主義の反動性がみごとなほど明瞭に浮き彫りされたことは事実であろう。

3. ティラクと一九一九年インド統治法体制

モンタギュー・チェルムズフォード改革

第一次世界大戦の終結を前に、イギリス＝インド政庁はインド向けに三つの報告書を提出している。一九一八年四月一五日の「騒擾委員会報告」、四月二二日の「インド憲政委員会報告」、一〇月の「インド産業委員会報告」である。最初の報告は翌年制定の運びとなるはずの「無政府的および革命的犯罪法」（いわゆる「ローラット法」）の下敷きとなり、第二の報告は州行政・立法の手直しを目的とする一九一九年インド統治法（いわゆる「モンタギュー・チェルムズフォード改革」、短く「モントフォード改革」とも）として具体化され、第三の報告は戦時期の生産と戦後の産業化の道を検討することを目的としていた。このほか、インド人の将官任命などを含む軍政改革（一九二〇年六月に「エッシャー委員会報告」が出される）もこのころに論議されるが、いずれかといえば、マイナーな位置しか与えられていない。

この時期に発表されたこれらの報告や改革は一口でいえば、戦後にある種の期待を抱かせることでインドの戦争協力をいっそう促し、且つ戦後のインドをさらに強固に掌握しようとする意図に基づく、まさに飴と笞の方策であるが、裏を返せば、インド支配に関するイギリスの危機意識に根ざしたものといえる。

ここでは、この時点でイギリスの対インド政策の基本となるモンタギュー・チェルムズフォード改革とインド側の対応、これをめぐるティラクの姿勢などを検討してみよう。

同改革の前提となった一九一八年の「憲政報告」は、前年八月に責任政府付与を宣言したインド相モンタギューが来印し、藩王や政治指導者たちとの会見後インド総督チェルムズフォードと協議の上、両名の名で発表された。改革の一つの特徴は、前の総督カーズンの任期中に頂点に達した中央集権体制に手を加え、中央・州政府の機能と権限の区分を明確にした点である。しかし、総督をトップとし、高級官僚によって構成される中央の行政参事会（事実上の中央政府）には全く手がつけられなかった。

上下二院から成っていた中央立法府が一院化され、官僚出身の任命議員より民間の被選出議員の数を多くするようになったが、行政部の絶対的優位という本質には変化がなかった。

財政の自治という点でも前進はなく、ここでも総督の権限は絶大なままである。最も大きな変更があったのは州行政の分野であり、中央が管轄する軍事・外交・藩王国関係・郵政・通貨などを除くほかの権限事項が知事＝州行政参事会が管轄する「保留事項」（治安維持・司法・州財政・地税・潅漑・飢饉救済など）と、州立法参事会の意向を容れつつ知事＝州大臣が管轄する「移行事項」（地方自治・教育・保健衛生・農業・商工業など）に分けられた。州行政におけるこの二系統体制は「両頭政治体制（Dyarchy）」と呼ばれ、この名称は改革全体の代名詞ともなった。

州の立法機関については、立法参事会への民間からの選出議員数が全体の七〇％以上へと大幅に拡大され、有権者数は約五〇〇万人へと広げられた。しかしこの分野でも、インド総督が任命する知事の権限の前では、拡大されたとはいえ立法機関の権限は極めて微力なものにすぎなかった。藩王国問題は不干渉を名目に回避されたが、一九〇九年のモーレー・ミントー改革の段階で問題とされながら実現されなかった藩王国会議（Chamber of Princes）の設立が決められた。

報告の結論部分では、改革が何故州のレベルを取り上げたかについての原則的立場が述べられているが、次の語句からこの改革の当事者たちの意図を知るのは難しいことではなく、それがインド人指導者をいかに苛立たせたかも想像がつくだろう。

……政府がその人民を代表し且つ責任を有するインドの構成諸州あるいは少なくともその絶対多

数が自ら完全な責任政府の段階に達するまでは、イギリス連邦のほかの自治領諸国家と同等の位置に立つ、完全に代議的で責任あるインド政府というものはあり得ないことは、我々にとって明白であると思われる[113]。

さらに、改革後の状況を調査する委員会の任命は一〇年後と規定された。

この改革案をめぐって会議派内の対立が高まり、先にふれたように、「穏健派」グループが離反していくのであるが、改革に対する会議派主流の対応はいかなるものであったか。それは、改革案発表直後にティラクが書いた「夜は明けたが、太陽はいずこに?」(*Kesari*, July 9, 1918) という示唆的なタイトルの文章に典型的に示されている。その中で彼は何よりもこの改革案が、かつて会議派・ムスリム連盟案(ラクナウー協定)で求めた、財政の自治権を得ること、行政政策の立案権をインド人の手に収めること、官僚をインド人の政策に従って業務遂行させる権限を手に入れることなど、いわゆるインド人の「ミニマム要求」に何ら応えていないことを指摘し、それに対する大きな幻滅を表明した。そして、たとえば州への移管事項の付与に見られるような漸進主義に関して、インド人を学校の生徒のように見くびることにほかならず、そうしたやり方は官僚にとっては好ましいとしても、インド人住民の側からすれば好ましくはないと、激しい批判を加えている。

彼はまたこの改革を「モンタギュー・カーティス改革」と揶揄する。カーティス(Lionel Curtis)という官僚は、イギリス帝国の利害を最優先の研究課題とする「ラウンド・テーブル」グループの代表的理論家であるが、彼はインドが自治を求める前にまず州の自治が住民の間に根ざす必要があり、インド人はまだその水準に達していないと述べていた。彼はまた、先にふれた「両頭政治体制」の構想に強い執着を示しており、(114) モンタギューがその影響を受けたことは疑いない。ティラクはこれに対し、改革案では権力の中央への集中という点で何ら変化はなく、「スワラージャ」という言葉で自分たちが意味するところと全く異なると主張する。結論として、改革はまず中央からという要求を再び提起し、インド人の手に中央における行政権が渡るよう規定するのが先決問題であると指摘した。(*Kesari*, July 16, 1918)

この年の八~九月にボンベイで開催された会議派臨時大会は、

……会議派は、インド人が責任政府にふさわしい能力があることを宣言し、インド憲政報告(モンタギュー・チェルムズフォード報告――引用者)に含まれるその逆の考え方を拒絶することを決議し、中央および州における同時的な発展こそが不可避であるとの見解を確認した。(115)

同年一二月にデリーで開かれた正規の年次大会でもこれらの決議が再採択され、さらにこの原則を踏まえつつ、州に関しては完全な責任政府が直ちに承認されるべきことが求められた。(116)

翌一九一九年一二月の会議派大会は、治安維持を目的として三月に成立した「ローラット法」に反対する市民にイギリス軍が無差別に発砲した事件(ジャリアンワーラー・バーグ事件)への抗議と怒りを込めて、事件が起こったパンジャーブのアムリットサルで開催された。五月にイギリス議会に上程された改革案は両院を通過し、会議派大会開始四日前の一二月二三日に国王の裁可を受けて「インド統治法（一九一九年）」として公布されている。

会議派アムリットサル大会では、事件当事者のダイヤー准将およびパンジャーブ州知事の解役・解職さらにチェルムズフォード総督のリコール要求が決議されるという厳しい雰囲気が立ちこめたが、ここでも前二回同様の決議が改めて採択された。これに加えてベンガルの指導者C・R・ダースの提案で、「改革法（インド統治法――引用者）は不適当、不満足且つ幻滅的（inadequate, unsatisfactory and disappointing）である」[117]という会議派の姿勢を明確に示す字句が決議に盛り込まれた。ダース案への支持演説を行なったのはティラクであるが、そこに見られる統治法に関する姿勢は極めて現実的なものであった。彼はダースが挙げた三つの形容辞が、新統治法に対するインド人としての基本的立場を示していると指摘し、「我々は現在すでに完全責任政府への適性を有している」のであり、統治法の改定期限を一〇年とするという対応は認められないことを明確にした。続いて、しかし今は、「完全責任政府を獲得するために、この統治法を活用しよう」と呼びかけて次のように述べる。

……我々は我々の運動を継続したい。我々はそれ（統治法――引用者）を可能な限り最良の利益のために活用し、さらにより多くを要求したい。我々は世界の人々に、これこそまさに我々が現在願っていることであると知ってもらいたいのである。[118]

つまり、内容について不満はあれ、自分たちの運動で勝ち得たものはそれとして獲得し、その上により効果的な運動を展開することで、いっそう本質的な要求に近づいていくというのが彼の基本姿勢であった。ティラクのあとに発言したガンディーは、「国の利害が促進される限り、改革に協力するであろう」との立場から、決議中の「幻滅的」という字句の削除を求めた。(119) 続いて立ち上がったジンナーもまた、「我々は改革法を作動させねばならない」という点でガンディーと同意見であり、「幻滅的」という表現は妥当ではないと述べた。(120)

しかし、ダースの原案はそのままの形で採択された。こうして一九一九年の会議派大会の段階では、ガンディーも含めて、完全責任政府導入、民族自決権確立の早期実現を求める原則的立場を維持しつつも、一九一九年インド統治法を実施させていく方向で会議派の路線が設定された。

ティラクと会議派民主党宣言

先に見たようなティラクの一九一九年インド統治法に関する柔軟且つ現実的な姿勢を考える場合、それは一九一八年一〇月から翌年九月までのイギリス滞在と無関係ではない。この滞在期間中の新しい体験の一つは、イギリス人労働者やイギリス労働党の指導者たち、あるいはバーナード・ショーやウェダバーンなどフェビアン協会の主たる会員たちとの深い交友である。第一次世界大戦後のイギリスは、大戦による疲弊やロシア革命の影響などが労働者大衆の中に及んでおり、様々な意味で革新が求められる転換期を迎えようとしていた。

ティラクは労働党大会や労働組合会議、そのほかいくつもの労働者の会合に参加し、そうした接触を通じて、彼らにインドの状況を認識させ、イギリス国内で「インドへ自治を」の声を高める努力が必要であると感じた[121]。また、ティラク自身がイギリス政治勢力の新たな原動力を見出していたことも事実であり、滞在中の乏しい資金から、一九一八年一二月の総選挙のために二〇〇〇ポンドを労働党選挙資金に寄付している[122]。この選挙で彼は労働党が一〇〇議席を獲得すると期待し、その結果は五七議席に終わったが、得票数二二四万余で得票数二〇％という数字は彼を勇気づけた[123]。

一九一九年一一月二七日にボンベイに帰着したティラクは、彼を歓迎するため集まった群衆に向かって次のように語った。

……今日与えられた改革は極めて微少なものであるが、それに絶望する理由はない。イギリス労働党はインドの自治法案を議会に上程すると約束した。従って、改革法案が不完全だからといってこれを廃棄すべきではない。今日得られるだけのものをまず翼下におさめよう。しかしそれに満足して運動を放棄してはならない[124]。

労働党の約束が選挙綱領以外の具体的な何かを指しているのかどうかは明らかではないが、ここには、イギリス側の改革を排除せず活用することと同時に、引き続く大衆的運動の推進をも積極的に呼びかけるティラクの前向きの姿勢が窺える。事実この演説の後半でティラクは、「ローラット法案に反対して、（四月に――引用者）ガンディー氏がサティヤーグラハ運動を開始した時[125]、それに参加するべく私がそこにいなかったことだけが悔やまれる」と述べている。

一九一九年九月に帰国し、インド内の戦列に復帰したティラクが開始したのは、自ら「対応的協力（Prati-sahakarita=Responsive Cooperation）」と名付けた運動であった。[126]それは、新統治法という形で譲歩された権限や議席をすべて得た上で条件的にイギリスに協力し、同時に「完全なスワラージャを獲得するまで」運動を展開していくという、ある意味で現実的な、しかしまた一面で極めて危険な戦術である。この時点ではまだ新しい大衆的闘争の形態を打ちだすことはなく、何よりもまず一九二〇年一一月に予定された州立法参事会議員選挙の準備に着手した。ただ、会議派としては選挙への参加を公式に決定していたわけではなかったため、差しあたって選挙を闘う組織として自ら「会議派民主党（Congress Democratic Party）」を立ち上げて選挙運動に入ることとした。

一九二〇年四月二〇日付『ケーサリー』紙上に党の選挙綱領（マニフェスト）が発表されたが、これはインド近現代史を通じて、その名に値する最初の選挙綱領といってよいものであった。綱領は次のように書き出している。

会議派民主党はその名が示すように、会議派に対する確固とした忠誠心と民主主義に対する深い信念を有するものである。わが党は、インドの諸問題を解決するにあたって民主的原理の可能性を信じ、また教育と政治的市民権の拡大を自らの最良の見解であると考える。わが党は、カーストや慣習に基づいたすべての市民的、世俗的、社会的差別の撤廃を主張する。わが党は宗教的寛容性、自分の宗教の自分にとっての神聖さと侵害からこれを保護するという国家の権利と義務を信ずる。わが党は、ムスリムの教義・信仰およびコーランの教えに則ったヒラーファト（カリフ制擁護）問題の解決という彼らの要求を支持する。[127]

綱領はこのあと、インドのイギリス連邦内での統合、連邦内の姉妹国家との平和的地位を保護する自治を要求し、「世界の平和、国家間の統一、諸民族および諸民族体の自由と名誉を促進するための、またある国のほかの国による搾取を終結させるための一手段としての国際連盟」を歓迎すると宣言している。[128]

続いて、インドが「代表制民主主義的責任政府」の運営能力を有すると主張し、インド人民のために民族自決の原則に則って政治体制を整備し、インドにとって最も妥当な憲法を制定する独自の権利を要求する。また党は、「モンタギュー改革法」を「不適当、不満足、幻滅的」と見なしつつも、「労働党およびイギリス議会内の同調者」の支援を得て、完全な軍事統制力、完全な財政的自由、憲法的に保証された諸権利に関わる宣言を含む完全責任政府樹立のための新改革法案を導入することにより諸々の欠陥を是正するよう闘う。このような強力で断固たる運動のスローガンとして、「教育せよ、運動せよ、組織せよ」を掲げる。現時点での目標は、完全責任政府承認を推進させるために「モンタギュー改革法」を機能させ、我々の目的に沿った協力を行ない、あるいは民衆にとって当を得た、またそれの実現に資すると思われる合法的反対運動を展開することである。[129]

党の基本的立場をこのように説明したあと、綱領は具体的な活動の目標に言及する。まず「中央(帝国)」関連として、「イギリスによる抑圧的立法の撤廃、インド人裁判官による裁判」「農業およびそのほかの産業に携わる労働者階級の保護、労働の結果の正当な配分、最低賃金の確保、平等の基盤に立つ資本・労働関係の樹立」「国家の助成金および保護関税を含む諸々の手段によるスワデーシズム（国産品奨励）ならびに産業発展の促進」「鉄道の国有化」「あらゆる部局、特に軍関係出費の削減」「インド人から成る市民軍の創設」「民族統一の促進、全インド・リンガフランカ（共通言語）の確立、諸宗教徒間関係の改善、特にヒンドゥー・ムスリム協調の強化」「言語別州再編」などが挙げられる。

次いで州関係では、「州の完全自治の即時実現」「公平な査定に基づく永久的ライーヤットワーリー（個別農民）土地設定」「ヴェート・ベーガーリー（強制無償労働制）の完全廃止」「民族語教育、無償義務教育の保証」「行政権および司法権を有するパンチャーヤト（村落自治）の復興」「禁酒」「選挙権の拡大」「公衆衛生の組織的改善」などである。(130)

羅列的という印象があり、また選挙のための綱領に過ぎないといってしまえばそれまでかもしれない。さらにここには権力関係への言及がないし、ティラクがインドに急劇な革命的変化ではなく、むしろ積み重ねによる漸進的発展を念頭に置いていたであろうことは明らかである。

しかしこの綱領を一読すると、ここに構想されているものは反帝国主義、反植民地主義と、多少限定的ではあるが反封建主義を掲げる民主主義的世俗国家であり、そのような構想はまさに、のちに独立インドの国民会議派が政治目標として公式に示したものにほかならず、いわば会議派の国家建設の構想が先取りされている感がある。もちろんこのような目標を実現するには、当時のティラクが拠点としたグループあるいは会議派そのものが全体として、組織的にまた思想的にも十分な力量の蓄積をもっていなかったことは明らかである。ティラク自身もまた、これらを実行し得る状況がただ一度の選挙——しかも極めて制限の多い選挙——を通じて直ちに現実的になるとは考えていなかったであろう。

しかし少なくとも、第一次世界大戦後の新しい国際関係と国内の諸状況に直面するインドの将来即ち独立インドの国家構想を、現実のインド社会のあり方を念頭に置きながら、極めて具体的な形で提起し得たという点に、政治思想家としてのティラクの先見性を認めることができよう。

ティラクのこの綱領は、発表前にプネー、ボンベイの彼の同僚や支持者たちはもちろん、自ら遊説したグジャラートやシンド地方の活動家たちの間で知られ、論議もされており、ガンディーやジンナーにもティラク自身が草案の段階で示していたという。また、少なくとも父ネルー（Motilal Nehru, 一八六一～一九三一年）やマーラヴィーヤは綱領に述べられた諸々の原則に同意していたと、ティラクの僚友の一人、ケールカル（Narasimha Chintaman Kelkar, 一八七二～一九四七年）が書いている[131]。

選挙に対する準備態勢は州によって全くばらばらであり、ベンガルやボンベイ（マハーラーシュトラ）、マドラスなどでは立候補予定者も決まりスローガンまで用意されたが、そのほかの州、たとえば連合州では六月になっても選挙に向かっての措置は何らとられていなかった[132]。五月にベナレスで会議派全国委員会が開催されたときも、州会議派委員会のいくつかは一定の動きを見せているが、会議派としてきたるべき選挙にいかなる役割を果たすべきかについては明確な計画は立っていなかった[133]。

ガンディーはこの時期すでに、ヒラーファト問題を含めて非暴力・非協力運動の開始を決めているが、まだ立法参事会ボイコットにまでは踏み切っていなかった。改革（一九一九年インド統治法）や選挙についての彼の姿勢はこのころむしろ曖昧で、初めて立法参事会ボイコット表明したのは、六月第二週に新たな新インド統治法のもとでの諸法規や規則が発表された段階であり、選挙においてヒンドゥーが不利を被るとされたパンジャーブのラジパット・ラーイが選挙ボイコットを打ち出した六月三〇日以降のことである。[134] ガンディーはこれを機に立法参事会ボイコットを非協力運動の一段階とする戦術を立て、九月のカルカッタで予定されている会議派臨時大会に備えて陣営を整えるべく、七、八月の二か月間にわたってグジャラート、シンドからパンジャーブ、南インドのハイダラーバード、タミル・ナードゥ各地を遊説して回った。

この間、六月一二日のある記者会見で、ティラクはガンディーの非協力運動に関する意見を求められて、「非協力政策についての意見の相違はない。ただ実際的な手段についての相違があるだけだ」と答えている。[135] ガンディー自身ものちの回想の中で、ティラクの死の直前の会話の一部として、彼の言葉を次のように紹介している。

……私はそのプログラム（非協力――引用者）を十分気に入っている。しかし私は、非協力が人々に対して求める自己否定の命令に関して、国中が我々とともにあるかどうかについて疑問がある。私はこの運動の進展を妨げるようなことは何もしない。君のあらゆる成功を祈っている。そしてもし君が民衆の耳を傾けさせることができたなら、君は私の中に一人の情熱的な支持者を見出すだろう。[136]

ティラク自身はこの時点では、「民族派」による立法参事会ボイコットは、それによって親政府派に議席獲得の機会を与えることで「政治的ハラキリ」になるだろうとの認識をもっていたようである。[137] しかし、彼としてもまだこの選挙戦および議会活動と並行して行なわれるべき大衆的闘争のプログラムを用意していなかったため、大衆動員を目指すガンディーの運動に一定の評価を示そうとしていたように思われる。とはいえ、ガンディーが運動開始のときに掲げた「一年でスワラージを(得よう)」というスローガンに込められたような、あるいはまた形而上学的意味さえ感じさせる「サティヤーグラハ(真理の掌握)」の観念に含まれるような彼の政治哲学をティラクが容認していたとは考えにくい。従って、あるインド人研究者が提起する「(ティラクが)もし非協力運動ののちまで生きていたなら、改革後の立法参事会への選挙戦は戦わなかったであろう」という結論がそう容易に引き出せるかどうかは疑問である。[138]

ガンディーがその非暴力・非協力運動の開始を予定していた一九二〇年八月一日の早暁、ティラクが死去した(その三日前の七月二九日に、ガンディーはボンベイの定宿で病床にあったティラクを見舞っている)。そして予定通りこの日に、ガンディーは運動の開始を宣言した。しかし、九月の会議派臨時大会を前に開かれた議題委員会(Subjects Committee)では、ガンディーの非協力路線に関する提案は賛成一八四票、反対一三三票でどうにか採択されるという状況であった。[139]

一九二〇年一二月の会議派ナーグプール大会は、ガンディーの会議派における主導権が確立した場となったが、彼の独特の運動方針が公式の会議派のものとして圧倒的多数で受け入れられるためには、八月の運動開始から数か月を要したことになる。一九二〇年はこうして、会議派組織を軸にしたインド民族運動が、世界中の人々の前に新しく登場する記念すべき年となった。ティラクの死後、マハーラーシュトラ、中央州、カルナータカの諸地域で彼の運動を支えてきた「ティラク派」と総称された活動家たちは、熱烈なガンディー主義者と「ケーサリー派」と通称される頑迷な反ガンディー派へと分岐していった。

一九二〇年一一月の立法参事会選挙は結局会議派がボイコットしたため、新しい改革はイギリス側が目論んだほどには実体化されなかった。一方、ガンディー指導の第一次非暴力・非協力運動が挫折したあとの一九二三年には新たな選挙が公示され、モーティーラール・ネルー、パテール兄、C・R・ダースら大物政治家が「スワラージ党」のもとに結集してかなりの議席を獲得するが、この党の思考と行動の中には、かの選挙綱領に示されたティラクの遺産の一部が見出せるように思える。

ところで興味深いのは、インド政庁や官僚たちがティラクの死に至るまで、彼が忠誠を装いながら、再びインド人を煽動する機会を窺っているのではないかと疑う一方で、「ティラクは騒擾を説く人間としてよりも、「穏健派」としての方がより危険かもしれない」[140]といった一種倒錯した評価をもっていたことである。植民地当局としてみれば、自らが作り出した「過激派」「穏健派」という枠組では結局のところ、ティラクなる人物を捉えきれなかったというべきだろうか。

ティラクにおける民族運動と労働運動

ティラクの労働運動への関心は、一九〇五〜〇八年のスワデーシー運動期まで遡る。当時まだ分散的ではあったが、高揚する反英民族運動とも関わりつつ、ボンベイ、カルカッタ、マドラスなどの大都市からトゥティコリンといったタミル・ナードゥの小港湾都市に至るまで、鉄道、郵便、港湾労働者やヨーロッパ人経営の工場の労働者たちの争議が行なわれていた。ボンベイの労働運動指導者ダー

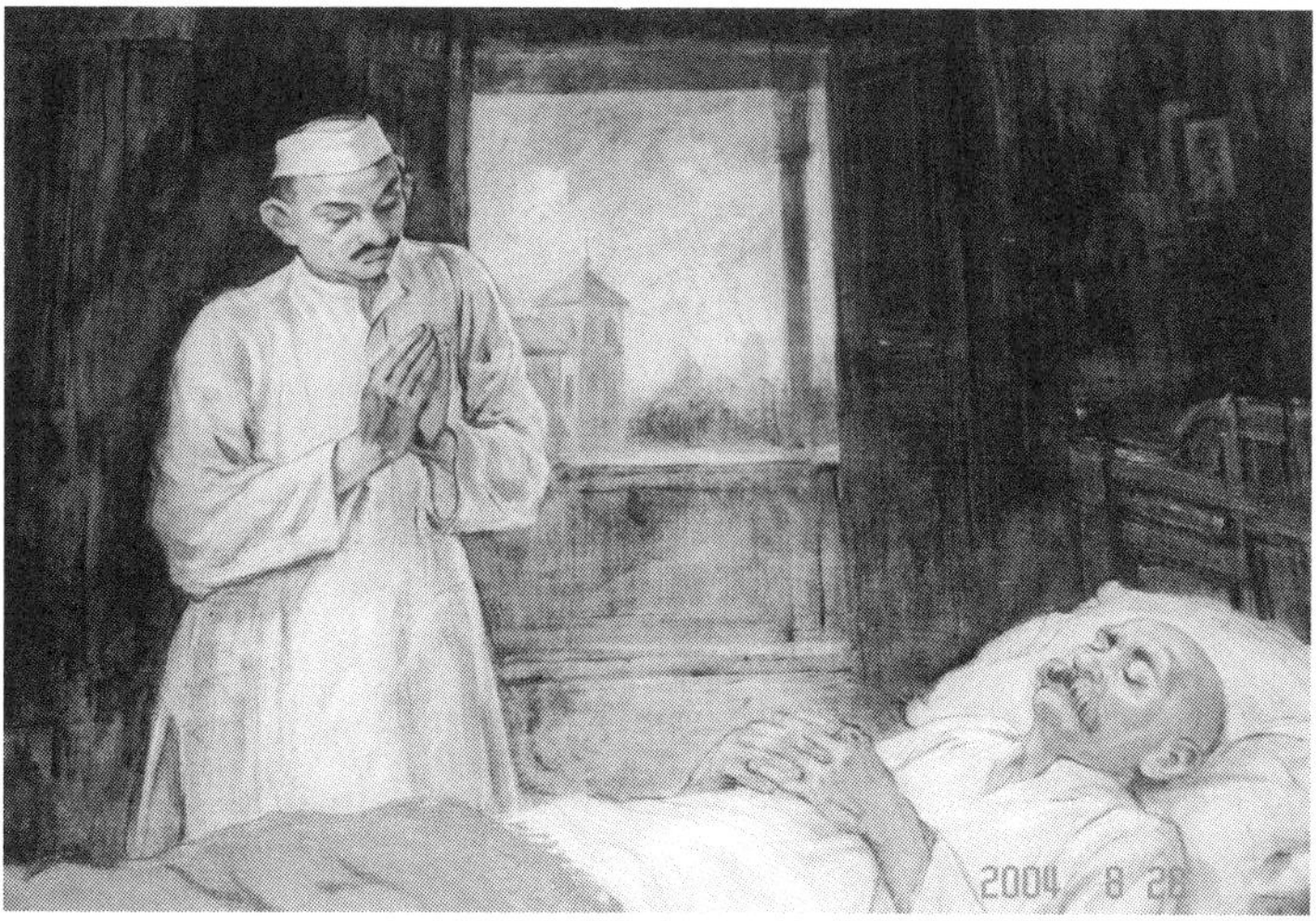

死の床にあるティラクを訪れたガンディー（ケーサリー社に飾られている絵。著者撮影）

ンゲー（Sripad Amrit Dange, 一八九九～一九九一年）に、二〇世紀初頭のインド労働運動史を辿った文章がある。その中で彼は、総督カーズンの体制下で当時の運動は抑圧されず、また一九〇七年のスラトでの会議派分裂がなければ、「一九〇五～〇八年の政治的危機、激烈な政治的、経済的闘争とストライキ戦術の中で全インド労働組合会議（後述するように実際の結成は一九二〇年――引用者）は生まれていただろう[141]」と書いているが、これは当時の労働組織のあり方、現実の全国的連携に関する過大評価といわねばならない。ただ、一九〇八年七月のティラク逮捕時にボンベイ市内の工場労働者が自発的に抗議ストライキを行なったように、二〇世紀初頭の労働者の運動が戦闘性をもって広がりつつあったのも事実である。

前述のケールカルによれば、一九二〇年七月に病気見舞いに訪れた労働運動指導者チャマンラールに対して、ティラクは「一九〇八年に自分が判決を受けたとき、工場労働者が私に示してくれた共感は未だに感慨深い」と語ったという。[142] 民族解放闘争の力強い構成要素として、労働者の組織された力がもつ重大な意味を、当時すでに政治家ティラクは敏感に感じとっていたのであろう。

インドにおける労働運動が一つの飛躍を見せるのは、第一次世界大戦中から戦後にかけての時期である。労働者の上に重くのしかかってきた劣悪な経済的状態に加えて、高まる民族闘争やロシア革命など外国の新しい社会的、政治的情勢の変化など、多様な要因がそこに介在していた。大戦末期から大戦直後、インドでは低賃金、生活必需品の不足と物価騰貴、さらに伝染病や一九一八年から始まる世界的インフルエンザ（スペイン風邪）の流行など、悲惨な状態に陥った産業労働者たちは各地でストライキ闘争を展開していた。これらはまだ組織的に脆弱で、多くは経済的不満による心情的な緊張感の爆発という側面が強かったにせよ、こうしたストライキ運動の中から次第に大きな組織的労働組合結成への過程が始まっていたのも事実である。[143]

一九一八年四月のマドラス労働組合（Madras Labour Union）を皮切りに、一九一九年一一月の北インドの大工業都市カーンプルのカーンプル労働組合（Kanpur Mazdur Sangh）など、インド労働組合運動の代表的な存在がこの時期に生まれている。一九一九年から翌二〇年にかけてインド全国の主要都市で、実体のない「ペーパーユニオン（紙上組合）」を除いて他職種にわたる少なくとも二〇以上の大組合が成立し、[144] すでに一九二〇年の初めには、州単位での組合連合の結成さえ見られたことが政府当局の報告から知られる。[145]

このような労働組合組織化の動きが、自治連盟を初めとする当時の政治的諸組織による運動と関わりがあることは疑いない。会議派自体も一九一九年の大会で、「労働者階級の社会的、経済的、政治的状態を改善させ、彼らに正当な生活水準と国家における妥当な位置を得さしめる」ために労働組合設立を促進するよう各州委員会およびその下部機関に呼びかける決議を採択している。(146)

ティラクはイギリスに出発する前の一九一八年三月二四日のボンベイの工場労働者を前にして、「外国において労働組合の重要性がいかに増大してきたかを見よ」と呼びかけ、次のように語った。

……イギリスの労働組合について考えれば、彼らは内閣を替えることもできる。ここインドではそういうことが起こり得るであろうか。インドの官僚制は今日まで一〇〇年間もこの国の行政を行なってきている。しかしその統治のもとで君たちの状態は向上しただろうか。スワラージャの獲得こそがこうした状態を向上させる手段である。スワラージャを獲得したのちにはインドの労働者階級も、外国の労働組合のように強力になるであろう。……スワラージャにおいては、君たちの投票力に従って事が進むであろう（*Kesari*, April 2, 1918）。

労働者たちに対して、労働者階級、労働組合の重要性がスワラージャとの関連で語られているのがわかる。こうした、労働運動を民族運動と関わらせる語り口は、パンジャーブのラジパット・ラーイ、ベンガルのB・C・パールやC・R・ダースなど、各地の代表的な指導者にも共通するところである。(147)

この時期のティラクは、ボンベイを中心とした活動とは別に、彼が率いる自治連盟のマドラスの一活動家で、かつて一九〇八年にトゥティコリンで繊維労働者のストライキを指導した[148]ピッラーイ（V.O. Chidambaran Pillai）に依頼して、マドラスを中心として組合結成の活動を進めていた。ピッラーイは時に先述したB・P・ワーディアーとも接触しながら、一九一九年五月に鉄道労働者の組合を結成するのに成功している。[149]

ティラクの労働組合運動への関心が、先にふれたイギリス滞在中のイギリス労働党やそこでの労働運動との接触を通じていっそう深められたことは容易に想像がつく。帰国後の一九一九年一一月二九日、ボンベイで集会をもった一万人の労働者たちは、翌年の国際労働機構（ＩＬＯ）ジュネーヴ大会へのインド代表としてティラクとワーディアーの二名を選出した。しかし、インド政庁はこれを無視して、穏健な社会活動家で労働運動指導者のジョーシー（Puran Chandra Joshi, 一九〇七〜八〇年）を代表に任命し、ティラクをその顧問とした。これに対しティラクは、労働者によって直接選出された自分を差し置いて、政庁がジョーシーを代表に任命したことの不当性を問い、自らこの顧問就任要請を拒否している。[150]この事態は、すでに高まっていた全インド的労働組合連合組織を要求する声を一挙に沸騰させた。

一九二〇年七月七日に開かれたボンベイ労働者の集会は、ＩＬＯの設置を決めたヴェルサイユ条約第三八九条が、その代表を「産業組織との合意において選ばれた非政府代表および顧問を任命す」べしと定めている点にインド政庁の注意を喚起して、次の決議を採択した。

……ボンベイの組織労働者および出席代議員は、国際連盟規約第三八九条および四一二条に反して、インド政庁がＩＬＯと査問委員会へのインド人労働者代表を不当に任命したことに抗議し、労働者が自らの代表と顧問を選出する明確な権利を要求する。

決議は続いて次のような歴史的宣言を行なっている。

本集会は、ボンベイにおいて全インド労働組合会議（All-India Trade Union Congress=AITUC）を開催することを決定し、ラーラー・ラジパット・ラーイを初代議長に選出する[151]

と。

創立大会日程は八月二二日とされ、議長ラーイのほか、副議長にティラク、バプティスタ、ベザント夫人、C・F・アンドリュース、サイイッド・A・ブレールヴィーの五名が選出され、五〇〇名からなる歓迎委員会が構成された[152]。ティラクは七月二〇日にボンベイで、書記長となったチャマンラールの訪問を受け、副議長の座を引き受けるよう説得されて、これを承諾している[153]。

しかし、この直後にティラクは発熱し、回復しないまま八月一日の朝、不帰の人となった。このため創立大会の日程も変更された[154]。こうして、ティラク自らが積極的にその結成のため努めたインド人労働者による全国組織の最初の集会は彼の参加を見ないまま、一〇月三一日から一一月二日まで、ボンベイ市内の帝国劇場で開催された。書記長チャマンラールの報告によれば、加盟組合は組合員数一〇〇名以下のものから七万名におよぶ大組織に至るまで計六〇団体、共鳴を表明した組合四二団体，それらの傘下に属する労働者総数約五〇万に上った。[155]

ボンベイでの創立大会、ビハールの鉱山都市ジャリアーでの第二回大会を含め、最初の何回かの大会を通じて目立つことの一つは、労働者の集会であるこれらの大会に多数の民族資本家が顔を連ねている事実である。たとえばボンベイ大会では、企業家で自治連盟ボンベイ支部の指導者ウマル・ソーバニーやL・R・タイルセーのほか、ラールバーイー・サーマルダースやH・P・ターカルセーそのほか、ボンベイの代表的な商人や企業家たちが、あるいは実行委員会に名を連ね、あるいは壇上に上って演説を行なっている。これに呼応するかのように、ラーイの議長演説も次のような調子で貫かれていた。

……私はインドの労働者が対等の立場に立ち、且つ民族的利害を正しく見据えながら、雇用者と交渉し得るように自らを組織することが絶対的に必要になったと主張したい。いかなる場合でも、インド諸産業の利益が労働者の人間的要求の上になければならないとする考えを私は拒否する。

……インド人資本家は労働者に半ばのところで応じなければならず、合理的で公平な割合で利益を分かつことを基本にして合意に達しなければならない。また労働者は、インドの諸産業を向上・発展させるために資本家と協力することが価値ある行動とされねばならない。[156]

民族運動の只中で、しかもその運動の指導部と密接に結びついて誕生したインド労働運動全国組織の、これが当初の姿であった。しかしこのAITUCの設立は、民族戦線と労働戦線の全国レベルでの最初の結合であり、いわばティラクやラーイらによって代表される会議派内のプチブルジョア的「民族派」指導部を連結点として、労働者階級と民族ブルジョアジーが一堂に会した場面でもあった。

同時に、労働者階級が国際的連帯への展望をも抱きつつ、確固たる横のつながりを育て、全国的に連帯し得る地盤がここに構築されたことの歴史的意義は大きい。すでに一九二〇年二月から賃上げを求めて始まっていたビハール州ジャムシェードプルのタータ鉄鋼会社（TISCO）におけるストライキの過程で、ジャムシェードプル労働組合（四〇〇〇人）が結成され、彼らは直ちに同年のAITUC創立大会に参加している。[157]

これに対応してTISCOは、次回のジャリアー大会に自社の労働者が参加するのを禁止したため、この大会はタータに対する抗議の決議を採択した。[158] 結成されたばかりのAITUCは、すでにタータのような大財閥にとっても侮りがたい存在と感じられていたのであろう。

むすびに代えて

ティラクの死の二日後、カルカッタ発行のアングロ・インディアン系英字紙『ザ・ステーツマン』（*The Statesman*, August 3, 1920）は、その死に寄せて次のような社説を掲載した。

……もし彼（ティラク――引用者）が、ゴーカレー氏やサー・フィーローズシャー・メヘター氏がその生命を捧げたような建設的な仕事にその才能を傾けていたならば、彼はこれら両氏のいずれよりも偉大な業績を残したかもしれない。しかし彼は、個人的な嫉妬心と人種的憎悪に突き動かされたのであり、我々は彼の無法な人生の出来事を語るにあたって、その目的は誤っており、その手段は弁護不可能且つ有害で、その活動の底にあった精神は悪しきものであったという憂鬱な結論を引き出さざるを得ない。……ティラク氏の死とともに有害且つ低劣な影響が消滅して、インドは純化されるとのみいい得るであろう(1)。

イギリス本国の各紙もティラクの死を伝えているが、いずれの死亡記事の見出しも、「不穏の促進者」（『モーニング・ポスト』）、「紛争の根源」（『デーリー・メール』）、「インド不穏の最大の鼓吹者」（『ザ・タイムズ』）など、ほぼ類似した形容辞を用いている。

一方インドに目を移すと、アフマダーバード発行の『ヤング・インディア』（*Young India*, August 4,

1920）紙は、編集主幹のガンディー自らが筆をとって、一面記事として以下のような長いティラクの追悼文（途中一部略）を載せている。

……彼の死を信ずることは難しい。それほどに彼は人々の一部であった。我々の時代の誰も、ティラク氏ほどに大衆を掌握することはなかった。彼が幾千もの人々から当然のこととして寄せられた献身は異常なものであった。彼は問題なく人々のアイドルであり、その言葉は人々の間では法であった。……彼の愛国心は彼にとって情熱であり、彼は国への愛以外の宗教を知らなかった。彼は生まれながらの民主主義者であった。…彼の同胞たちは無条件で彼を信じた。彼の勇気は決して彼を見捨てず、彼の楽観主義は誰にも抑えることができないものであった。

ティラクの死をこうして両方の角度から見ると、支配者帝国主義にとっては敵としてのティラクの位置、被支配者であるインド人にとっては民族指導者としてのティラクの絶大な意味が、よりいっそう鮮明な対照をなして浮かび上がってくるであろう。本書では、遺憾なく発揮される民族主義者ティラクの力量を主たるテーマにしながら叙述を進めた。しかし、一九世紀末から二〇世紀初頭、あるいは第一次世界大戦期と戦後期というインド社会全体の激動期にあって、ティラク自身の思想と行動も様々な試練に遭遇し、いくつもの曲折を経なければならなかったのも事実である。

そうした民族主義者としてのティラクの思想遍歴を辿ってきて、差しあたり考えられるいくつかの彼の功績を最後に整理してみよう。

ひとつは、本文中で「穏健派」あるいは「近代派」という言葉で表現した人々――おそらく当時のインド人知識人層の多数派を占めていたろう――が主張していたような、イギリス＝ヨーロッパ的な知的伝統を学習し、引き継ぐことにこそインド民族の発展の道があるとする思考形式・価値観に徹底して抵抗したことである。

本文でもふれたように、青年期のティラク自身がこうした人々同様にヨーロッパ近代文明の成果を学び取りながら、将来のインドの発展をヨーロッパ的価値基準に従って展望することはなかった。とはいえ、そうした外来の思想や価値観を排他的に扱うのでなく、そこから学ぶべきものは学ぶという姿勢もあった。たとえば、民族固有の自治（スワラージャ）の権利を自然権として捉えつつも、議会制度を含めてイギリス民主主義の伝統には深い関心と敬意を抱いていた。ただ、「近代派」の人々のように、ヨーロッパ的文明を段階的に学習しながら、イギリスによって示されるモデルを漸進的に受け入れていくという進み方は容認できなかった。イギリスから何を学ぶにせよ、インド民族の将来の方向を選ぶのはインド人自身でなくてはならないという強い信念をティラクは終始保持した。

第二に、第一次世界大戦を機とする世界的な諸変化の中で、ティラク自身が思想的な変化を経て成長していった点を指摘しなければならない。本文で見たように、ロシア革命やレーニンの役割などに関する正確な知識を極めて早い時点でもち得たことは驚きに値する。また、一九二〇年の全インド労働組合会議（ＡＩＴＵＣ）の設立でひとつの頂点を迎える組織的労働運動に対して示した積極的関心と取り組みは、時代の新しい潮流とその担い手の存在を敏感に読み取っていたことを示している。彼が死の数か月前に作成した「会議派民主党宣言」は、彼にとっての到達点のひとつであると本文で述べたが、それは、インドがまず達成すべき民族的、民主的変革の内容を素描して見せた、当時としては画期的な構想であった。事実、そこに展開された民主主義的世俗国家建設の構想は、独立後に会議派政権のスローガンとなった路線とほぼ同一のものであった。これらの新しい視点は決してその場限りの思いつき的なものではなく、政治思想家としてのティラクの独創性、先見性に裏づけられた現状把握の結果といわねばならない。

しかし、こうした新しい時代の状況に対応したティラクの認識を考えるにあたって、いくつかの矛盾も指摘されよう。それは本文でもふれたような労働運動と民族運動の位置づけ、地主・小作関係など、主として階級闘争に関わる事柄であり、究極的には彼の階級的基盤に深く関わってくるであろう。ティラクの出自を問うまでもなく、二〇世紀初頭のスワデーシー運動から大戦期・戦後期の自治要求運動における彼の役割がプチブルジョア的であったことは明らかである。しかし、その時点で見られた彼の役割とは、インドにとっての歴史的課題である民族運動へのインド大衆の糾合であり、この点で彼が多大な成功をもたらしたことは否めないであろう。

本文でも引用した経済史家ガードギールは、もしティラクが階級闘争の史観をもっていたなら、政治闘争とは別に経済闘争を展開する必要性を認識し、また金貸しやコート(ラトナーギリー地方の一種の地主)について、異なる考察を加えていただろうと述べている(2)。

ガードギールは、一九二〇年八月の時点で亡くなったティラクが階級闘争史観を武器とすることはあり得なかったであろうといっているのであるが、確かにこの段階の運動が、会議派主導の完全に上からの指導による「全民族的」統一戦線の組織化に一義的な課題を置いていたとするならば、ティラクの立場はいわば歴史的な意味を担っていたことになるだろう。彼が目指したブルジョア民主主義的綱領の徹底化とその実現、さらにそこに内包された様々な限界を乗り越えるという新たな課題は、一九二〇年代、一九三〇年代——インド現代史では「ガンディー時代」とも呼ばれる——へと受け継がれていくことになる。

ティラク論〈注〉

【はじめに】

（1）山本達郎編『インド史』（各国世界史X、山川出版社、一九六〇年）のような一般書にもティラクにふれている叙述があるが、以下に、日本人によるティラクを主題にした文章を挙げておこう。

・大東亜協会調査部「インド国民運動の父チラク」（一）（二）、『大東亜主義』（大東亜協会）、一九三三年、一一月号、八二～八五ページ、一二月号、五五～五九ページ。

・青江舜二郎「インドのヨハネ――ティラク」、『歴史』（史学社）第一巻、第七号、二七～三九ページ、一九四八年八月。

・中村平治「近代インド政治思想の史的考察――B・G・ティラクの生涯とその思想」、『東洋文化』（東洋文化研究所）二八、五一～七二ページ、一九五九年四月。

・高碕直道「ヒンドゥイズムとナショナリズム――思想史的試論」、『思想』（岩波書店）No.四六六、四三三～四四四ページ、一九六三年四月。

・坂本徳松「インドの内側から見たインド・ナショナリズム」、『歴史評論』（歴史評論社）一一六、二六～三三ページ、一九六〇年四月。

・内藤雅雄「B・G・ティラク研究の動向――近年におけるアメリカとソ連での研究を中心に」、『インド文化』（日印文化協会）第八号、八五～九六ページ、一九六八年三月。

（2）Indranil Banerjie, Patralekha Chatterjee and Ranjana Kapur, "The angry Hindu", *Sunday*, October, 1978 , p.27.

【第一章　一九世紀マハラーシュトラ社会とティラク】

（1）R. D. Choksey, *Mountstuart Elphinstone: The Indian Years 1796～1872*, Bombay, 1971, p. 224.

（2）R. D. Choksey, *Economic Life in Bombay Deccan*（1818～1939）, Bombay,1955, p. 14.

（3）深沢宏「一九世紀西部インドにおける植民地統治と農村」、『インド社会経済史研究』所収、東洋経済新報社、一九七二年、四八八ページ。

（4）G. G. Kotovski, "Agrarian Relations in Maharashtra in the Late 19th and Early 20th Centuries", in I. M. Reisner and N. M. Goldberg, *Tilak and the Struggle for Indian Freedom*, New Delhi, 1966, p. 101.

（5）R. Tucker, "Hindu Traditionalism and Nationalist Ideologies in Nineteenth Century Maharashtra", in *Modern Asian Studies*, Vol. 10, No. 3, 1976, p. 334.

（6）逆にイギリス人によるインド文化研究も早くから着手され、たとえば現在もその復刻版が広く用いられている James Thomas Moresworth, *Marathi-English Dictionary*（日本ではモレスワース辞書として知られる）の初版が出版されたのは、イギリスによるペーシュワー政権崩壊から一〇余年後の一八三一年である。

（7）B. B. Misra, *The Indian Middle Class: Their Growth in Modern Times*, Oxford, 1964, p. 149.

（8）Ramchandra Govind Kanade, *Marathi Niyatakalikancha Itihas*（『マラーティー語定期刊行物の歴史』）, Mumbai, 1938, p. 1 & p. 8.

（9）Nalini Pandit, *Maharashtratil Rashtrawadacha Vikas*（『マハーラーシュトラにおける民族主義思想の発展』）, Pune, 1972（2nd edition, 1st edition in 1955）, pp. 9～10.

（10）M. R. Lederle, *Philosophical Trends in Modern Maharashtra*, Bombay, 1976, pp. 49～50. 彼の主たる著述を

収めたものとして次の著作集が挙げられる。
G. G. Jambekar（compiled）, *Memoirs and Writings of Acharya Bal Gangadhar Shastri Jambekar*（*1812 ～ 1846*）, *Pioneer of the Renaissance in Western India and Father of Modern Maharashtra*, 3 vols, Pune, 1950.

（11）*ibid.*, Vol. II, p. 261.

（12）N. Pandit, *op. cit.*, p. 11.

（13）G. H. Deshmukh, *Lakshmidnyana*（D. K. Bedekar ed., *Char June Marathi Arthashastriya Granth*, 1843～1855（『四冊の古いマラーティー語経済学書』）, Pune, 1969, p. 48.

（14）ロークヒタワーディーの思想の全般的紹介は、内藤雅雄「近代マハーラーシュトラの思想家（一）ロークヒタワーディー」マハーラーシュトラ第一号、マハーラーシュトラ研究会、一九七八年、六五～七六ページを参照。

（15）Ramkrishna Vishvanath, *Hindusthanchi Prachin va Sampratchi Sthiti va Puden Kay Tyacha Parinam Honar, Ya Visayin Vichar*（『インドの過去と現在の状況、およびその将来の結果に関する考察』）, D. K. Bedekar, *op. cit.*, p. 9.

（16）*ibid.*, p.7.

（17）独立後の一九六一年国勢調査（Census）によっても、戸数一二七、人口四七〇に過ぎない（*Maharashtra State Gazetteer, Ratnagiri District*, Bombay, 1962, p. 850）。

（18）Narasimmha Chintamana Kelkar, *Lo. Tilak Yanchen Charitra*（『ロークマーニャ・ティラク伝』）, Vol. I. Pune, 1923, p. 17.

（19）コーティ制（Khoti）はラトナーギリー、クラーバーおよびターネーなどのコーンカン 地域の特殊な土地（村落）所有制度で、その歴史は古くはビージャープール朝のアーディルシャーの時期（一四八九～一五一〇年）あるいはそれ以前まで遡るものといわれる。同制度は本来は、不毛で遠隔の地にあるコーンカンの領土内で新しく村落を開拓したり、未開墾地を耕作地にするなどの功績のあった者に、王がその地をワタン（watan, 世襲地）として与えたものである。これを受け取った者（khot）は王から付与された勅許（sanad）に基づいてその村の行政を司り、土地を農民に貸し与えて地代を徴収し、その一部を国庫に納付する責任を負った。コーティの権利は世襲的に継承され、またコートにはこれを譲渡する権利もあった。（J. W. Joshi, *Ratnagiri, Kulaba va Thanen Ya Jilhyatil Khoti-Sattaprakar*, Ratnagiri, 1929, pp. vi-vii）またこの制度はマラーター王国下で、次いでイギリス支配下でも温存され、一八七四年に任命されたコーティ委員会の勧告に従って一八八〇年にコーティ設定法（Khoti Settlement Act, 1880）が成立し、コーティの地租が新たに定められた。独立後の一九四九年、ボンベイ・コーティ廃止法（Bombay Khoti Abolition Act, 1949）が制定され翌年五月に実施されたが、一九四九年段階ではコーティ村は九五二か村存在していたという（*Maharashtra Gazetteer, Ratnagiri District*, op. cit., p. 360）。

（20）Kelkar, op. cit., p. 9.

（21）*ibid.*, p. 6.

（22）ラトナーギリーにおいては、ティラク家は家族としての持ち家を保有せず、終始この借家に住んでいた。因みに、一九二〇年のティラクの死後、ラトナーギリー市民が借家だったこの家を募金を集めて買上げ、市として保存することを決めた。ティラクの生誕百年記念の一環として一九五八年、インド中央政府が隣接する土地とともに接収して、現在はマハーラーシュトラ州政府がこれを管理している（*Maharashtra Gazetteer, Ratnagiri District*, op. cit., p. 796）。

（23）N. C. Kelkar, *op. cit.*, p. 21.

（24）*ibid.*, pp. 12 ～ 13.

（25）その母体は一八二一年創立のサンスクリット学校。のちにいくつかのクラス（英語を含む）が付設され、一八五七年にプーナ・カレッジ、次いで一八六八年にデカン・カレッジと改称された。同校は当時ボンベイ大学の管轄下（affiliated）にあった。

（26）Kelkar, *op. cit.*, p. 28.

（27）D. V. Tahmankar, *Lokmanya Tilak, father of Indian unrest and maker of modern India*, London, 1956, p.17.

（28）*ibid.*, p.16.

（29）Narhar Raghunath Phatak, *Lokmanya*, Mumbai, 1972, p. 16.

（30）Ivan Pavlovich Minayyeff, *Travels in and Diary of India and Burma*（Translated from Russian by Hirendranath Sanyal）, Calcutta, 1956, pp. 49 ～ 50.

（31）*ibid.*, pp. 65 ～ 66.

（32）*ibid.*, p. 61.

（33）V. S. Joshi, *Vasudeo Balwant Phadke: first Indian rebel against British rule*, Bombay, 1959, pp. 81 ～ 82.

（34）W. Wedderburn, *Allan Octavian Hume, C. B., Fathet of the Indian National Congress 1829 ～ 1912*, London, 1913, pp. 79 ～ 84.

（35）Chittranjan Bandhyopadhyaya, "Vande Mataramche Sphurtidar: Vasudeo Balwant Phadke" *Maharashtra Times*, January 14, 1968.

（36）V. S. Joshi, *op.cit.*, pp. 41 ～ 42.

(37) D. V. Tahmankar, *op. cit.*, p. 25.

(38) Kelkar, *op. cit.* (Vol. I) , p. 50.

(39) *ibid.*, pp. 98 ～ 99.

(40) P. M. Limaye (compiled) , *The History of Deccan Education Society*, Pune, 1935, Part I, pp. 5 ～ 6.

(41) *ibid.*, pp. 34 ～ 35.

(42) Kelkar, *op. cit.* (Vol. I) , pp. 118 ～ 119).

(43) *ibid.*, pp. 165 ～ 166.

(44) *ibid.*, p. 166; Limaye, *op., cit.,* pp. 54 ～ 55.

(45) Limaye, *ibid.*, p. 59.

(46) Kelkar, *op. cit.* (Vol. I) , p. 171).

(47) Limaye, *op. cit.*, p. 102.

(48) *ibid.*, pp. 102 ～ 103.

(49) Padamini Sengupta, *Pandita Ramabai Saraswati*, London, 1970, pp. 143 ～ 144.

(50) Tilak, "Panditabainchen Panditya" , *Samagra Lokamanya Tilak*, Vol. 5 (Samaj va Sanskruti) , Pune, 1976, pp. 492 ～ 494.

(51) Tahmankar, *op. cit.*, p. 41.

(52) T. V. Parvate, Bal *Gangadhar Tilak, a narrative interpretative review of his life, career and contemporary events*, Ahmedabad, 1958, p. 41.

(53) 一八八六年からは政府の補助金を受けられるようになり、協会の財政は多少とも楽になった。これ以降、終身会員は月々七五ルピーの給料のほかに年間約四〇〇ルピー、教師である場合はさらに二五～一二五ルピーを補助金の枠内から受け取れることになった（Limaye, *op. cit*, Part III, Appendix, p. 112)。

(54) *ibid.*, Appendix I, pp. 24～25.

(55) *ibid.*, p. 28.

(56) *ibid.*

(57) 彼自身によれば、会議派への正式参加は一八八九年六月ころに、デカン教育協会からの離脱を考え始めてからであるという（*ibid.*, p. 27)。

(58) Surendranath Banerjea, *A Nation in Making, being the Reminiscences of Fifty Years of Public Life*, Oxford, 1963（Reprint, 1st edition in 1923）, p. 27.

(59) Wedderburn, *op. cit.*, p. 50.

(60) *ibid.*

(61) S. R. Mehrotra, *The Emergence of the Indian National Congress*, Delhi. 1971, p. 381.

(62) Briton Martin Jr., *New India 1885: British Official Policy and the Emergence of the Indian National Congress*, Burkeley, 1969, pp. 42～45.

(63) Banerjea, *op., cit.*, pp. 79～80.

(64) Mehrotra, *op., cit.*, pp. 387～389. 会議派の創設直後に神知協会の指導者たちは、同協会こそは会議派の父であると述べていた（*ibid.*, p. 391)。

(65) R. P. Tucker, *Ranade and the Roots of Indian Nationalism*, Bombay, 1977（1st edition in 1972）, p. 97.

(66) *ibid.*, p. 99.

(67) Mehrotra, *op. cit.*, pp. 385 〜 386.

(68) *ibid.*, pp. 393 〜 394.

(69) ibid., pp. 382 〜 383.

(70) *ibid.*, p. 383.

(71) 新組織は「インドの真に民族的政治組織」たることを掲げたが、一般には「ボンベイ州連盟」（Bombay Presidency Association）の名で呼ばれた（*ibid.*, p. 384)。

(72) R. Parthasarathy, *A Hundred Years of the Hindu*, Madras, 1978, p. 30.

(73) *ibid.*, p. 31.

(74) Mehrotra, *op. cit.*, p. 400.

(75) Parthasaraty, *op. cit.*, p. 35.

(76) *ibid.*

(77) Banerjea, *op cit.*, p. 91.

(78) *ibid.*, p. 92.

(79) Mehrotra, *op. cit.*, p. 397.

(80) Gordon Johnson, *Provincial Politics and Indian Nationalism: Bombay and the Indian National Congress 1880 to 1915*, Cambridge, 1973, pp. 45 〜 46.

(81) P. P. Gokhake, *Lokpriya Bhausaheb Soman*（『衆人に愛されたソーマン』）, Satara, 1956, pp. 12～13.
(82) P. P. Gokhale, *Jagrut Satara*（『目覚めたサーターラー』）, Satara, 1935, p. 34.
(83) この年の会議派年次大会で作成された代議員登録票には、ティラクについては次のように記されている。
代議員番号：四〇一
選出区：プーナ（プネー）
所属州：ボンベイ
氏名・称号・学位：Bal Gangadhar Tilak, B.A., LLB.
会議派サークル：マハーラーシュトラ
人種・宗派・カースト（もしあれば）：ヒンドゥー、ブラーフマン
職業および住所：ファーガスン・カレッジ教授、ジャーナリスト
選出方法・時日：一八八九年一二月一五日、プーナの大衆集会にて選出
(Ram Gopal, *Lokmanya Tilak: a biography*, New York, 1956, p. 56)
(84) Kelkar, *op. cit.*（Vol. I）, p. 280.
(85) Ram Gopal, *op. cit.*, p. 61.
(86) この問題に関しては、山崎利男「ラーナデーの〝社会改革〟」、前掲『マハーラーシュトラ』第一号、七七～八六ページ。
(87) A. Hume to S. H. Chiplunkar, *Poona Sarvajanik Sabha*, Nov. 27, 184; Feb. 12, 1885 (Mehrotra, *op. cit.*, p. 400).

(88) Presidential Address to Calcutta Congress, Dec. 1886, *Speeches and Writings of Dadabhai Naoroji*, Madras, 1917（2nd edition）, pp. 7～8.

(89) Kelkar, *op. cit.*（Vol. I）, pp.486～488.

(90) P. J. Jagirdar, *Studies in the Social Thought of M. G. Ranade*, London, 1963, p 102.

(91) Kelkar, *op. cit.*（Vol. I）, p. 413.

(92) Dhananjay Ramchandra Gadgil, "Lokmanyanche rashtriya ekatmatevishayitil vichar"（「ロークマーニャの民族的共通意識に関する考察」）, *Gadgil, Lekhsangraha*, Vol. I, Pune, 1973, p. 466.

(93) Ram Gopal, *Indian Muslims*, Bombay, 1959, p. 88.

(94) Tahmankar, op. cit., p. 56.　J・N・ネルー大学ビーパン・チャンドラ教授（現名誉教授）によれば、ティラクの政治、イデオロギー、運動の方法はコミュナル（宗派主義的）なものではなく、彼の立場とされる「コミュナリズム」の大部分はヴァレンタイン・チロルをはじめとするイギリスの帝国主義的著述者や後代のヒンドゥーおよびムスリムのコミュナリストが作り上げた大規模な歴史の偽造の結果であるという。確かに教授が指摘するように、ティラクの場合、運動の過程で土着の伝統を持ちだすことはあっても、ベンガルのビピン・C・パールやアルビンド（オーロビンド）・ゴーシュ、あるいは一九世紀末二〇世紀初頭のテロリストが行なったように、インドを母なるヒンドゥーの神（ドゥルガー女神やカーリー女神など）と同一視し、自らの思想や政治運動に宗教的イデオロギーを直接持ち込むことはなかった（Bipan Chandra, "Nationalist Struggle and Growth of Communalism" *Mainstream*, Nov. 17, 1979, p. 15)。

【第二章　二〇世紀初頭のインド民族運動とティラク】

（1）A. L. Levkovsky, "Beginning of Mass Liberation Struggle: The Swadeshi Movement" I. M. Reisner and N. M. Goldberg eds., *Tilak and the Struggle for Indian Freedom*, New Delhi, 1966, p. 322.

（2）*ibid.*, pp. 320～321.

（3）V・I・レーニン（宇高基輔訳）『帝国主義論』、岩波書店、一九六六年（第一四刷）、一二七ページ。

（4）同前、一三三ページ。

（5）J・A・ホブスン（矢内原忠雄訳）『帝国主義論』上、岩波書店、一九七四年（第一二刷）、五八～六〇ページ。

（6）George Nathaniel Curzon, *Persia and Persian Question*, Vol. I, London, 1992, p. 4 (D . Dilks, *Curzon in India*, Vol. I, London, 1969, p. 35 から引用)。

（7）Dilks, *ibid.*, p. 35, pp. 58～59.

（8）*ibid.*, pp. 64～65.

（9）*ibid.*, p. 65.

（10）C. S. Raghunath ed., *Notable Speeches of Lord Curzon*, Madras, 1905, p. 21.

（11）S. Gopal, *British Policy in India 1858～1905*, Cambridge, 1965, pp. 382～383.

（12）C. S. Raghunath, op. cit., p. 32

（13）K. C. Roy, ed., *Some Desultory Notes on Lord Curzon's Work in India*, Calcutta, pp. 16～17

（14）Dilks, *op. cit.*, p. 208.

（15）*ibid.*, p. 197.

(16) たとえばラーナデーについていえば、この時期彼が関係した企業として次のようものが挙げられる。

Cotton and Silk Spinning Factory

Poona Mercantile Bank

Metal Manufacturing Factory

Poona Dyeing Company

Reay Paper Mills 等々

(Bipan Chandra, *The Rise and Growth of Economic Nationalism in India: Economic Politics of Indian National Leaderships 1880～1905*, New Delhi, 1966, p. 85)

(17) A. I. Levkovsky, *op. cit.*, p. 424.

(18) Iravati Karve, *Maharashtra: Land and Its People* (Maharashtra State Gazetteer), Bombay, 1968, p. 81.

(19) Dhananjay Ramchandra Gadgil, "Tilakancha Arthik Vyavaharvad" (「ティラクの経済的実践主義」), *Gadgil, Lekhsangraha*, Vol. I., Pune, 1973, p. 176.

(20) G. D. Patel, *Agrarian Reforms in Bombay: The Legal and Economic Consequences of the Abolition of Land Tenures*, Bombay, 1950, p.101.

(21) これは一九二〇年代初頭まで多少とも見られたことである。

(22) Gordon Johnson, *Provincial Politics and Indian Nationalism: Bombay and the Indian National Congress 1880 to 1915*, Cambridge, 1973, p. 126.

(23) M. N. Das, *India under Morley and Minto: Politics behind Revolution, Repression and Reforms*, London, 1964, p.

88.

(24) Dilks, *op. cit.*, Vol. I, p. 237.

(25) Dilks, *ibid.*, Vol. II, p. 202.

(26) *ibid.*, p. 245.

(27) Raghunath, *op. cit.*, pp. 358〜369.

(28) Curzon to Hamilton, April 30, 1902; Hamilton to Curzon, May 21, 1902 (Dilks, *op. cit.*, Vol. II, p. 200).

(29) *ibid.*

(30) *ibid.*, p. 201.

(31) Sumit Sarkar, *The Swadehi Movement in Bengal, 1903〜1908*, New Delhi, 1973, p. 14.

(32) Dilks, *op. cit.*, Vol. II, p. 200.

(33) Sarkar, *op. cit.*, pp. 16〜17.

(34) *ibid.*, pp. 17〜18.

(35) V. C. Joshi ed., *Lala Lajpat Rai: Writings and Speeches*, Vol. I, Delhi, 1966, pp. 93〜95.

(36) R. Parthasarathy, *A Hundred Years of the Hindu*, Madras, 1978, pp. 168〜169.

(37) Gopal Krushna Gokhale, Banaras Congress Presidential Address, R. P. Patwardhan (edited and compiled) *The Select Gokhale*, New Dlhi, 1968, pp. 217〜224.

(38) *ibid.*, pp. 224〜225.

(39) *ibid.*, pp. 225〜228.

(40) William Digby, 'Prosperous' *British India*, London, 1901 (1st Indian edition , New Delhi, in 1962).

(41) Dadabhai Naoroji, *Poverty and Un-British Rule in India*, London, 1901 (1st Indian edition, New Delhi, in 1962).

(42) A. Tripathi, *The Extrmist Challenge: India 1890 to 1910*, New Delhi, 1967, p. 171.

(43) John Morley, *Recollections*, Vol. II, New York, 1917, p. 151.

(44) M. N. Das, *op. cit.*, p. 47.

(45) Dilks, *op. cit.*, Vol. I, p. 258.

(46) Gokhale, *op. cit.*, pp. 234 ～ 235.

(47) *ibid.*, p. 235 ～ 236.

(48) C. Sankaran Nair, *Autobiography of Sir C. Sankaran Nair*, Madras, 1966, p. 61.

(49) R. C. Majumdar, *History of the Freedom Movement of India*, Vol. II, Calcutta, 1963 ,p. 157.

(50) Morley, *op. cit.*, pp. 154 ～ 155.

(51) *ibid.*, p. 175.

(52) M. N. Das, *op. cit.*, pp. 34 ～ 35.

(53) John Morley, *Speeches on Indian Affairs*, Madras, 1920, pp. 86 ～ 87.

(54) John Morley, *Recollections*, Vol. II, op. cit., pp. 171 ～ 172.

(55) *ibid.*, pp. 181 ～ 182.

(56) *ibid.*, p.182.

(57) *ibid.*, pp. 22～23.
(58) M. N. Das, *op. cit.*, p. 151.
(59) Y. V. Gankovsky and L. R. Gordon-Polanskaya, *A History of Pakistan*, Moscow, 1964, p. 27.
(60) 使節団は演説の中で自らを「我々」と称しているが、彼等の社会的地位は「貴族、法律家、地主、商人その他」であった（M. N. Das, *op. cit.*, p. 171）。
(61) *ibid.*, p. 162.
(62) *ibid.*, p. 92.
(63) *Speeches and Writings of Dadabhai Naoroji*, Madras, 1917, pp. 63～73.
(64) *The Indian National Congress, containing reprint of all the Congress Resolutions* , Part II, Madras, 1917, pp. 162～165.
(65) *ibid.*, p. 168.
(66) M. N. Das, *op. cit.*, p. 95.
(67) *ibid.*, pp. 95～96.
(68) Minto to Morley, Nov. 4, 1906, B. Prasad, "The Congress Split at Surat" , in B. R. Nanda & V. C. Joshi eds., *Studies in Modern Indian History*, New Delhi, 1972, pp. 144～176.
(69) *ibid.*, p. 166.
(70) *ibid.*
(71) Morley, *Recollections*, Vol. II, op. cit., p. 282.

（72）*ibid.*, p. 286.

（73）Dhananjay Keer, *Lokmanya Tilak: Father of Our Freedom Struggle*, Bombay, 1959, pp. 286～287.

（74）D. V. Tahmankar, *Lokmanya Tilak, father of Indian unrest and maker of modern India*, London, 1965, p. 111.

（75）一九〇六、七年まではインドの手織綿布は工場製綿布の生産高を抑えているが、一九一〇～一一年を境にして状況は逆転する（中村平治「ガンディーとインド・ナショナリズム——スワデーシー運動の検討」『思想』三九四号、岩波書店、一九五七年、四三ページ）。

（76）田中正俊『中国近代経済史研究序説』東京大学出版会、一九七三年、一九五ページ。

（77）一八九五年のボンベイ工場主協会での演説（D. E. Wacha, *Speeches and Writings of Sir D. E. Wacha*, Madras, 1918, p. 435)。

（78）Bipan Chandra, *The Rise and Growth of Economic Nationalism in India*, New Delhi, 1966, p. 298.

（79）Levkovsky, *op. cit.*, p. 336.

（80）*ibid.*, p. 337.

（81）*The Paisa Fund: Silver Jubilee Number*, Pune, 1935, p. 19.

（82）Tahmankar, *op. cit.*, p. 135.

（83）Pattabhi Sitaramayya, *History of the Indian National Congress*, Vol. I, New Delhi, 1969（Reprint, 1st edition in 1947）, p. 53.

（84）*The Surat Congress and Coferences*, Madras, 1908, p. xii.

（85）G. Johnson, *op. cit.*, p. 181.

(86) D. B. Mathur, *Gokhale: Political Biography, A study of his services and political ideas*, Bombay, 1966, p. 320.

(87) Valentine Chirol, *Indian Unrest*, London, 1910, p. 98.

(88) Mathur, *op. cit.*, p. 227.

(89) H. P. Mody, *Sir Pherozeshah Mehta: A Political Biography*, Vol. II, Bombay, 1921, p. 567.

(90) N. C. Kelkar, *Full and Authentic Report of the Tilak Trial 1908*, London, 1920, pp. 167〜168（*Samagra Lokmanya Tilak*, Vol. 7, Pune, 1975, pp. 181〜182.）

(91) *Source Material for a History of the Freedom Movement in India*（Collected from Bombay Government Records）, Vol. II（1885〜1920）, Bombay, 1958, pp. 261〜263

(92) V・I・レーニン「世界政治における可燃材料」『レーニン全集』邦訳 第一五巻、一六七〜一七四ページ。

(93) S. V. Bapat ed., *Reminiscences and Annecdotes of Lokmanya Tilak*, Pune, 1928, pp. 205〜206.

(94) M. D. Vidvans ed., *Letters of Lokmanya Tilak*, Pune, 1966, p. 287.

(95) D. P. Karmarkar, *Bal Gangadhar Tilak: a study*, Bombay, 1956, pp. 198〜199.

(96) Tilak to Vidvans, March 2, 1911（from Mandalay Central Jail, Burma), Vidvans ed., *op. cit.*, pp. 101〜102.

(97) B. G. Tilak, *Shrimadbhagavadgita-Rahasya athva Karmayogashastra*（『バガヴァッドギーター奥義——行為の道』）, Pune, 1968（9th edition）p. 217.

(98) *ibid.*, pp. 44〜45.

(99) *ibid.*, p. 368.

(100) Y. D. Phadke, *Lokamanya Tilak ani Krantikarak*（『ロークマーニャ・ティラクと革命志士』）, Pune, 1985

.pp. 116 〜 117.

【第三章　近代から現代への転換とティラク】

（1） A. S. Rajan, *The National Congress: Its Evolution*, Madras, 1918, pp. 115 〜 116.

（2） *ibid.*, p. 120.

（3） A. J. P. Taylor, *English History 1914 〜 1945,* Oxford, 1965, p. 3.

（4） H. P. Mody, *Sir Pherozeshah Mehta: A Political Biography*, Vol. II, Bombay, 1921, pp. 630 〜 632.

（5） A. C. Bose, *Indian Revolutionaries Abroad*, Patna, 1971, p. 253.

（6） P. B. Sinha, *Indian National Liberation Movement and Russia（1905 〜 1917）*, New Delhi, 1975, p. 78.

（7） *ibid.* p. 78.

（8） Tilak's letter to the press, Aug. 27, 1914, *Samagra Lokmanya Tilak*, Vol. 7, Pune, 1975, p. 295.

（9） D. V. Mathur, *Gokhale: Political Biography, A study of his services and political ideas,* Bombay, 1966, p. 322.

（10） Tilak to Annie Besant, Jan. 21, 1915（*ibid.*, p.326）.

（11） Gokhale to B. Basu, Dec. 14, 1914（*ibid.*, p. 327）.

（12） Gokhale to B. Basu, Dec. 25, 1914（*ibid.*）.

（13） H. P. Mody, *op.cit.*, pp. 656 〜 657.

（14） Gordon Johnson, *Provincial Politics and Indian Nationalism: Bombay and the Indian National Congress 1880 〜 1915,* Cambridge, 1973, p. 190.

(15) R. C. Majumdar, *History of the Freedom Movement in India*, Vol. II, Calcutta, 1963, pp. 359 ~ 360. しかしゴーカレーが亡くなった数日後、ティラクは『ケーサリー』紙(一九一五年二月二三日付)の社説として、「故ゴーパールラーオ・ゴーカレー」と題する、訃報記事にしてはかなり長い文章を書いている。その一部を引用しよう。

……ゴーパールラーオジー(ゴーカレー)が残した業績はおそらくすべての人々が完全に理解しているから、この悲しみに満ちたとき誰もがそれを想起しないではおかないであろう。……齢五〇になる前に全国にわたり老若すべての人の口にその名が上るということは、決してただ事ではない。常に高遠な目標を心に抱き、その仕事を自らの知性と長期の努力で成し遂げるというのが、ゴーパールラーオジーの伝記作家の主たるテーマである。

……ある人は彼の知性を称賛し、ある人は彼の長い努力の偉大さを称賛し、またある人は彼の寛容さや謙虚さを称賛する。しかし我々の考えでは、それらは外的な徳であり、それらに関してはゴーカレーと意見が異なるかもしれない。しかしそれらの徳や彼の仕事が生じてくる一つの内なる徳に関しては意見の相違はあり得ないというのが我々の確固たる見解である。その徳とは、必要なときに無欲の良心をもって、自らを国のために役立たせることにほかならない。

(16) Ram Gopal, *Lokamanya Tilak: A Biography*, New York, 1965 (Reprint, 1st published in 1965), p. 362; D. V. Tahmankar, *Lokamanya Tilak: Father of Indian Unrest and Maker of Modern India*, London, 1956, p. 227.

(17) *Report of the 13th Indian National Congress held at Bombay*, Lucknow, 1916, p. 48.

(18) *ibid.*, p. 115.

(19) *The Montagu-Chelmsford Proposal*, London, 1919, pp. 142 ~ 147.

(20) *ibid.*, pp.148〜152.

(21) Majumdar, *op. cit.*, p. 353.

(22) *Report of the 31st Indian National Congress 1916*, Calcutta, 1917, pp. 70〜71.

(23) Prabha Dixit, "Political Objectives of the Khilafat Movement in India" , Musirul Hasan ed., *Communal and Pan-Islamic Trends in Colonial India*, New Delhi, 1981, p. 49.

(24) Ali Ashraf, "Khilafat Movement: A Factor in Muslim Separatism" , M. Hasan, *ibid.*, p. 79.

(25) The Indian National Committee （European Center）, *Self-Government for India*, Stockholm, n.d., pp. 50〜51.

(26) K. Antonowa, G. Bongard-Levin and G. Kotovsky, *A History of India*, Book 2, Moscow（English edition）, 1979, p. 146.

(27) M. N. Roy, *India in Transition*, Geneva, 1922, p. 215.

(28) John Patrick Haithcox, *Communism and Nationalism in India: M. N. Roy and Commintern Policy 1920〜1935*, New Jersey, 1971, p. 13（邦訳：『インドの共産主義と民族主義：M・N・ローイとコミンテルン』、中村平治・内藤雅雄訳、岩波現代選書、一九八六年、一一〜一二ページ）.

(29) J, Nehru, *An Autobiography*, London, 1936, p. 31.

(30) E. Kathy Dickson, *The Home Rule League's Business Faction in Bombay 1918〜1923*, Berkeley Working Papers on South and Southeast Asia, Vol. I, Berkeley, 1977, p. 81.

(31) ティラクの右腕と呼ばれたN・C・ケールカルには、アイルランドとインドの状況を交錯させて論じた次の著作（マラーティー語）がある。
N. C. *Kelkar, Irelandcha Itihas*（『アイルランド史』）, Pune, 1909, 207+114p
またティラクの指導下にあった活動家たちの中にはシンフェイン運動の活動家と接触をもつ者もあり、イギリス国内でも、インドの自治を求める連盟が主催する会合でシンフェイン活動家たちが演説を行なっていた（*Source Material for a History of the Freedom Movement in India*, Collected from Bombay Government Records, Vol. II, Bombay, 1958, p. 314）。

（32）K. R. Shirsat, *Kaka Joseph Baptista: Father of Home Rule Movement in India*, Bombay, 1974, p. 39.
ティラク自身も釈放後の一九一四年八月に、アイルランドの自治と同じものをインドも求めることを表明している。（Tilak's letter to the press, Aug. 27, 1914, *Samagra Lokmanya Tilak*, Vol. VII, Pune, 1975, p. 294）.

（33）ティラクにしろベザントにしろ、この年（一九一六年）四月のアイルランドにおける「イースター蜂起」の報道から大きな衝撃と刺激を受けたといわれる（Algernon Rumbold, *Watershed in India 1914～1922*, London, 1979, p. 47）。

（34）J. M. Brown, *Gandhi's Rise to Power: Indian Politics 1915～1922*, Cambridgs, 1972, pp. 27～28.

（35）Dickson, *op. cit.*, pp. 86～90.

（36）Oct. 8, 1917 at Allahabad（*Samagra Lokmanya Tilak*, Vol. Vii, pp. 528～529）.

（37）H. F. Owen, "Towards Nationwide Agitation and Organisation: The Home Rule Leagues 1915～1918", in D. A. Low ed., *Soundings in Modern Asian Studies*, Burkeley, 1968, p. 175; Jamnadas Dwarkadas, *Political Memoirs*, Bombay, 1969, p. 15. なお、会議派内に最高指導機関たる運営委員会（Congress Working Committee）が設置

されるのは一九二〇年以降である。

(38) Brown, *op. cit.*, p. 27.

(39) *ibid.*, p. 28.

(40) V. P. Varma, *The Life and Philosophy of Lokmanya Tilak*, Agra, 1979, p. 365.

(41) Bombay National Union, *Year Book 1918*, Bombay, 1918, p. 88.

(42) Varma, *op. cit.*, p.342.

(43) 一九一八〜一九年のいわゆる「チロル裁判」(後出)で、検事から「スワラージャがイギリスからの絶対的独立を意味するものとして用いられていたか」という再三再四繰り返された質問に対して、ティラクはこれを否定し、それはあくまで「帝国内の自治」であることを強調している(*The Legal Proceedings in the Case of Tilak vs. Chirol and Another*, Vol. I, Oxford, 1920, p. 160)。このことは、イギリス人の意識の中ではティラクの名が完全独立論者として深く刻み込まれていたことを示しているといえるであろう。

(44) 確かにここでの彼の「自治」論はかつて一九〇五〜〇八年のスワデーシー運動のときに掲げた「スワラージャ」のニュアンスとは相違があるといわねばならないであろう。しかし、もしそうだとしてすれば、それはインドが置かれた状況の相違とそれに対する把握の仕方に由来しているであろうことも容易に想像できる。たとえば、M. P. S. Nair, "Bal Gangadhar Tilak: The Moderate as Extremist", *Journal of Indian History*, Vol. LIV, Part III, Dec. 1967, p. 575 などを参照。

(45) ただし、州行政の掌握を先行させるというこの考え方は必ずしもティラクの固執するところではなく、一年後の一九一六年のラクナウー協定で示された内容は当初より中央の行政部にも一定の改革が直ちに導入されることを求めている。彼自身一九一七年一二月の会議派カルカッタ大会の席上では、州の責任政府をまず実現すべきであるとするビピン・チャンドラ・パールの意見に反対し、むしろ中央政府自体の中に一定の統制力をもつべきであると主張している。(*Report of the 32nd Indian National Congress 1917*, Delhi, 1918, pp. 103 ~ 104)

(46) このアメリカ合衆国連邦の構想についてティラクは当時からしばしば言及しており、一九一八年三月三一日のマドラスでの演説においても次のように述べている。

インドはインド中の小さな州(States)から成り、各州は自らの言語を有し、すべてが英語あるいはヒンディー語のような共通の言語で結ばれた合衆国のようなものでのみあり得る(*Samagra Lokmanya Tilak*, Vol. VII, op. cit., pp. 646 ~ 647)。

(47) Speech on Swarajya at Ahmadnagar, June 1, 1916 (*Samagra Lokmanya Tilak, ibid.*, p. 480). この演説によってティラクは「騒擾的(seditious)」であるとして州政府当局に逮捕され、再び裁判を受けるが、ボンベイ高裁はこれに対して無罪の判決を下している。

(48) K. R. Shirsat, *op. cit.*, pp. 123 ~ 124.

(49) J. Baptista (drafted), *The Constitution of India, op. cit.*, pp. 18 ~ 55.

(50) *Source Material for a History of the Freedom Movement in India, op. cit.*, p. 315.

(51) 小幡操『イギリス現代史』、岩波書店、一九五九年、二二〇~二二一ページ。

(52) S. D. Waley, *Edwin Montagu: A Memoir and an Account of His Visit to India*, Bombay, Calcutta, London, New York, 1964, p. 136.

(53) Rumbold, *op. cit.*, p. 315.

(54) S. R. Mehrotra, *The Commonwealth and the Nation*, New Delhi, 1978, pp. 95～96.

(55) S. R. Mehrotra, *India and the Commonwealth 1885～1929*, London, 1956, p. 104.

(56) D. Lloyd George, *War Memoirs of David Lloyd George*, IV, London, 1934, p. 1733.

(57) E. S. Montagu（ed. by Venetia Montagu）, *An Indian Diary*, London, 1930, pp. 15～26, pp. 52～55.

(58) *ibid.*, pp.133～134.

(59) *Report of the 32nd of the Indian National Congress 1917*, Calcutta, 1918, p. 100.

(60) *ibid.*, pp. 101～102.

(61) *ibid.*, p. 105.

(62) *Samagra Lokmanya Tilak*, Vol. VII, op. cit., pp. 957～963.

(63) Ravinde Kumar, "From Swaraj to Purna Swaraj: Nationalist Politics in the City of Bombay 1920～32", in D. A. Low ed., *Congress and the Raj: Facets of the Indian Struggle 1917～47*, London, 1977, p.84.

(64) Brown, *op. cit.*, p. 58.

(65) Dickson, *op. cit.*, p. 87.

(66) Owen, *op. cit.*, p. 181.

(67) 彼はティラクがマンダレーから釈放された一九一四年四月に、自らも追放されていたポンディシェリー（プドゥッチェーリ）から一文を『ザ・ヒンドゥー』紙（九月三日付）に寄せ、ティラクの活動に対する称賛の辞を送っている（*The Hindu*, Dec. 13, 1981）。

(68) L. V. Mitrokhin, *Lenin in India*, New Delhi, 1981, p. 12.

(69) Zafar Imam, *Colonialism in East-West Relations: A Study of Soviet Policy towards India and Anglo-Soviet Relations 1917～1947*, New Delhi, 1969, p.54.

(70) *ibid.*

(71) *Report on Indian Constitutional Committee*, Calcutta, 1918, p. 14.

(72) Tilak Raj Sareen, *Russian Revolution and India 1917～1921*, New Delhi, 1977, Appendix pp. 113～114.

(73) *ibid.*, pp. 6～7.

(74) *ibid.*, pp. 9～11.

(75) *Report of the 33rd Indian National Congress 1918*, Amritsar, 1919, p. 31.

(76) M. K. Gandhi, *Young India 1919～22, Madras, 1922*, p. 279.

(77) J. Anjanelulu, "B. P. Wadia", *The Hindu*, Oct. 9, 1981.

(78) Sukomal Sen, *Working Class of India: History of Emergence and Movement 1830～1970*, Calcutta, 1977, p. 71.

(79) Imam, *op. cit.*, pp. 52～53.

(80) 一八八七年にカナダ、オーストラリア、ニュージーランドなどの白人植民による自治植民地の代表が集まって植民地会議（Colonial Conference）を開いたのが始まりで、一九〇七年にはそれぞれが自らを自治領として位置づけ、これより会議の名称も帝国会議と改められた。

(81) Mehrotra, *op. cit.*, p. 91.

(82) *ibid.*, pp. 96～97.

(83) *ibid.*, p. 97.

（84）*ibid.*, p. 98.

（85）それでもティラクは、インドに代表権が認められたこと自体はそれなりに評価していたようである。しかし、「私はこの別個の代表権は非官僚の代表に与えられるべきであると考える。そうでなければ、イギリス帝国の五つの代表国の中で官僚の見解がインド代表のそれになってしまうだろう」とプネーの同僚に書き送っている（Tilak to G. S. Khaparde, Jan., 16, 1919, *Samagra Lokmanya Tilak*, Vol. VII, op. cit., p. 903）。

（86）T. V. Parvate, *Bal Gangadhar Tilak: A Narrative and Interpretative Review of His Life and Contemporary Events*, Ahmedabad, 1858, p. 463.

（87）Robert Rancing, *The Peace Negotiations: A Personal Narrative*, Boston, 1921, pp. 96 ~ 97.

（88）D. P. Singh, *American Attitude towards Indian National Movement*, New Delhi, 1974, p. 189.

（89）*ibid.*, pp. 225 ~ 226. 同年五月二六日にデ・ヴァレラのもとで国民議会が成立したばかりのアイルランドが、ウィルソン大統領の「一四か条」に期待を寄せつつ、「独立承認の申請」を平和会議に提出したが、アイルランドよりもイギリスとの関係を重視するウィルソンはこれを拒否した（堀越智『アイルランド民族運動の歴史』、三省堂、一九七九年、一四三～一四七ページ）。

（90）Mahratta, May 4, 19191（*Samagra Lokmanya Tilak*, Vol VII, op. cit., pp. 262 ~ 273）.

（91）Tilak to B. S. Moonje, June 5, 1919（*ibid.*, p. 936）.

（92）Tilak to N. S. Hardikar, June 6, 1919（*ibid.*, p. 937）.

（93）そしてこれが根拠となって、第二次世界大戦後に改組されて成立した国際連合ではインドが原メンバーとなり、パキスタンはそれから分離したと見なされて新加盟ということになった。

(94) インド人が初めて使節団団長となるのは、一九二九年の Sir Mohamed Habibullaha のときである。

(95) Editorial Notes and News, "India before the Senate", *Young India*, Vol. II, No. 10, Oct. 1919, pp. 219～220。しかし、ティラクは新しいこの国際組織に無関心ではなく、一九二〇年四月に書いた会議派民主党宣言の中でも、それのもつ重要な意義にふれている。

(96) しかしもしティラクの考えがそこに向かっていたとすれば、たとえば一九二七年にJ・ネルーが、たとえイギリスが自治領の地位をインドに与えたとしても、イギリスおよびそのほかの白人自治領諸国の「色と人種への偏見、および白人がたとえ少数である国でも彼らが至高でなければならないという理論」はなくなりはしないと指摘している（Sep. 13, 1927, AICC File No. 8, 1927, *Selected Works of J. Nehru*, vol. 2, New Dlhi, 1972, p.356）のと比べると、ティラクは自治領の地位という形式にあまりにとらわれすぎていたといわざるを得ないであろう。

(97) Valentine Chirol, *Indian Unrest*, London, 1910, 371 pp.

(98) *ibid.*, pp. 37～63.

(99) Tahmankar, *op. cit.*, p. 218.

(100) *Samagara Lokmanya Tilak*, Vol. VI, pp.364～365.

(101) Tahmankar, *op. cit.*, p. 271.

(102) *ibid.*, pp. 271～272.

(103) *Samagara Lokmanya Tilak*, Vol. VI, *ibid.*, pp. 914～915.

(104) その中にはたとえば「スワラージは独立を意味するのか」という問いに対して、ティラクがこれを否定して帝国下の自治であると答えている点（*The Legal Proceedings in the Case of Tilak vs. Chirol and Another*, London,

1920, p. 185 ）や、イギリスへの姿勢を問われて「帝国および王冠に忠誠である」と答えている点（*ibid*., pp. 210）など、二〇世紀初頭段階でのティラクの思想や行動と必ずしも合致しない印象を与える弁護を行なっているのも事実である。

（105）S. V. Bapat （Collected）, *Lok. Tilak yancha Athavani va Akhyayika*（『ロークマーニャ・ティラク：その回想と逸話』）, Vol. III, Pune, 1928.

（106）*The Legal Proceedings in the Case of Tilak vs. Chirol and Another, op. cit.*, p. 251.

（107）Tilak to Vidvans, Feb. 20, 1919（*Samagara Lokmanya Tilak*, Vol. VII, op. cit., p. 914）.

（108）Tilak to Vidvans, March 13, 1919（*Samagara Lokmanya Tilak*, Vol. VI, op. cit., p. 373）.

（109）N. C. Kelkar, *Lo. Tilak Yanche Charitra*, Vol. 3, Pune, 1928, pp. 15～17（6th Chapter）.

（110）Tilak to Vidvans, March 13, 1919（*Samagara Lokmanya* Tilak, Vol. VI, op. cit., p. 373）.

それらの費用の出所は、彼自身のケーサリー新聞社からの資金、銀行からの借用金のほか、自治要求運動基金から四二〇〇ポンド（五四六〇〇ルピー）、一般大衆による基金パイサー・ファンドから六〇〇〇ポンド（七八〇〇〇ルピー）などであった（プネーの Tilak Museum 保存の手書き文書より）。

（111）ティラクの書簡のいくつかを読むと、彼自身は勝訴の可能性をある程度期待していたふしが見られるが、その点では少し状況評価の甘さがあったといわねばならないだろう。

（112）Owen, *op. cit.*, p. 179.

（113）*Report on the Indian Constitutional Committee*, Calcutta, 1918, p. 220.

（114）Lionel Curtis, A Letter to the Hon. Babu Bhupendranath Basu, April 6, 1917, *Papers Relating to the*

Application of the Principles of Dyarchy to the Government of India, Oxford, 1920, pp. 102 ~ 103, p. 105.

(115) A. M. Zaidi and S. Zaidi eds., *The Encyclopaedia of Indian National Congress*, Vol. 7, 1976, p. 321.

(116) *ibid.*, pp. 397 ~ 398.

(117) *ibid.*, p. 530.

(118) *Report of the 34th Indian National Congress, Nagpur*, 1920, pp. 115 ~ 121.
ガンディーは、改革に関して「不満で幻滅的」といっておきながらそれが実際に機能することに手を貸すのは論理的に矛盾していると批判した。ティラクは彼を説得するのに二日間を要したという（Kelkar, *op. cit.*, p. 229）。

(119) *Report of the 34th Indian National Congress, op. cit.*, pp. 121 ~ 123.

(120) *ibid.*, pp. 124 ~ 128.
ちなみにこの大会は、ガンディーとジンナーが同一の論議に加わりほぼ同一の立場を表明したおそらく最後の機会であったと思われる。

(121) Tahmankar, *op. cit.*, pp. 281 ~ 285.

(122) *Samagara Lokmanya Tilak*, Vol. VII, op. cit., p. 897, p. 1089.
この年の選挙綱領でイギリス労働党は、「アイルランドとインドの解放を民主的権利として要求し、すべての被支配民族に対して、自由なる諸国家から成るイギリス連王内での自治権を及ぼすであろう」と謳っている。一方保守・自由党の連立グループは、「インドにおけるイギリスの政策の目標が、漸進的段階による責任政府の発展であることを定義した」というモンタギュー宣言の言葉を繰り返しただけである（F. W. S. Craig ed., *British General Election Manifestos 1900 ~ 1974*, London, 1975, pp. 30 ~ 31）。

（123）Kelkar, *op. cit.*, p. 20.

（124）労働党指導者の一人ジョージ・ランズベリーは一九一九年一一月九日付のティラク宛書簡において、インドが早急に「自治領の地位」を獲得するよう望むと記している（*ibid.*, p. 67)。

（125）ガンディーはすでに一九一九年初頭に全インド自治連盟のボンベイ支部を改組してサティヤーグラハ連盟（Satyagraha Sabha）を結成し、四月には反ローラット法運動の先頭を切ってハルタール（全市罷業）の開始を指令している。続いて六月には、すべての外国製商品（特に衣類）のボイコットをも呼びかけるスワデーシー（国産品奨励）運動を展開した。次いで八月一八日からはインド・ムスリムによる反英運動であるヒラーファト（カリフ制擁護）運動の指導にも乗り出した。

（126）Kelkar, *op. cit.*, p. 38.

（127）*Samagara Lokmanya Tilak*, Vol. VII, op. cit., p. 296.

（128）*ibid.*, pp. 296 ~ 297.

（129）*ibid.*, p. 297.

（130）*ibid.*, pp. 297 ~ 299.

（131）Kelkar, *op. cit.*, p. 59.

（132）R. Gordon, "Non-Cooperation and Council Entry 1919 to 1920", *Modern Asian Studies*, Vol. 7, No. 3, Cambridge, 1973, p. 455.

（133）*ibid.*, p. 456.

（134）*ibid.*, pp. 459 ~ 460.

(135) Interview by the Bombay Chronicle, June 12, 1920 (*Samagara Lokmanya Tilak*, Vol. VII, op. cit., p. 397).

(136) S. V. Bapat ed., *Lokmanya Tilak Yanchya Athavani va Akhyayika* (『ロークマーニャ・ティラクの回想と逸話』), Vol. I, Pune, 1924, p. 253.

(137) *All about Lok. Tilak*, Madras, 1922, p. cxiii.

(138) Vasant D. Rao, "Tilak's Attitude towards the Montagu-Chelmsford Reforms", *Journal of Indian History*, Vol. LIII, Part II (August 1975), Trivandrum, 1975, p. 299.

(139) *Bombay Chronicle*, Sep. 8, 1920 (Gordon, *op. cit.*, p. 465).

(140) *Weekly Report of the Director*, Central Intelligence for the Month of January 1920, Home Political File, No. 52 of 1920 (P. K. Jose, "Responsivist and Indian National Movement", *Journal of Indian Hitory*, Vol. LIV, Part III, Dec. 1976, Trivandrum, 1976, p. 616).

(141) *AITUC Fifty Years: Documents*, Vol. I, New Delhi, 1973, p. xxxix (Introduction by S. A. Dange).

(142) Kelkar, *op. cit.*, p. 65.

(143) Chamanlal Revri, *The Indian Trade Union Movement An Outline History 1880～1947*, New Delhi, 1972, p. 59.

(144) *ibid.*, p. 80.

(145) 一九二〇年三月二一日にマドラスで三〇〇〇人の労働者代表を集めて第1回労働会議(Labour Conference)が開催され、ここで州内のすべての労働組合が加盟するべき中央労働局(Central Labour Board)が設置された。(*Fortnightly Report*, Fort St George, April 3, 1920, No. 1209, W-1, p. 2) また同じころ、ボンベイでも州内の労働組合の諸活動を統合することを目指すボンベイ州中央労働組合(Bombay Province Central Labour Federation)が設立され、執行部と七つの部局が開設された（*AITUC Fifty Years*, *op. cit.*, p. 6, pp. 87 ～ 89）。

(146) Zaidi and Zaidi eds., *op. cit.*, p.533.

(147) Sareen, *op. cit.*, p.30.

(148) V. K. Narasimham, *Kasturi Ranga Iyengar*, New Delhi, 1972 （Reprint, 1st edition in 1963）, pp. 51 ～ 56.

(149) *Fortnightly Report*, Ootacamund, May 19, 1919, No. 1564, W-1, p.3.

(150) Sukomal Sen, *op. cit.*, pp.162 ～ 163.

(151) *ibid.*, p. 163.

(152) AITUC Fifty Years, *op. cit.*, p. 65.

(153) *ibid.*, p. 4.

(154) *ibid.*, p. xxiii.

(155) *ibid.*, p. 5.

(156) *ibid.*, pp. 29 ～ 30.

このラーイの演説の基調にあるものは、同時期のティラクの考えにも共通するところであったろう。ただこの時期、労働者の運動に強い関心と共鳴を寄せていたティラクではあるが、具体的な階級闘争の内容については必ずしも明確な言及がない点に気付かざるを得ない。このことは、本文中の先の引用でも労働運動の意義を政治的課題（スワラージャ）に対して副次的に言及していることからも窺えるようにプチブル的民族主義者の枠をもう一歩超え得なかったティラクの限界を示しているかもしれない。しばしば引用される次の演説は、彼がボンベイの工場労働者たちからＩＬＯ（国際労働機構）へのインド代表に選出された一九一九年一一月二九日の大集会で行なわれたものである。

……この世界ではすべての人が労働者である。労働することはキリスト教徒にとっては冒瀆であるが、われわれの宗教によればそれは一つの義務である。トゥカーラーム（一六〇七～四九年）もいっている通り、解脱よりも神の、すなわち人民の魂に奉仕することこそより望ましいのである。ある人を主人（malak）と考え、ほかの人を奴隷（gulam）と考えるのがイギリス的発想である。しかし彼らにも、これが有害な考え方であることが理解されてきた。イギリスにおけるこうした論議にならおうとする願望が我々の間にも見え始めている。これは注意しなければならないことである。彼の地ではすべての地主の土地を耕作する者はすべて労働者である。われわれの国では農民がすべての土地の所有者であったが、今では政府（イギリス＝インド政庁）が土地の所有者である。この地の主は労働者となり、彼の地の労働者が主人となっている。時代まさにそうなっているのである。工場の主になったといっても、彼らも大きくなった労働者（mothe mazur）に過ぎないのである。これら大きな労働者は小さな労働者に十分の食糧や衣類を与えなければならないというのはまさしく、彼らはそのように与えなければならない。しかし彼の地の労働者がストライキを行なっても得られない額以上の賃上げ額を、ガンディーのような行者的人物が君たちのために断食などを行なって簡単に獲得してくれるのである（*Kesari*, Dec. 2, 1919）。同じ演説の中で、労働者に対してその目的を達成するために組合を結成して団結せよと呼びかけているが、問題が平等主義的、人道主義的立場に還元されて、階級ないし階級闘争の意味がほとんど問われていないことを指摘せざるを得ない。

(157) S. K. Sen, *The House of Tata* (1839～1939), Calcutta, 1975, p. 103.
(158) *AITUC Fifty Years, op. cit.*, p. lxxxi.

【むすびに代えて】

(1)ティラクの死を歓迎するこの親英的新聞の訃報記事と、一九一五年にゴーカレーが亡くなったときにロンドンの『ザ・タイムズ』が掲載した"Death of Mr. Gokhale; Work for 'Moderate' Policy in India"と題する訃報記事を比べてみると、一般的にイギリス人がインドにおける反英民族運動をどのように考えていたかが見えてくる。最初の部分で、「遺憾と悔やみの言葉が、インド総督やボンベイ州知事はじめ国内のあらゆるところから寄せられた」と述べたあと、ゴーカレーの経歴と業績を具体的に挙げている。その一部を以下に引用しよう。たとえば、「ゴーカレー氏はインド総督カーズン卿の政策（ベンガル分割など――引用者）に対するベンガル人の反目の波にほとんど足をすくわれた（が）、……一九〇六年の会議派カルカッタ大会ではボイコット運動への支持には否定的だった。彼の理性と倫理観はティラクの反英的政策に常に反逆した」とし、自治問題についても、「彼の同僚の誰よりも明確に、植民地型の自治が実行に移される前に、公民的責任のより高度な観念がインドに行きわたらねばならないことを理解していた」というものである（*The Times*, Feb. 22, 1915）。

(2)D. R. Gadgil, "Tilakancha Arthik Vyavaharvad"（「ティラクの経済的現実主義」）, *Dha. R. Gadgil Lekhsangraha*（『D・R・ガードギール著作集』）, Vol. I, Pune, 1973, p. 176.

B・G・ティラク研究の動向

はじめに

B・G・ティラク（一八五六〜一九二〇年）という人物の思想と行動をどのように位置づけるかということは、インド民族運動史に限らず、インドの近現代史上の重要且つ興味深い課題である。

彼の晩年の時期には、ロシア「一〇月革命」と第一次世界大戦という世界に多大な衝撃を及ぼした事件を経て、現代史そのものが大転換しようとしていた。インドについていえば、ガンディーの指導のもとで反英民族運動が新しい局面を迎え、それに応じて様々な新しい問題にインドも直面する過渡的な時期であった。そうした新しい状況に先行し、あるいはそれを準備した時期も当然ながら我々の関心を引かざるを得ない。

この補論では、その時期のインドにおける政治運動の強力な指導者ティラクに関する諸研究を取り上げ、彼の思想や運動がどのような方面から、どのように取り扱われてきたのかを検討することで、インドそのものが置かれていた状況を浮かび上がらせるよう努めたい(1)。

1．インド人によるティラク論

インド人の手になるティラク論に関してみると、そのいくつかは資料的に有用なものであるが、総体的に「伝記」的性格が強く、本格的な研究となるとまだ今後に残された課題という印象が強い。

まず、ティラクの同時代人による伝記がある。アタリエーの『ロークマーニャ・ティラクの生涯』(2)は彼の死の翌年に執筆・出版され、しかも新しい民族運動の指導者として登場していたガンディーに捧げられていることは、この時期のインド史の推移を象徴的に示しているといえよう。

同書の結末近くで、「ロークマーニャが息を引き取るや否や、その位置がマハートマー・ガンディーによって輝かしく埋め合わされたということは、インドにとって何という幸いであったろうか(3)」と述べられているように、ティラクの業績に対する称賛とともに、くるべき新たな局面への期待が込められていた。なお同じ年に、のちにインドの共産主義運動の先頭に立つことになる若き革命家ダーンゲーがその著書『ガンディー対レーニン』の序章においてティラクにふれ、湧き上がるインド人民の闘いの道を準備した指導者としてその思想を論じている(4)。

次いで、ティラクと二〇年以上に及ぶ交流をもちその右腕とも称されたれたN・C・ケールカルによる彼の伝記がある。新聞『ケーサリー』や『マラーター』の発行のほか様々な運動でティラクと提携した人物による、最も包括的で独特なティラク伝(5)といえよう。ただ、アタリエーの場合についてもいえることであるが、ティラク自身をあまりに近くで見ていたせいか、またある程度は時代的な制約があるのかもしれないが、彼の周囲に生ずる諸々の問題をより広い視点で捉えるという姿勢が一貫していないように思われる。

一例を挙げれば、ティラクにとっては二度目の「騒擾罪」として六年間の禁固刑を受けた一九〇八年の裁判に関して、これをティラクの不幸と見なす視点のみが前面に出され、このとき判決への抗議として行なわれた、インドで最初の政治的ストライキといわれるボンベイ綿工場労働者のストライキの意義などは明確に問われていない。

インドの独立後に数多くのティラク論が生み出されるが、その一つの頂点となるのは一九五六年(6)である。当時インドは首相ネルーのもとで、バンドンでのアジア・アフリカ会議など非同盟運動の中心的存在として国際的発言力を増し、国内的にも第二次五カ年計画が開始されるなど、新しいインドを創造する意気込みがいやが上にも高まっていた。こうした政治的背景もあって、この年にティラクの生誕百年を記念する行事がインド各地で催された。六月二八日のニューデリーのタウンホールで、ネルーの手によってダーダーバーイー・ナオロージーの肖像画と並んで掲げられたティラクの肖像画が除幕された。その後の数年間で十指に余るティラク関係の文献が出版された。

インド人によるそれらの著作の中では、タフマンカル、ラーム・ゴーパール、カランディーカル、パルヴァテーおよびダナンジャヤ・キールたちのものが利用に値しよう。いずれも「ティラク礼賛」調が濃厚であるが、原史料からの引用も多いため、我々外国人研究者にはありがたい文献である。中でもカランディーカルの『ロークマーニャ・バール・ガンガーダル・ティラク——近代インドのヘラクレスにしてプロメテウス』(7)は、一九五六年インド政府主催のティラク生誕百年祭で「国民賞」に選ばれたものである。ケールカルの伝記に依拠しつつも、ティラク・ホーム・ライブラリー(プネー市のケーサリー社内にある閲覧室)所蔵の新聞ファイルなどを徹底的に活用し、極めて広範にわたるティラク論に仕上げている。ラーム・ゴーパールの『ロークマーニャ・ティラク：伝記』[8]は、ヴァスデーオ・バルワント・パドケー、ヴィシュヌシャーストリー・チプルーンカル、マハーデーウ・ゴーヴィンド・ラーナデーら政治活動家や指導者、およびティラクを取り巻くマハーラーシュトラの農民や都市インテリの動き、同地方におけるティラク登場の背景となる状況などを詳細に考察している点で評価できる。

インド人のティラク伝の中で、一九〇八年のティラク裁判とそれに続くボンベイ労働者のストライキを重視して扱っているのはラーム・ゴーパールとパルヴァテー[9]ぐらいである。ダナンジャヤ・キール[10]は、ティラクを全体として民衆と結びついた偉大な政治家として描きだすよう努めているが、特に彼の宗教への関わりに言及して、政治的にはあれほど大胆且つ急進的であるのに、どうして宗教的には狭隘《きょうあい》なのだろうかとの疑問を呈している[11]。

こうした見方は、インド人のティラク研究者の中にも一つの傾向としてあったようである。タフマンカルはマハーラーシュトラ出身で、かつてティラクの新聞『ケーサリー』および『マラーター』のロンドン特派員を務めたジャーナリストである。彼が描くティラク像[12]もいくぶん称賛の色彩を帯びているが、全体的には客観的な記述で、数あるティラク伝の中では最もよく彼の姿を伝えているのではないかと思われる[13]。

そのほか、ほとんどマラーティー語だけで執筆し、マハーラーシュトラでは歴史家、著述家として知られるY・D・パドケーが、ティラクと同時代の著名な思想家や活動家の関わりを追う精力的な研究を発表している。その対象は、ティラクの初期の同僚でのちに手強い論敵となるアーガルカル、反ブラーフマン運動の指導者でコールハープール藩王国の藩王シャーフー・チャットラパティ、ヒンドゥー優位主義者として知られる民族運動指導者V・D・サーヴァルカル、「革命主義者」と呼ばれるテロリストたちなど極めて多様であり[14]、マハーラーシュトラの政治史、思想史の研究に重要な材料を提供している。

ついでながら、ティラクと彼を継ぐように登場するガンディーを取り上げて、両者の思想と運動を比較している研究を挙げておこう。一つは、マラーティー語による古典的史書ともいうべき『現代インド（Adhunik Bharat）』の著者ザーウデーカルの『ロークマーニャ・ティラクとマハートマー・ガンディー[15]』、もう一つは比較的最近の研究でジョーティ・シャルマーによる『ティラクとガンディー――二人の政治・宗教観[16]』である。それぞれ異なる観点から代表的な二人の近現代インドの政治思想家を扱った興味深い研究であるが、ここでは書名だけに止めたい。

2. アメリカ人研究者のティラク論

アメリカ人の手になるものとしては、T・L・シェイおよびS・ウォルパートの二冊を取り上げよう。シェイはティラク生誕百年にあたる一九五六年、ニューヨークのニッカーボッカー財団の研究生としてインドに留学し、従来からの研究に現地での様々な史料に基づく検討を加え、『ロークマーニャの遺産[17]』としてボンベイから出版している。同書でシェイは、従来ティラクに言及するときしばしば用いられた「ヒンドゥー・コミュナリスト（宗派主義者）」、「地域主義者」、「暴力論者」、「過激派」、「原則主義者」という評価はいずれも斜視的で、ティラクや彼を中心とする「民族派（Nationalists）」の本質を正しく捉えていないというところから出発する。[18]このような偏頗な評価を否定する点ではシェイの発言は正しいものと思えるが、それでは彼のティラク評価の基点はどこにあるのだろうか。同書に次のような文章がある。

……イギリスの政治的統治という形での西洋のインパクトは、インドの再生にとって必要な刺激として入ってきた。一九世紀にインドの再生が始まったが、それは第一に西洋的価値組織への反動として、古い諸価値の宗教的、哲学的発見として、伝統主義の圧力の打破として、そして最後にインド的政治哲学の再生として始まった。インドの経験を、西洋を模倣する他民族のナショナリズムの中にあって独特たらしめているものは、このインド的政治哲学を二〇世紀のインド独立運動に再適用したことであった。[19]

シェイによれば、この独立運動の最初の担い手として、一方に西洋の模倣を主張する西洋化された指導者がおり、他方に植民地支配の絆を打破するための厳しい闘争を目指す指導者層がいた。このうち後者は、「彼らの大義名分が模倣的なものでも便宜的なものでもなく、強固な原則の基盤に立脚し、インド文明の価値基礎にその道徳的基盤」を見出しており、この流れを代表するのがティラクであるという。[20]続いてシェイはこの問題を独立インドにまで連続させて述べる。

……我々は（再発見され再適用された古典的哲学に基づく）新しい政治哲学が独立運動の哲学的

基礎を準備し、またそれが個人の社会および国家に対する関係についての新しい解釈をもたらしたにもかかわらず、新しいインド国家の計画と規律の中では、それへの依存が行なわれていないのをみるであろう

と。さらにシェイは、独立インドの新憲法にもインド文明のもつ古典的政治理論への言及がないと不満を投げかけている。(21)

ティラクはじめ、アラビンド(オーロビンド)・ゴーシュ、ビピン・チャンドラ・パール、ラジパット・ラーイらいわゆる「民族派」の指導者たちの発言――ことに一九〇五年を中心とする民族運動の高揚期のそれ――に、インド・ナショナリズムの「精神主義的性格」を重視するものがあったのは事実である。しかし、ある時期のそれら指導者たちの発言にそうした言辞を見出すことと、現実に進行し続けた民族独立運動の内容をそのまま道徳的枠組の中でのみ捉えることとは全く別問題であり、ことにシェイが独立に至るまでの運動全体を直線的に把握し、その上、独立以後のインド政治のあり方にまでそれを敷衍しようとするなら、それはシェイ自身の倫理主義への過信と歴史認識の欠如を示すのみであろう。

シェイによれば、現代の世界には二つの支配的政治哲学があるという。一つは、「幾世紀もの間、それ自身の文明の価値組織との統合を喪失してきたため、いままさにその困難の時期から抜け出そうとしている」西欧的政治哲学と、(22)もう一つは、「より高い倫理あるいは価値組織との統合を拒否する、完全に無神論的、唯物主義的価値組織に基礎を置く」マルクス主義的ソヴィエトの政治哲学(23)であるが、

いずれも現代の世界政治を律する理念たり得ないものである。これに対して、「近代インドの政治哲学は……政治的共同体に住む人間を正しく律する、偉大な、意義深い、統合的な哲学として、インドならびに世界に寄与し得るものである」。従って、「西欧的政治哲学およびマルクス主義的ソヴィエト政治哲学に取って代わり得る唯一のものはインドの政治哲学であり、それが試練を受けねばならない国はインドである(24)」。

シェイがここでふれている「インド的政治哲学」とはどういうものであろうか。彼によればそれはたとえば、「国家の目的、そして唯一の正当性はダルマ（dharma すなわち〝法〟）である(25)」、または「国家はそのあらゆる行為がダルマの支配——それは自然法および自然権のより高い主権のもとに存する国家という、西欧的リベラルな国家概念よりもずっと徹底したものである——によって導かれる限り、その活動において自由である」として述べられるダルマ、古代インドの政治理念を律してきた——とシェイはいう——このダルマを基盤に置く政治理念である。そこでは「伝統的」インド思想が非媒体的、非歴史的に、近代の民族運動ならびに政治理念に直結されているのが知られる。

ここに見られるようなシェイの「インド的政治理念」への期待は、同書が出版された一九五六年という時点における世界情勢と、当時のインド首相ネルーの華々しい外交活動に象徴された新興国インドの動向という現実の認識から生まれたのであろうことは容易に推測される。しかし、その新しい国家像を伝説的なアショーカ王のそれに重ね合わせて、古代インドの政治理念である「ダルマ・ラージャ（Dharma Raja）」の延長上に描きだすとすれば、それは必ずや現実によって裏切られるであろう。

ティラクとその思想についてシェイは述べている。つまり、「ティラクおよび国民会議派の〝民族派〟指導者たちは、その政治哲学の基礎を古代インドの人生哲学ならびに政治哲学に置いていた。彼らはこの古代の政治哲学をインド自治のための闘争に再適用しようと努めた」のだという。しかしこのようにティラクの思想や行動を伝統思想の線上にのみ位置づけるとき、この時期のインド民族運動が展開された実際の姿や、民族運動という枠組みを超えてティラクが見据えた領域の広がりを見失ってしまうであろう。

シェイは別の個所で、一九〇八年のティラク裁判とそれに抗議する労働者のストライキにふれて、「判決が発表されるや、民衆の感情は大いに爆発した。暴徒はボンベイ中にあふれ出し、デモ隊はインド中にみられた。暴徒は鎮められたが、揺り動かされた民族はついに、専制的で無責任な外国統治が永遠に続く中で、インドは平和裡に安んじていることはできないことに目覚めた[26]」と述べている。この客観的な記述と、現実の政治状況を伝統的政治哲学で説明しようとするシェイの先の議論が妙にずれていると感じるのは著者だけであろうか。

次にウォルパートの『ティラクとゴーカレー』に移ろう。同書は「近代インド形成における革命と改革」という副題にみられるように、二人のすぐれた思想家が生きた時代の動きを複眼的な視点で検討することによって、インド近代の苦悩の道をより包括的に捉えようと試みるものである[27]。

しかし、その試みはあまり成功しているとはいえない。おそらくそれは、ティラクやゴーカレーの時点での植民地下インドにおいて、「政治改革」と「社会改革」という二つの課題を並べて考察しうる条件が果たしてあったかどうかを検討せずに、それぞれの方向を代表すると考える二人の人物を並列しているからではなかろうか。対象としてティラクとゴーカレーを取り上げているが、従来ゴーカレーに対してティラクほどに関心や評価が与えられてこなかったことを不当とするウォルパートは、両者の比較を通じてゴーカレーの「復権」を目指したように思われる。

従来のティラクに関する評価は、「政治的には過激、社会的には反動」という図式があてられることが多かった[28]。ウォルパートはこうした二分法的分析に対して彼なりの批判を加えている一方で、次のように述べるとき、却ってそのような解釈を拡大してしまっているのではなかろうか。

彼がいうには、「ティラクの社会的反動のイデオロギーと政治的進歩のイデオロギーという二分法を強調する人々は、ヒンドゥー・ダルマの超越的な性格を無視、少なくとも軽視している。ティラクは政治的には進歩的というより、むしろ革命的であった。というのは、彼が求めた外国統治からの自由は、民主的自由も人間の諸権利もその究極の目標として持たず、むしろ伝統的ヒンドゥー正統派の復活を求めるからである[29]」。そこにはシェイのところで見たようなインド的伝統の美化まではいかないにせよ、やはりヒンドゥー的伝統思想論が顔を覗かせているのは否定できない。こうして、ウォルパートによれば、ティラクの人生観は社会改革家ゴーカレーに対して見ると「戦闘的ヒンドゥー的人生観[30]」であり、指導者としてのティラクには「戦闘的復古主義者[31]」との定義が与えられる。

ウォルパートの叙述におけるもう一つの顕著な特徴は、ティラクについて述べるほとんどの場合、宗教やカーストなどコミュナルな要素を付加する点である。たとえば、ティラクやそのほかの人物の名前をだすときに、必ず「ブラーフマンの」とか、「チットパーワン（ブラーフマン）の」、あるいは「シュードラの[32]」という風に「肩書き」を添えて登場させている。このような論じ方には、晩年のティラクが名誉毀損で起訴することになるイギリス人新聞記者のヴァレンタイン・チロルの視点と共通するものが含まれている。

チロルはロンドンの『ザ・タイムズ』の特派員としてインドに赴き、一九世紀末から二〇世紀初頭のインドの政治・社会状況を視察し、帰国後の一九一〇年に『インドの不穏』と題するインド見聞記を出版している。その書の中で彼は、一八八〇〜九〇年代のデカン地方における反英的動向をすべてチットパーワン・ブラーフマン主導によるものと断定し、それらの動きを一時代前の「ペーシュワーによる統治よもう一度」という復古主義的コミュナリズムと性格づけている。(33)

チロルは、一方に社会改革を先導するリベラルな「穏健派」のM・G・ラーナデーを挙げ、これに対してティラクを「最も危険な不満の主導者の一人となるべく運命づけられてきた」人物であり、当時の「インド不穏の父」であるとして激しい非難の言葉を投げつけた。(34)

ウォルパートはその書の題名のように「政治改革」と「社会改革」を並べて、それぞれの代表的指導者としてティラクとゴーカレーを比較するとき、チロルの場合と立脚する視点は異なるとはいえ、この段階でのインド民族運動の方向や歴史的意義を正当に評価できずに終わった。彼は次のように述べている。

……すべての社会改革の手段はイギリス＝インド政庁によって直接に支援されるか、あるいは政庁の仕事に関わるラーナデーのようなリベラルなインド人によって主張されていたから、ティラクが反動的な民衆の偏見を支持することは付随的に外国統治に対する攻撃であることになり、それ故、少なくともナショナリズムの主張であった。このようにして、社会的反動の動きは政治改革のための手助けとして奉仕することになった。もっとも前者がその衝動において保守的であったように、後者はしばしばその目的において復古的であった。(35)

ウォルパートがこう述べるとき、そこにはティラクの運動の根本にあった帝国主義批判の視点が完全に無視されており、「進歩的」と定義される社会改革と同一時点に並列され、比較されることによって、民族の独立を目指すこの運動の歴史的意義が見失われてしまっているといわざるを得ない。

さらにまたこれらのことと関連づけて、独立後の、そして今日のインドを念頭に置きつつ次のように述べられているのを知るとき、著者ウォルパートの意図するところをかなり明瞭に読み取ることができる。すなわち、

……これら二人（ティラクとゴーカレー――引用者）のそれぞれの夢が不安定に和解しながらインド社会は多くの点で発展してきたし、これからも発展し続けるだろう。ティラクがそう望んだように独立を選び、インド共和国はゴーカレーが思い描いたようにイギリス連邦の一員としてイギリスならびにスターリング（ポンド）圏との強い同法関係を維持してきた。同様に国内においても、これまでのところ合憲的発展のリベラルな線に沿った進歩的西洋化が生きたゴーカレーの伝統として指摘される。一方、好戦性、ヒンドゥイズムの復活、種族的ならびにコミュナルな緊迫性および社会的保守性が一種のティラクの遺産として見出される(36)

と。ウォルパートはここで、ティラクやゴーカレーが活動した時点とそれ以後の民族運動ないしインド社会における様々な運動の具体的内容に全くふれることなく、現在のインド、つまりウォルパートがそのティラク・ゴーカレー論を書いている時点のインドを何の媒介もなしに半世紀前の「改革家」の理念とを直結させているのであり、それは「歴史家」としてはあまりに歴史を超越し過ぎてはいないだろうか。その点では、シェイとウォルパートは同一線上に立っているといわざるを得ない。

3. ソ連邦研究者のティラク論

次いで、ソ連邦時代のロシア人研究者が残したティラク研究の集大成ともいうべきものに目を移そう。

ソヴィエト科学アカデミー所属のI・M・レイスネルとN・M・ゴルドベルグ（アジア人民研究所インド部門）が編集した『ティラクとインドの自由への闘い(37)』は、ソヴィエトにおけるティラク生誕百年記念論集である。同書はそのロシア語版への前書きにも述べられているように、「一九世紀の最後の三〇年間と二〇世紀の最初の一〇年間におけるインドの民主主義者たちの献身的な闘争、およびティラクの政治的経歴の中の主たる事件に新しい目を向けて(38)」、幅広い観点から検討を加えた九編の研究論文から成っている。同じロシア語版への前書きは同書の骨子を次のように要約している。

……この論集は、勤労者階級がインドの民族運動の原動力であったことを示しつつ、ティラクとその支持者たちの政治的見解が、封建的搾取と民族的抑圧に抵抗する大衆の闘争にいかに強く影響されたものであるかを述べている。厳密には、彼らがインド社会の客観的要求を反映したが故に、ティラクの思想および運動が全民族的な広がりをもち、強力な進歩性を示したのである。(39)

全体を貫くこの基本的姿勢は、ティラク研究の新たな側面を切り開くものである。特に、一九〇八年七月にティラクが騒擾罪の判決を受けたときに、ボンベイ市の綿織工場労働者が六日間にわたる抗議の政治ストライキを実施したことが大きく取り上げられているのは注目すべきである。

このストライキは、従来の研究ではほとんど消極的な形でしか取り扱われてこなかったが、その背景ならびにそれが及ぼした影響などを詳細に考察する二つの論文、L・A・ゴルドン「一九〇八年ストライキ前夜のボンベイ労働者の社会的経済的状況」とA・I・チチェロフ「ティラク裁判と一九〇八年のボンベイにおけるストライキ」は、ティラク研究はもとより、インド民族運動史、さらにはインド近現代史に関する極めてすぐれた労作といってよかろう。

なお同論集においてI・M・レイスネルが、一九〇七～〇八年にかけてインド各地の労働者が展開したストライキや政治的活動に関して、当時のインドの新聞がかなり詳しく報道していたことを指摘している。(40)これによって、この時期に、民族運動とはその出発点を異にしながら、しかも側面から民族運動を補強しうる勢力が徐々に形成されつつあったことが明らかになる。

ティラクに関して過去の多くの研究者は、「政治的に過激、社会的に反動」とか「政治改革か社会改革か」という二分法的な評価、対比を当然のように主張してきた。しかし、植民地体制の束縛を完全に断って民族独立を達成しようとする動きの中で、ティラクを中心とするプチブル民主主義者たちがいかなる進歩的で変革的役割を果たし得たかという視点に立つとき、従来のそうした立場はあまり意味をなさなくなる。

『ティラクとインドの自由への闘い』は前書きにもある通り、この歴史的な民族解放運動においては、指導者の思想と行動はその支持者層によって規制され、まさにそのことによってこそ指導者は進歩的であり得たことを指摘している。そこでは第一に問題とされるのは、その人物が立つ階級的基盤――本人が自らの階級性を認識していてもいなくても――と、人民大衆との関わりということになる。

主として二〇世紀前夜までの状況でこの問題にふれ、ティラクの思想と行動を考察しているのが、N・M・ゴルドベルグの巻頭論文「マハーラーシュトラにおける民主勢力の指導者」である。筆者はティラクの周辺にまとわりつくコミュナルな要素が、彼の思想と行動にある種の規制や方向づけを与えた点にふれているが、同時に、プチブル・インテリという階級的規制を受けつつも、ティラクの見解や行動が一九世紀末にはすでにマハーラーシュトラのみならず、全インド的な政治的解放に向けての進歩的役割を果たすに至っていたことが重点的に述べられる。(41) ゴルドベルグによれば、一八八〇年代のティラクらが提起したプログラムはプチブル的性格を帯び、経済的に見ればそれらはブルジョア的発展の経済的綱領を概ね内包しており、結局この時期の彼らが目指したものは、インド産業の発達と漸進的な経済的解放の諸問題であった。(42)

具体的にいえば、一八八〇年代前半のマハーラーシュトラを舞台とするマンチェスター商品のボイコット――実際にこの時点ではあまり効果はなかったが、二〇世紀初頭のイギリス商品ボイコットという民族運動の準備的意味をもったであろう――、一八八七年には農民(ライーヤット)の税負担緩和という要求、そして国内市場の拡大と民族産業の地位の強化が打ち出された。一八八九年の会議派ボンベイ大会では、自由に地価の評定を上げるという政府の権限を廃止するよう求める「全インドを通じての永久地代設定(permanent settlement)」を提起している[43]。

一方この時期には、ティラクの動きは二つの流れを汲んでいたと指摘される[42]。すなわち、インドを「落ちぶれた民族」の状況に貶めている植民地体制の諸政策に対する断固たる抵抗がある。それはすでに『ケーサリー』『マラーター』紙を通じて強力に進められており、その論陣を張る過程でティラクは「社会改革」より政治的要求貫徹を先行させるという見解を確立したとゴルドベルグは述べる。もう一つの流れは、当時はまだM・G・ラーナデーの指導するプネー大衆協会(Pune Sarvajanik Sabha)および初期会議派が維持した極めて親英的で穏健な立場であった[44]。このような錯綜した姿勢は、一八九〇年代の半ば以降、特に一八九六~七年にマハーラーシュトラを襲った大飢饉と疫病の流行という事態を経て大きく変容し、農民と一部の労働者を糾合しつつ、明確な反英運動へとティラクを駆り立てていく。

このような時期のマハーラーシュトラにおけるプチブル的政治勢力の性格について、同論集でV・I・パブロフは次のように述べている。

……マラーターのプチブルは、植民地支配の結果として、最も直接的に不十分で緩慢な資本主義的発展を味わわされることになった。インドの企業は、半封建的農村の限られた範囲の消費者需要、非常に狭い国内市場でのイギリス工場製商品との対抗、適正な資本主義的信用貸し制度の欠如、および輸入半製品への依存によって束縛されていた。それがまさに、マラーター・プチブルの客観的利害が、その本来の宗教的コミュナル性、カースト的偏見および古風なイデオロギー形態にもかかわらず、それをして反英・反帝国主義の妥協のない闘争へと導いていった

のであり、「最も堅固にして強力な、インドにおける自主的な資本主義発展へと向かう反帝国主義的傾向を表現した、ティラクを指導者とする政治的動向がマハーラーシュトラに起こるのを促した」のであると。(45) ところで、マハーラーシュトラでこのような動きの中にプチブル的要因が濃厚に表面化し得たことの理由は、この地域における大ブルジョアジーの勢力が相対的に弱かったからであるとパブロフが指摘しているが、一九世紀末には彼らはボンベイを中心に一つの目立った勢力を形成していたのも事実である。

全インド的に見た場合、この大ブルジョアジーの動きが主要な契機となって、一八八五年一二月のインド国民会議派の成立を促し、彼らが初期の会議派内の穏健な方向を代弁する勢力となる。先にもふれたように、会議派初期の時点ではティラクの動きもこの方向と歩調をともにしていくのであるが、一八九〇年代後半になると、一時はかみ合っていた二つの流れが分離するようになり、二〇世紀初頭の民族運動の一大高揚期においても対立関係が底流として残る。しかしこの二つの流れが一般には「過激派」と「穏健派」、または「政治改革派」と「社会改革派」という名称で呼ばれ、イデオロギー的な側面からのみ論議されることが多いのは再考を要するように思われる。(46) すなわち、これでは両派の

依って立つ基盤が検討されないままで、両者の違いの本質が曖昧にしか理解されないからである。従って、A・I・レフコフスキーの次のような指摘は極めて重要なものとなろう。

……穏健派はイギリス資本および封建地主と結びつき、同時にインドの土着の資本主義的企業の発展を支持する、大抵は裕福なブルジョアジーの階層から出ている。彼らの最も代表的なイデオローグは、G・K・ゴーカレー、ナオロージー、ターカルセーおよびバナジーらであった。……反対派として、ティラク、パール、ゴーシュ、ピッラーイらに代表される過激派もまたブルジョアジーの利害を代表したが、この階級の（多数ではあるが）特定の部分だけを代表していたのではなかった。彼らは資本主義の広範で急速な発展に関心をもつ幼児期民族ブルジョアジーの階級全体を代弁していたが、その資本主義の発達に対する主たる障害は、イギリス植民地主義者による経済的政治的抑圧であった。インドの自主的発展を目指すものとされるこれら過激派のラディカルな要求は、人民全体の民族的利害と符合していた。[47]

このような対立の基盤を考察することによって初めて、たとえば次のような事情も理解されよう。つまり、インド政庁（当時は在カルカッタ）によるベンガル分割発令の翌年の一九〇六年に開かれた会議派カルカッタ大会で、スワデーシー（国産品愛用の奨励）、ボイコット（イギリス商品排斥）、民族教育推進、スワラージ（民族自治要求）という四スローガンがほとんど全会一致で採択されながら、それ以降、「自治」の内容やスワデーシー＝ボイコット運動の進め方に関して会議派内に重大な意見の対立が生まれ、再び会議派の分裂をもたらしてしまう理由である。

補論のまとめ

ところで、ティラクとインドの自由への闘争と題するこの論集には、「ティラクの顕著な人生の全般を徹底的に研究することは、当然ながら現場ならびに様々な歴史的記録のより近くにいるインド人学者たちによって最も良く行なわれるであろうと信ずる[48]」との謙虚な前書きが添えられている。それは一種の弁明とも受け取られるものであるが、読者として全体を読んでみて残るのは、同書が対象として扱っているのが一九〇五～八年という時期に限られているという不満である。

特に、ティラクの進歩性を指摘しつつ、一九〇八年のボンベイの労働者ストライキに際しては彼がまだその事態を階級的観点から理解していなかったことが指摘されているが、それでは一九一七年のロシア一〇月革命後にティラクの考え方にどういう変化が生じたのかというのが次の大きな問題かと思われるからである。というのも、インド人研究者の間でも最近、ティラクや『ケーサリー』紙へのほかの執筆者がロシア革命やその影響下で起こったインドの労働運動についての研究に着手しているからである[49]。

ティラク自身についていえば、死の四か月前に書き残した遺書的文献ともいうべき「会議派民主党宣言」（一九二〇年四月発表）にも、革命およびその後の新しい諸事態を目撃したあとの彼なりの結論が窺える。

そこにはロシア革命そのものへの言及はないが、人間性と人類間の友愛という原理の推進、世界平和強化への道としての国際連盟、民族自決原則の徹底といった全世界的規模の問題からはじめて、農民、工場労働者を問わず労働時間、労働に対する正当な賃金、人間にふさわしい住居の保証、公平な資本・労働関係など、同時期の国際労働機関（ＩＬＯ、一九一九年設立）が掲げたと同様な改革の項目が挙げられている。(50)

インド民族運動史またインド近現代史の上で最も大きな転換期の一つとなった一九一七～二〇年という時期は、従来「ガンディー時代」への過渡期としてのみ位置づけられ、あまり包括的な検討がなされずにいた感がある。この時点でのティラクのロシア革命観やその影響に関する彼の考察に目を向けることは、そうした間隙を埋める重要な作業になるのではと考えるものである。

※この補論は、日印文化協会発行の『インド文化』第八号（一九六八年三月）、「近代インド文学」特集号に掲載された論文に多少手を加えたものである。従って、「ソ連」「ソヴィエト」など、今日の状況にそぐわない名称が出てくるが、ここでは原文のまま残した。

補論〈注〉

(1)日本でもティラク研究はすでに行なわれ、その中に重要な指摘も見られるが、ここではそのいくつかの論文名を挙げるに止めたい。

大亜細亜協会調査部「印度国民運動の父チラク」(一)(二)、『大東亜主義』(大東亜協会)、一九三三年一一、一二月号

青江舜二郎「インドのヨハネ――ティラク」、『歴史』(史学社)第一巻、第七号、一九四八年八月号

中村平治「近代インド政治思想の史的考察――B・G・ティラクの生涯とその思想」、『東洋文化』(東京大学・東洋文化研究所)二八、一九五九年一二月号

高崎直道「ヒンドゥイズムとナショナリズム――思想史的史論」、『思想』(岩波書店)No. 466、一九六三年四月号

坂本徳松「インドの内側からみたインド・ナショナリズムの問題」、歴史評論(歴史評論社)一一六、一九六〇年四月号

(2) D. V. Athalye, *The Life of Lokamanya Tilak*, Pune, 1921.

(3) *ibid.*, p. 376.

(4) S. A. Dange, *Gandhi vs. Lenin*, Bombay, 1921, pp. 9 ~ 12.

(5) N. C. Kelkar, *Lokmanya Tilak yanchen Charitra* (in Marathi, 3vols.), Pune, 1923 ~ 28 (N. C. Kelkar, *The Life of Lokamanya Tilak*, translated by D. V. Divekar, Madras, 1928).

(6)この一九五六年に、現代インド史上極めて重要な言語別州再編成が中央議会で議決され、実行に移されている。言語別州再編の案は一九二〇年にティラクが残した会議派民主党宣言に中に明白に打ち出されており、同年一二月の会議派ナーグプール大会で採択されたものである。この要求はすでに一九一一年に最初に提示され、その段階でティラクはそれへの支持を表明していた（Balabushevich and Dyakov eds., *A Contemporary History of India*, New Delhi, 1964, p. 12)。

(7) S. L. Karandikar, *Lokamanya Bal Gangadhar Tilak, the Heracules & Prometheus of modern India*, Pune, 1957.

(8) Ram Gopal, *Lokamanya Tilak : a bioraphy*, Bombay, 1956.

(9) T. V. Parvate, *Bal Gangadhar Tilak : a narrative interpretive review of his life and contemporary events*, Ahmedabad, 1958.

(10) Dhananjaya Keer, *Lokamanya Tilak : father of our freedom struggle*, Bombay, 1959.

(11) *ibid.*, p. 171.

(12) D. V. Tahmankar, *Lokamanya Tilak : father of Indian unrest and maker of modern India*, London, 1956.

(13)比較的最近に出版されたマラーティー語によるティラク論としては、Sadanand More, *Karamayogi Lokmanya : Chikitsak Akalan*（『行動の人 ロークマーニャ――分析的考察』）, Pune, 2014がある。

(14) Yashvant Dinkar Phadke, ① *Shodh : Bal-Gopalancha*（『ティラク・アーガルカル研究』）, Pune, 1977; ② *Shodh : Savarkarancha*（『サーヴァルカル研究』）, Pune, 1984; ③ *Lokmanya Tilak ani Krantikarak*（『ロークマーニャ・ティラクと革命戦士たち』）, 1985, Pune; ④ *Shahu Chhatrapati ani Lokmanya, Pune*, 一九八六; ⑤ *Agarkar*, Mumbai, 1996.

(15) S. D. Javdekar, *Lo. Tilak va Ma. Gandhi*, Pune, 1946.
(16) Jyoti Trehan Sharma, *Tilak and Gandhi: Perspectives on Religion and Politics*, New Delhi, 2001.
(17) T. L. Shay, *The Legacy of the Lokamanya : the political philosophy of Bal Gangadhar Tilak*, Bombay, 1956.
(18) *ibid*., p. vii.
(19) *ibid*, Introduction, p. xvi.
(20) *ibid*., p. xviii.
(21) *ibid*., p. xvi.
(22) *ibid*., p. xvii.
(23) *ibid*., p. 182.
(24) *ibid*., p. 184.
(25) *ibid*., p. 185.
(26) *ibid*., p. 125.
(27) S. A. Wolpert, *Tilak and Gokhale: revolution and reform in the making of modern India*, Berkeley and Los Angels, 1962, p. xi.
(28) この図式は、J・ネルーがその著書の中で「社会的に見るならば、一九〇七年の民族主義の復興は明らかに反動的であった」(Jawaharlal Nehru, *An Autobiography, with musings on recent events in India*, London, 1936, p. 24) と述べているのが最初の例かと思われる。またイギリス共産党の創立者の一人R・パーム・ダットも、一八九〇年代初まで時期を遡らせて、「この時代からインドにおける政治的過激主義と社会的反動の結合が始まった」（パーム・ダット［大形孝平訳］『現代インド』、岩波書店、一九五五年、一四八ページ）と記している。それ以降、ティラクと彼を中心とする運動はこのように枠付けられたようである。しかし、「なによりもまずインドの政治的進歩と政治的自由の達成が現実の基本的任務であり、社会改革が政治変革を規定するのではなく、政治変革こそが社会改革のすべての側面を規制する政治状況が開けつつあった」（中村平治「ローカマーンヤ・ティラク」、筑摩書房『世界の歴史』、一九六二年所収）一九世紀末段階の運動に言及する場合、ネルーやダットの評価についても再検討が加えられるべきであろう。

(29) Wolpert, *op. cit.*, pp. 137 ~ 138.

(30) *ibid.*, p. 177.

(31) *ibid.*, p. 297.

(32) マハーラーシュトラ地方のブラーフマンとは、チットパーワン、デーシャスタ、サーラスワット、およびカラーラーの四つが主要なものとされている（D. D. Kosambi, "The Social and Economic Aspects of the Bhagavad Gita", *Myth and Reality: Studies in the Formation of Indian Culture*, Bombay, 1962, p. 38 note 7）。

(33) Valentine Chirol, *Indian Unrest*, London, 1910, p. 41.

(34) *ibid.*, p.40.

(35) Wolpert, *op. cit.*, p. 38.

(36) *ibid.*, p. 305.

(37) I. M. Reisner and N. M. Goldberg eds., *Tilak and the Struggle for Indian Freedom*, New Delhi, 1966. 同書は原著ロシア語版、*Nachionalino: Ostvoditelinse Dbijeniye b Indii i Dejacherioschi B. G. Tilak*, Institut Voskovedeniya,

Moskva, 一九五八の英訳である。

(38) *ibid.*（Preface to the Rusian Edition by Indian Department, Institute of Peoples of Asia, USSR Academy of Sciences）.

(39) *ibid.*

(40) レイスネルは同論集に寄せた「B・G・ティラクの社会的、政治的貢献」と題する論文で、当時のインドの新聞諸紙を詳しく調べた結果、ボンベイでのティラク判決に対する抗議ストライキに先立ってインド各地で起こっていた労働者のストライキとして、以下のような例を挙げている。

一九〇七年、東ベンガル鉄道の経済スト

一九〇八年一月、マイソール藩王国内イギリス人所有のコーラル金鉱のスト

同年一月一〇日、大インド半島鉄道ボンベイ・パレール工場労働者八〇〇〇人のスト

同年二月、ボンベイ中央郵便局配達人のスト。フーグリー（ベンガル）のジュート工場で少年労働者のスト

同年三月、カーキーナーダー（現アーンドラ・プラデーシュ内）のジュート工場労働者間に不穏の情勢

同年四月、ボンベイのグリーブズ・コットン&カンパニーの工員一万人が道具を放棄。マドラス州タンジョールで清掃人およびガス灯点灯人夫のスト

そして七月のティラク判決抗議ストへと続く（Reisner and Goldberg, eds., *op. cit.*, pp. 637～8）。

(41) Reisner and Goldberg, eds., *ibid.*, p. 94.

(42) *ibid.*, pp. 45～47.

(43) *ibid.*, p. 46.

(44) *ibid.*, pp. 41 ~ 42.

(45) V. I. Pavlov, "Economic Changes in Maharashtra Towns in the Second Half of the 19th Century" in Reisner and Goldberg, eds., *op. cit.*, p. 198; V. I. Pavlov, *The Indian Capitalist Class: A historical study*, New Delhi, 1964, p. 349（邦訳『インドブルジョアジーの形成』、池田博行訳、アジア経済研究所、一九六五年、二六五～六六ページ）.

(46)ソヴィエト版の英訳でも"Extremists"（過激派）および"Moderates"（穏健派）としているが、著者としては"Nationalists"（民族派）と"Loyalists"（親英派）が適当かと考えている。

(47) A. I. Levkovsky, "Beginning of Mass Liberation Struggle: The Swadeshi Movement" in Reisner and Goldberg, eds., *op. cit.*, p. 414.

(48) Reisner and Goldberg, eds., *ibid.*（Preface to the Russian Edition）.

(49)現時点（一九六〇年代）のインド内の一部に見られるような、一九一七年のロシア社会主義革命と関連づけたソ連邦への手放しの称賛がもつ政治的意味については別途に検討されるべきかと思われるが、次の二つの論文でふれられている、ティラクをはじめとする『ケーサリー』編集者のロシア革命や当時の労働運動に関する言及は注目すべきであろう。

S. G. Sardesai, "National Leadership Hailed October", *New Age*（インド共産党・ＣＰＩ機関紙）, New Delhi, Sep. 24, 1967. S. L. Sardesai, "Aktubar Kranti: Rashtravadyon ke lie Akshaya Prerna-srot"（「１０月革命：民族主義者にとって滅びることなき刺激の上げ潮」）, *Jana Yuga*（インド共産党・ＣＰＩのヒンディー語機関紙）, New Delhi, Nov. 5, 1967.

(50) Tilak, "The Congress Democratic Party", *The Quarterly Journal of Poona Sarvajanik Sabha*, July 1920（Old Series, Vol. XXIV, No. II; New Series, Vol. V, No. II）, pp. 1～5（のちに、ケーサリー新聞社がティラクの全集として出版した *Samagra Lokmanya* Tilak, Vol. 7（*Towards Independence*], Pune, 1975, pp. 296～299 に採録されている）.

〈付録〉

※以下は、著者が執筆に加わった高校歴史教科書B（改訂版）（著作者代表：西川正雄、中村平治、矢澤康祐、三省堂版、二〇〇八年再版）の、主として著者が執筆したインド史の部分である。中村平治氏の貴重な助言もいただいた。

インド社会の歴史的変化

古代インドの統一

本書の主人公ティラクの出身地マハーラーシュトラの社会や歴史を語る前に、インド全体の歴史的な動きについてごく簡単にふれておこう。（以下は、『世界史B』（改訂版二〇〇八年、三省堂）のインド史関係部分である）

インド最初の文明は、紀元前二五〇〇年ころから肥沃なインダス川中・下流域で栄えたインダス文明で、モエンジョ・ダーロとともに栄えた都市の名をとってハラッパー文明とも称される。様々な農作物が豊富で豊かな文明の存在が知られるが、発見された多数の印章の解読が完全ではなく、その内容の研究は今後の課題である。

紀元前一五〇〇年ころには、インド・ヨーロッパ語族の遊牧民であるアーリヤ人がインダス川中流域のパンジャーブ（五河地方）地方に定住した。紀元前一〇〇〇年ごろに彼らは東漸してガンガー（ガンジス川)流域に定住するようになった。彼らの社会や政治は、彼らによって編纂された四つの『ヴェーダ』によってかなり明らかであるが、この根本聖典に基づいた宗教として生まれたのがバラモン教である。

この社会では、絶対的な意味をもつ祭式を執行する唯一の階層であるバラモンが次第に大きな力をもつようになり、彼らを頂点とする階層の体制としてヴァルナ制が生まれ、これを原型としてのちにカーストと呼ばれる制度が確立する。しかし紀元前五～六世紀以降になると、バラモンの特権に対する反感、対抗意識が強まり、そうした中から革新的な内容をもつ仏教とジャイナ教が生まれる。

一方、紀元前六世紀に、ペルシャ・アケメネス朝のダレイオス一世が北インドに進出しパンジャーブなどを併合した。このあと紀元前四世紀には、マケドニアのアレクサンドロス王がアケメネス朝を破り、紀元前三二六年に西北インドに侵攻したが、マケドニア軍はインド側の抵抗により撤退した。紀元前三一七年にはマウリヤ族のチャンドラグプタが、インド東部のマガダ国を支配していたナンダ朝を滅ぼしてマウリヤ朝を開いた。

この王朝はインド亜大陸の一部を除く広大な地域を支配するインド最初の統一国家であった。チャンドラグプタは豊かな財政基盤と強大な軍事力を有し、パータリプトラ(現在のビハール州パトナー)を首都として行政組織を整備した。マウリヤ朝にはペルシア人やマケドニア人を通じてイランやギリシアの文化が流入し、建築様式そのほかに大きな影響を与えた。

第三代アショーカ王の統治下でマウリヤ朝は最盛期を迎えたが、彼は度重なる征服戦争で多大な犠牲者を出したことを反省して、熱心な仏教徒となり、仏典結集(仏典編纂事業)を援助し、不殺生や寛容など人間の普遍的倫理を指すダルマ（法）を政治や外交に反映させることに努めた。ダルマを刻んだ磨崖碑や石柱碑が各地に建てられた。

彼はまた南インド、セイロン（スリランカ）やビルマ（ミャンマー）に仏教普及のための使節を派遣した。文化も栄え、鉄製農具や光沢のある土器、焼き煉瓦、貨幣などが普及し、数学、天文学、医学などの学問も大いに発達した。紀元前二世紀ころに発見されたゼロの概念は最も重要な後世への遺産となった。

大乗仏教の展開

マウリヤ朝はアショーカの死後次第に衰え、その後数百年間は諸王国が割拠した。紀元前二〇〇年ごろから、バクトリア、続いて匈奴《きょうど》によってアフガニスタンを追われた大月氏《だいげっし》などが次々と西北インドに侵入した。中でも大月氏の支配を脱し、他部族を統合したイラン系クシャーナ人が特に強力で、紀元前一世紀ごろにインダス川流域に進出し、ハイバル峠近くのプルシャプラ（現在のペーシャーワル）を首都とするクシャーナ朝を開き、中央アジアから西北インドに及ぶ広大な領域を支配した。

このころ仏教にも変化が見られ、厳密な戒律による個人の救済を強調した旧来の仏教諸派（上座部仏教、小乗仏教）に対して、仏像を礼拝することで人は救われるという平易な教義を説く宗派（大乗仏教）が成立した。クシャーナ朝全盛期のカニシカ王は大乗仏教を保護し、仏典編纂や教義の確立に寄与するとともに、サンスクリット（梵語）文学の保護者としても知られる。

クシャーナ朝の領土内には、中央アジアとインドとを結ぶ交易路を通じて、イラン、ギリシャ、ローマから文物が運ばれた。上座部仏教が中央アジアに、大乗仏教が東南アジアや東アジアに伝えられ、その教義、信仰形態や仏教美術の技術がそれぞれの国で独自の発展を遂げた。またインド北西部のガンダーラでは、ギリシア・ヘレニズム文化の影響を受けた独特の仏教美術が発達した。

南インドのドラヴィダ諸王国

紀元前一〇〇年ごろから、インド中部から南部のデカン地方にかけてドラヴィダ系のサータヴァーハナ（アーンドラ）朝が栄えた。ここでは鉄製農具の普及によって農業が発展し、同王朝は強大な軍事力で勢力を拡大した。仏教やジャイナ教の信仰が盛んで多くの宗教建築が建立された。大乗仏教教義の確立者といわれるナーガルジュナ（龍樹）もこの地域で活躍した。

同じころ、南インドの肥沃な農業地帯にはチョーラ朝やパーンディヤ朝など、ドラヴィダ系タミル人の王国が存在した。サータヴァーハナや南インドの諸王国は海に面し、古くから西アジアや東南アジアなどの東西諸地域との海上交通路が開けていた。紀元後一世紀ごろにはローマとの貿易も盛んになり、のちに発掘された遺跡から多数のローマ貨幣が発見されている。東海岸の港を通じて東南アジアや中国とも貿易が行なわれ、インド商人が活躍し、彼らを通じてインドの文化が東南アジアに伝わっていった。

ヒンドゥー教の成立

西北・北インドは、紀元後三世紀中ごろのクシャーナ朝衰退後に分裂状態に陥るが、三二〇年ごろにグプタ朝が起こって、再びアーリヤ人の統一国家が成立した。第三代のチャンドラグプタ二世の代に最盛期を迎え、南部インドを除く広大な地域を支配下に収め、地方行政組織の整備も行なわれた。グプタ朝のもとで仏教は特別な保護を受けることはなかったが、迫害もされず、ガンダーラ美術の影響を脱したインド独自の仏像も生み出された。

五世紀ごろには、パータリプトラの東南部に仏教研究の中心地としてナーランダー寺院が造営された。バラモン教にも、新興の仏教やジャイナ教に対抗して自己変革の動きが現れた。祭式絶対主義を改め、先住民の民間信仰や習俗のほか、輪廻、解脱など仏教の教義をも吸収して、教義を変革していった。こうした結果生まれたのが、今日まで幅広いインド人の信仰を集めるヒンドゥー教（Hindutva, Hinduism）と呼ばれる新宗教である。

ヒンドゥー教では、それまで注目されなかったシヴァ神とヴィシュヌ神が最高神の座を与えられ、現在も熱烈な崇拝を受けるクリシュナ神やラーマ神がヴィシュヌ神の化身（アヴァターラ）という形で登場した。ヒンドゥー教の神々はインド各地で極めて多様な違いがあるが、町や農村を問わず、どこに行ってもそうした神々の偶像を祀った寺院や祠とそこで祈る人々の姿を目にする。マウリヤ朝以降、ヴァルナごとの様々な規定をまとめた多くの法典（ダルマ・シャーストラ）が編纂されたが、その代表的なものが『マヌの法典（Manu-Smriti）』である。バラモンの特権的地位やヴァルナごとの日常的、宗教的義務などを規定した同法典は、これ以後のヒンドゥー教の最も重要な文献となった。行政官とともに、バラモンの司祭には財政・行政上の特権が認められ、王から村落の租税徴収権を付与されたバラモンの中には、領主として勢力を保持する者も出てきた。

グプタ朝期は、ヒンドゥー文化の開花期でもあった。たとえば、カーリダーサの戯曲『シャクンタラー』はサンスクリット文学の最高傑作とされる。二大叙事詩として有名な『ラーマーヤナ』や『マハーバーラタ』は、四～五世紀に成立している。神々や英雄の業績や言葉を伝えるこれらの長編叙事詩は、のちのヒンドゥー教の思想や道徳観に大きな影響を残した。美術としてはマトゥラーの仏像、アジャンターの洞窟壁画・天井画やエローラ（ウェルール）の石窟寺院は特によく知られている。

ヴァルダナ朝

六世紀半ばごろまで続いたグプタ朝も、中央アジアのエフタル（フーナ族）による度重なる侵攻によって滅びていった。北インドではこのあと小王国が割拠するが、七世紀初めにハルシャ王がこれを統合し、ヴァルダナ朝を創建した。

ハルシャ王はヒンドゥー教とともに仏教を信奉したが、五～六世紀に北インドの交易の衰退で商人や職人らが打撃を受けたことが、支持者を失った仏教が弱体化する原因となった。そのため仏教僧侶たちは、民衆の支持を広げるため民間の信仰や習俗を仏教にとり込むようになった。こうして七世紀以降に成立したのが、神秘主義的で呪術や儀礼の要素が強い密教である。

しかし一方で、仏教は様々な民間信仰をとり入れて生まれたヒンドゥー教との違いを失っていき、多くの仏教徒がヒンドゥー教に吸収され、仏教寺院も没落の一途を辿った。ハルシャ王の死後、ヴァルダナ朝では王位継承をめぐる抗争が続き、王朝は急速に衰えていった。

小王国分立期のインド

ヴァルダナ朝崩壊後の八世紀半ばから一〇世紀末にかけて、北インドにいくつかの王国が成立した。古代クシャトリヤ（ラージャー＝王族）の子孫（プトラ）であるとして「ラージプート」を名乗ったこれらの王国は、それぞれ発展を遂げながら互いに抗争を繰り返した。

南インドでは九世紀にチョーラ朝が再び台頭し、一〇世紀末に最盛期を迎えた。この王朝のもとで、感慨水路の開発で農業生産が発達するとともに、強力な海軍力を背景にインド洋から東南アジアにおよぶ海上貿易が発展した。北西インドでは、八世紀以降にイスラーム勢力がしばしば侵入を繰り返した。一〇世紀末には、アフガニスタンを拠点とするトルコ系のガズナ朝がパンジャーブを経て北インドに侵入した。優秀な騎馬隊を中心とするガズナ軍は、結束を欠くラージプート勢力を各地で撃破し、都市や寺院を略奪・破壊した。相次ぐ襲撃で各地の仏教寺院が破壊されたことで、インドの仏教は壊滅的な打撃を被ることとなった。

デリー・スルターン朝

一二世紀末のアフガニスタンでは、ガズナ朝に代わって同じトルコ系のゴール朝が成立した。ゴール朝は西北インドからさらに東南部に進出し、一二世紀には有力なラージプート勢力を打破した。一二〇六年にゴール朝の武将アイバクがデリーを中心に北インドを征服し、インドで初めてのイスラーム王朝を開いた。その後、約三〇〇年間にわたって五つのイスラーム王朝が興亡を繰り返すことになる。

いずれの王朝も北アフリカ・中央アジアを支配する強大なアッバース朝のカリフの地位と権威を認め、各地のムスリム政権にならって自らをスルターンと称したので、これら諸王朝は「デリー・スルターン朝」と呼ばれるようになった。二代目、三代目のハルジー朝、トゥグルク朝の時にデカン地方や南インドにも遠征して領土を拡大した。

北インドの各地では織物業や手工芸、製糸業などが発展し、貿易も盛んになった。首都デリーでは大規模な建築工事が進み、多くの商人や職人が活動した。デリーの諸王朝はムスリム以外の住民にジズヤ（人頭税）をかけたが、イスラームへの改宗を強制することはなかった。南インドでは、一四世紀から一七世紀半ばにかけてヒンドゥー王国のヴィジャヤナガルやムスリムの諸王国が勢力を伸ばした。特にヴィジャヤナガルは、一六世紀初頭にインドの東西から海岸部にまで支配を広げ、農業の発展と貿易の拡大によって繁栄した。

ムガル帝国

一五二六年に、アフガニスタンから出たバーブルがデリー・スルターン朝最後のローディー朝を破ってムガル帝国を創建した。帝国は第三代のアクバルの時に、デカン地方北部を含む北インド全域からアフガニスタンの一部にまで領土を拡大した。

アクバルはデリー南方のアーグラーに遷都し、広大な帝国内に地方行政機構や官僚制度を整備して、強力な中央集権体制を確立した。ムガル帝国の領土は、国が直轄するハーリサ地（国庫地）とジャーギール地（給与地）とに分けられた。帝国に貢献した武将や官僚にはジャーギール地が与えられ、その土地の徴税権を保証された。このほか、帝国に服属したあとも兵力保持など一定の権益を認められていた地方領主（ザミーンダール）の中から、徴税権を請け負い、次第に勢力を得て地方の支配者になっていく者も出てきた。

ヒンドゥーのラージプート王たちも多くは世襲地の支配を許され、帝国の支配に組み込まれていった。アクバルは特にヒンドゥー勢力との友好関係の保持を重視し、ムスリム以外の住民への人頭税や巡礼税を廃止するなど、積極的に宗教間の融和に努めた。商業がめざましく発展し、外国との貿易も盛んとなり、インド特産の綿織物、香辛料、藍などがヨーロッパにもたらされた。インドへの主な輸入品はワインや銀などであった。

第五代皇帝シャー・ジャハーンのころ、首都デリーは大きく拡大された。当時、デリーはシャー・ジャハーナーバードと呼ばれた。第六代皇帝アウラングゼーブのころ帝国領土は最大となったが、官僚機構の拡大と軍事費の増加によって財政問題が深刻になった。彼は厳格なムスリム君主（スンナ派）として、ヒンドゥー寺院の破壊、人頭税の復活など非ムスリムを抑圧する政策を採ったので、各地で反乱が起こった。彼の死後、皇位継承をめぐる対立が繰り返され、帝国の支配権はデリー周辺地域以外では急速に弱まっていった。

当時の西部インド、南インドの政治状況を見ると、デカン地方（現在のマハーラーシュトラ）のマラーター王国、マイソール王国、パンジャーブのシク教徒王国が勢力を伸ばしていた。

外来の支配者がもたらした一神教のイスラームは、多神教であるヒンドゥー教の信徒が多いインドに、社会的、文化的に大きな変化を及ぼした。長期にわたるイスラーム政権のもとで、インドの伝統的文化とトルコ・イラン系のイスラーム文化が解け合い、独特な文化が生み出された。

イスラームの平等主義やスーフィズム（イスラーム神秘主義）は、カースト制度に苦しむ人々に大きな影響を与え、その影響でイスラームに改宗する人も多かった。一五～一六世紀にかけて、スーフィズムの影響を受け、神への信愛と献身によってあらゆるカーストの人々が救われると説くバクティ（信愛）信仰がヒンドゥー教徒の間で盛んになった。さらに一六世紀には、バクティ信仰とイスラームの強い影響を受けてシク教を開いたグル・ナーナクが、パンジャーブ地方を中心に布教している。その教えの最大の特徴は、偶像崇拝の禁止とカースト差別の否定であった。

文学の面で見ると、ムガル宮廷の公用語であるペルシア語による著述が盛んになり、中でもアクバルの統治に関する叙述である『アクバル・ナーマ』はよく知られる。言語に関するこの時期の重要な展開は、北インドの民衆語を基盤にしてペルシア語とアラビア語の語彙を取り入れた混成語ともいうべきウルドゥー語が新しく生まれたことである。

ウルドゥー語と文法を同じくし、サンスクリット同様のデーヴァナーガリー文字を用いるヒンディー語の文学もこの時期に発達した。美術や建築の分野でも、インド・イスラーム様式が生まれた。その代表的なものとしては、宮廷や庶民の生活、神話などを題材として綿密に描いたミニアチュール（細密画）や、シャー・ジャハーンが亡くなった妻の記念の廟としてアーグラーに建てたタージ・マハルなどがある。

インドの植民地化

一六〇〇年に設立されたイギリス東インド会社は、一六二三年のアンボイナ事件でオランダに敗北してからは、インド経営に専念するようになった。一六四〇年にはマドラス（現チェンナイ）に要塞と商館（factory）を建設し、インド進出の拠点とした。その後、ボンベイ（現ムンバイー）やカルカッタ（現コルカタ）などにも拠点を築き、インド各地に勢力を広げた。商取引としては、木綿・藍（染料）・火薬原料の硝石をヨーロッパに運んで多大な利益をあげた。

さらにイギリスは一七五七年、インド進出を図るフランスとベンガル太守勢力の連合軍をプラッシーの戦いで破り、インド東部の支配権を獲得した。その後イギリスは、南部インドでマイソール戦争、西部でシク教徒の勢力に勝利し、一九世紀半ばにはわずかに残るフランス領（ポンディシェリーなど）とポルトガル領（ゴアなど）を除いてインドのほぼ全域を植民地とした。

イギリス東インド会社は次第に統治機構を整え、一八世紀末からザミーンダールと呼ばれる領主層を土地所有者と認めて、彼らを地税納入の責任者とし、農民から多額の地税を取り立てるようにした（ザミーンダーリー制）。イギリスで産業革命が進むと、インド製綿布には高い税金をかけ、安価なイギリス本国の機械製綿布をインドに持ち込んだため、インドの伝統的綿工業は大きな打撃を受けた。こうしてインドはイギリスへの綿花の供給地、イギリス綿製品の市場となった。その上イギリスは、インドで栽培させた阿片を中国に輸出して、ここでも莫大な利益をあげた。

イギリスはインドから莫大な富を奪う一方で、植民地支配の円滑化のため、英語教育の導入や鉄道の敷設・経営などを行なった。土地制度や英語教育の導入によって、インド人の中から次代を背負う新しい中間階層が育ち、一九世紀半ばにはインド資本による最初の綿紡績工場がボンベイで操業を開始した。

インド大反乱

インドの植民地化が進む中で、農民は土地を失い、旧領主は領土や地位を奪われ、職人は没落していき、彼らの間に次第に反英感情が高まっていった。

一八五七年東インド会社のインド人傭兵（シパーヒー）が待遇を不満としてデリー近郊で蜂起すると、インド人の反英感情は爆発し、インド大反乱へと発展した。反乱はインド北部、中部に広がり、デリーやラクナウーなどの諸都市が反乱軍の手に落ちた。しかし反乱軍は明確な目標を持たず、中核となる指導部も脆弱だったため、翌一八五八年後半にはイギリス東インド会社軍によって鎮圧された。

反乱鎮圧後に、反乱軍が擁立した最後のムガル皇帝が追放（のちに殺害）され、ここにムガル帝国は名実ともに滅亡した。しかしこの反乱は後世「第一次独立戦争」とも呼ばれ、反英独立運動に加わる人々の民族感情を鼓舞することになった。

「インド帝国」の成立

インド大反乱に強い衝撃を受けたイギリスは一八五八年に東インド会社を解散して、ヴィクトリア女王のもとでインドの直接支配に乗り出した。一八七七年には女王がインド皇帝を兼ねる「インド帝国」が成立し、直轄地の英領インドと間接支配地である藩王国とに分割されることになった。

このころ、イギリスの植民地政策のもとで、地主・官吏・弁護士・医師・綿工業に携わる民族資本家などが台頭していた。彼らの中には、宗教やカーストに関わる因習の廃止などを掲げて社会改革に取り組む人たちも現れた。彼らはまた、イギリスによる言論・出版の抑圧や人種差別的法律などに反対する組織をカルカッタ、ボンベイ、マドラスなどで結成した。一方、一八七〇年代には飢饉や疫病が頻発し、各地で農民や下層民衆の反乱が続発した。そのためイギリス人官僚の中にも、インドの世論を聞き、彼らの不満を和らげる必要を説く者も現れた。その結果、一八八五年には主として商人・地主・知識人の代表からなる親英的な政治結社としてインド国民会議派（一般に会議派）が組織された。会議派に参加した人々は当初は漸進的改革を主張していたが、一八九〇年代ころから大衆的反英運動を呼びかける急進的グループが登場するようになった。

インド自治連盟のボランティアとともに。1917年、前列中央に座るのがティラク。

年代	インド、マハーラーシュトラ関係年表	ティラク関連
一八一八	マラーター王国崩壊	
一八一九	エルフィンストン、ボンベイ管区知事に（〜一八二七）	
一八二七	マハラーシュトラにライーヤットワーリー制が導入	
一八二八	R・M・ローイ、社会改革のためのブラーフモ協会を設立	
一八二九	サティー（寡婦焚死）禁止令	
一八三二	マラーティー語最初の週刊紙『ムンバイー・ダルパン』発刊	
一八三五	マコーレーの「教育に関する覚書」発表	
一八四三	ヴィシュワナートの経済学書『インドの過去および現在、その将来の結果の関する考察』の出版	
一八四五〜四六	第一次シク戦争	

一八四八〜四九	第二次シク戦争→イギリスによるパンジャーブ併合	
一八四八	サーターラー藩王国滅亡、イギリスが併合	
一八四九	マラーティー語最初の日刊紙『デュニャーナ・プラカーシュ』発刊 ロークヒタワーディー、資本主義に関する論説『ラクシュミー・デュニャーナ』を発表	
一八五三	ボンベイ・ターネー間にインド最初の鉄道敷設	
一八五五	サンタール族の叛乱 K・チプルーンカルの『経済学解説』出版	
一八五六	イギリスがアウド地方（現UP州の東部）を併合 アングロ・インディアン系の『タイムズ・オブ・インディア』がボンベイで発刊	ティラク誕生
一八五七	カルカッタ大学、ボンベイ大学、マドラス大学の設立	
一八五七〜五九	インド大反乱	
一八五八	ヴィクトリア女王宣言、インドがイギリス国	

一八六一	王の直接支配下に インド参事会法 インド高等法院法 インド刑法	
一八七〇	プネー民衆協会設立	
一八七二		結婚
一八七三		デカン・カレッジ入学
一八七四	V・チプルーンカル、月刊誌『ニバンダ・マーラー（随想集）』発刊	
一八七五	デカン農民反乱 神智協会の設立 サイイッド・アハマド・ハーン、ムスリム・カレッジ（のちのアリーガル・ムスリム大学）設立 D・サラスヴァティー、アーリヤ協会を設立	
一八七六		文学士の学位取得
一八七七	デリー・ダルバール↓ヴィクトリア女王、インド皇帝に。「インド帝国」成立	
一八七八	土着語出版法	

一八七九	デカン地方でパドケーの反乱	法学士の学位取得
一八八〇	バンキムの小説『アーナンド・マト（Anand Math）』出版	
一八八一		チプルーンカルらと新英語学校設立 友人たちと週刊紙『ケーサリー』『マラーター』発刊
一八八三	バナジーらが中心となり全インド国民協議会設立	女性改革運動家ラマーバーイーとの論争
一八八三～八四	「イルバート法案」問題	デカン教育協会の設立に加わる
一八八五	インド国民会議派創立（ボンベイで第一回大会）	ファーガスン・カレッジの設立に加わる
一八八七	ラーナデーが中心となりインド社会会議が開催	『ケーサリー』の主幹となる
一八八九	マハーラーシュトラで小会議派（Chhoti Congress）が活動	国民会議派の活動に参加
一八九〇		デカン教育協会を辞任
一八九一	結婚年齢引き上げ法案をめぐる論議	
一八九二	アニー・ベザントが来印	

一八九三		ガネーシュ神祭典を開始
一八九五		プネー民衆協会のイニシアティブを掌握
一八九六		シヴァージー祭典を開始
一八九七		殺人教唆を問われ逮捕
一八九八		裁判の結果無罪
一八九九	カーズン、インド総督に就任	
一九〇一	インドの経済状況を詳細に分析したW・ディグビーの『〝豊かなる〟英領インド』とD・ナオロージーの『インドにおける貧困と非イギリス的統治』が出版	
一九〇四〜〇五	日露戦争	
一九〇五	カーズンによるベンガル分割令 会議派ベナレス大会	マハーラーシュトラのスワデーシー運動として「パイサー・ファンド」運動への支持
一九〇六	会議派カルカッタ大会でベンガル分割批判（「四つのスローガン」採択） アーガー・ハーン三世を代表とするムスリム使節団が総督ミントーと会見	会議派カルカッタ大会でナオロージーの「四つのスローガン」支持

	→全インドムスリム連盟の創立	
一九〇七	会議派スラト大会→会議派の分裂	スラト大会で会議派が分裂（ティラクら「過激派」の追放）
一九〇八		騒擾罪を問われて逮捕（六年間の重禁錮罪で下獄）
一九〇九	インド参事会法改定（モーレー・ミントー改革）	
一九一一	デリー・ダルバール→カルカッタからデリー遷都。ベンガル分割の撤廃	
一九一四	第一次世界大戦勃発（〜一九一八）	
一九一五	メヘター、ゴーカレーが死去 「一九人覚書」の発表	『ギーター・ラハスヤ』を出版
一九一六	ラクナウー協定→会議派の再統合	会議派復帰を認められ、ラクナウー大会に出席 インド自治連盟の結成
一九一七	「モンタギュー宣言」発表	ロシア革命、レーニンを称賛
一九一八		会議派デリー大会、ティラク、ガンディー、H・イマームをパリ平和会議のインド代表に選出（インド政庁は認めず、出席できず） チロルに対する名誉毀損裁判で渡英（一九一八〜一九、チロル裁判）
一九一九	アムリットサル（ジャリアンワーラー・バーグ）虐殺事件 ガンディー、ハルタール（全市罷業）を宣言 第一回ヒラーファト会議	

一九二〇	インド統治法（モンタギュー・チェルムズフォード改革） ティラク死去 全インド労働組合会議（AITUC）の結成 会議派ナーグプール大会↓会議派におけるガンディーの主導権確立（非暴力非協力運動の開始を宣言）	州立法参事会選挙に参加するため「会議派民主党」を結成 ガンディーが病床のティラクを訪問 八月一日死去
一九二〇〜二四	ヒラーファト運動の展開	
一九二二	チャウリー・チャウラー虐殺事件↓ガンディー、非協力運動の停止を宣言	

おわりに

私がいつころから本書の主人公B・G・ティラクに関心を抱き始めたのか、今となっては必ずしも定かではないが、少なくとも東京外国語大学の卒業論文「近代インドのヴェーダーンタ思想」の準備をしていた一九六四年の前半ごろであったように思う。

当時は、ティラクの母語であるマラーティー語をボンベイ（現在ムンバイー）市出身のナレーシュ・マントリー博士について学び始めたばかりで、用いた史資料は英語と一部はヒンディー語のものであった。この間、中村平治氏（のちに東京外国語大学アジア・アフリカ言語文化研究所教授）の書かれた論文「近代インド政治思想の史的考察――B・G・ティラクの生涯とその思想」（『東洋文化』二八号、一九五九年一二月）を読み、ご本人から様々な助言をいただいた。

当時の東京外国語大学にはまだ大学院はなかったので、非常勤でサンスクリットを教えておられた高崎直道氏（のちに東京大学教授）の勧めもあり、東京大学人文科学研究科・印度哲学専攻の修士課程に進んだ。指導教官は少し前に近代インド思想関係の研究を出版された玉城康四郎教授であったが、ティラクに関しては外国の研究書を読みあさってのほとんど独学であった。

一九六七年に提出した修士論文「近代インド思想上のティラク――被抑圧民族における思想の〝自由〟の問題」（四〇〇字・一二三六枚）は、私にとって初めてのティラク論となった。同論文について、審査にあたられた玉城教授のほか中村元、平川彰、早島鏡生、原実教授から、ティラクという人物を取り上げたことは評価するにしても、インド思想に関する研究がまだ甘い、全体に文章が冗漫である、ティラクによるマラーティー語文献が用いられていない、などかなり厳しい評をいただいた。

大学院在学中に誘われて、鈴木大拙博士の名に由来する鈴木学術財団にアルバイトとして勤めだした。財団は当時護国寺境内にあった元小学校の古い校舎を使っており、そこで印度哲学科関係の同輩・先輩たちと『漢訳対照梵和大辞典』の原稿を作るのが仕事であった。根を詰めなければならない細かい仕事であったが、サンスクリットの単語——その多くがヒンディーやマラーティー語の語彙としてそのまま入っている——を覚えるのに大変役に立った。

約三年間財団に勤めたころ、一九六九年九月に運よく常勤の勤務先として文部省（現文部科学省）直轄付置研究所の東京外国語大学アジア・アフリカ言語文化研究所（一九六四年設立、略称AA研）の助手に採用された。大学では非常勤講師の形で週何時間かの授業を担当したが、あとは独立したAA研の研究員として、約三二年間かなり自由に研究を続けることができた。

私が入所したころのAA研には、「未開発言語文化習得のための助手等投入計画」という今から考えると奇妙な名称の事業があり、助手および若手の講師を自分の研究対象である国に二年間派遣することになっていた。私は迷わず、ティラクの出身地であるインド西部マハーラーシュトラ州のプネー市に決め、入所して一年八か月あとの一九七一年五月に、妻とともどもプネーに赴いた。

着いて驚いたのは、市内には日本留学中のプネーの男性と結婚している日本人女性が二人もいたことだった。キワ・デーシュパンデーさんとサトコ・ダームレーさんで、お二人には妻が何かとお世話になった。プネーという町は湿気の多いボンベイに比べると少し高台にあって、夏でも日陰ではひんやりとし、雨期でも雨はあまり多くないという気候にも恵まれていた。

プネー市は国内的にも国際的にも歴史学、経済学、古典学の研究所や陸海空三軍の士官養成所がある町として有名であったが、当時は日本人にはまだあまり知られておらず、私の前にここに滞在した研究者は、一橋大学の経済学者深沢宏教授（故人）だけであった。

私は経済が専門ではなかったが、市内のゴーカレー政治経済研究所への所属を希望して認められた。図書館内の小さなブースのほか、幸運にも研究所近くのスタッフ・クォーター内に2DKの宿舎まで供与された。所長（初代所長のD・R・ガードギール博士は私がプネーに着く一〇日前に亡くなっており、V・M・ダーンデーカル博士が二代目の所長だった）はじめ研究員や事務局の人たちからも親切な扱いを受け、実に快適な環境であった。

プネーに住居を定めてから自分に課した課題は、大きく分けて二つあった。一つはマラーティー語の習得であり、研究所の知人からネーネー氏という人物を紹介してもらい、彼とともにナーリニー・パンディット著『マハーラーシュトラにおける民族主義の発展』（*Maharashtratil Rashtrawadacha Vikas*, Pune,1972〈2nd ed.〉,274 p）というテキストを読むことであった。

これを今開いてみて、各ページに辞書で調べた単語の意味の書き込みがあまりに多いのに驚くが、この本はマラーティー語に関する私の自信を確実に深めてくれた。マラーティー語の会話については、デーシュパンデー家、ダームレー家の人たち、さらに市内で日常的に行なった人々との会話などで次第に身についていったように思われる。

もう一つは、旧市内にある新聞『ケーサリー』の事務所とティラク家への訪問であった。『ケーサリー』の編集主幹でティラクの孫にあたるジャヤントラーオ氏は当時まだ健在で、古い新聞の閲読はもとより、ティラクに関する様々な情報や資料を私に提供した。インドゥターイー夫人も極めて協力的で、市内でのいろんな会合に我々を招いたりし、しばしば私の話すマラーティー語の表現に訂正を加えてくれたりした。

ティラク夫妻の紹介で、祖父ティラクの生家があるラトナーギリーまでバス旅行したこともあった。ジャヤントラーオ夫妻の息子で『ケーサリー』の現編集主幹であるディーパク氏およびその息子のローヒト氏とは、あまり頻繁ではないが今日でも交友が続いている。なお、ティラクの著作に関していえば、『ケーサリー』新聞社から八巻本の『ティラク全集（*Samagra Lokmanya Tilak*）』（一九七五〜七六年、第八巻は一九九五年刊）が出版されており、私にとっての重要な資料として書棚に鎮座している。

二〇一九年一月

〈主要著書・編著書・訳書〉

『環カリブ海域における複合文化の比較研究』（山口昌男との共編著）、東京外国語大学　アジア・アフリカ言語文化研究所、1985年

『インドの共産主義と民族主義——M. N. ロイとコミンテルン』J. P. ヘイスコックス著（中村平治との共訳）、岩波書店、1985年

『ガンディーをめぐる人間群像』（単著）、三省堂、1987年

『もっと知りたいインド』（柳澤悠、佐藤宏と共編）、弘文堂、1989年

『近現代南アジアの社会集団と社会運動』（編著）、東京外国語大学アジア・アフリカ言語文化研究所、1991年

『解放の思想と運動』、叢書「カースト制度と被差別民」第三巻（編著）、明石書店、1994年

『インド先住民解放の道——ワールリーの戦いの記録』G. パルレーカル著（翻訳）、明石書店、1997年

『移民から市民へ——世界のインド系コミュニティ』（共編著）、東京大学出版会、1998年

『ガンディー　現代インド社会との対話——同時代人に見るその思想・運動の衝撃』（単著）、明石書店、2017年

内藤雅雄（ないとう　まさお）

1940年、福井県武生市（現在越前市）生まれ。

東京外国語大学インド・パーキスターン科卒業。

東京大学大学院人文科学研究科、印度哲学専攻修了。

東京外国語大学アジア・アフリカ言語文化研究所教授、専修大学文学部教授を経て、現在、東京外国語大学名誉教授。


『植民地インドの近代とロークマーニャ・ティラク』

2019年2月21日　　第1刷 ©

著　者　　内藤雅雄
発　行　　東銀座出版社
〒171-0014　東京都豊島区池袋3-51-5-B101
☎03（6256）8918　　FAX03（6256）8919
https://1504240625.jimdo.com

印刷　中央精版印刷株式会社